C·H·Beck
PAPERBACK

Ein heutiger Leser ist von Leibniz' Versuch, die gesamte Welt in strenger Wissenschaftlichkeit restlos rational erklärbar zu machen, zugleich fasziniert und befremdet. Erstaunt muß er feststellen, daß Leibniz, seiner Zeit weit voraus, Entdeckungen späterer Jahrhunderte schon vorweggenommen hat. Andererseits muten ihn manche metaphysischen Annahmen zunächst abstrus an, etwa: Die individuellen Einheiten bringen ohne reale Einwirkungen von außen die gesamte Abfolge ihrer Vorstellungen aus dem eigenen Inneren hervor. Daher läßt sich jederzeit (auch schon im Stadium reiner Möglichkeit) die gesamte Lebensgeschichte lückenlos allein aus ihrem Begriff ableiten.

Das vorliegende Buch unternimmt es, Leibniz' Gedanken nicht bloß darzustellen und historisch zu dokumentieren, sondern spürt den ihnen zugrundeliegenden Fragen und wissenschaftlichen Anliegen nach und versucht, ihre argumentative Begründung genau nachzuzeichnen. So dürfte auch das zunächst Befremdliche nachvollziehbar und gegebenenfalls nachprüfbar werden.

Michael-Thomas Liske ist Professor em. für Philosophie an der Universität Passau. Er versucht vor allem, philosophische Klassiker (griechische Antike, Scholastik, frühneuzeitlicher Rationalismus) im Licht gegenwärtiger systematischer Fragestellungen namentlich aus der sprachanalytischen Tradition neu zu erschließen und fruchtbar zu machen. Buchveröffentlichungen: „Aristoteles und der aristotelische Essentialismus" (Freiburg/München 1985), „Leibniz' Freiheitslehre" (Hamburg 1993).

Die Reihe „Denker" wird herausgegeben von *Otfried Höffe.*

Michael-Thomas Liske

Gottfried Wilhelm Leibniz

C.H.Beck

Mit 6 Abbildungen

Originalausgabe
2. Auflage. 2022
Unveränderter Nachdruck

Satz: Druckerei C.H.Beck, Nördlingen
Druck und Bindung: Beltz Bad Langensalza GmbH, Bad Langensalza
Umschlagentwurf: +malsy, Bremen
Umschlagabbildung: akg-images
Printed in Germany
ISBN 978 3 406 79176 5

www.chbeck.de

Inhalt

Anhang

Zitierweise

Die Abkürzungen für die Textausgaben, nach denen Leibniz zitiert ist, sowie für häufig zitierte Werke von Leibniz sind zu Beginn des Literaturverzeichnisses aufgeschlüsselt. Zitiert wird, soweit erschienen, nach der Akademieausgabe (A). Da indes die erschwinglicheren älteren Ausgaben wohl noch lange benutzt werden, haben wir die entsprechenden Stellen auch nach den von Gerhardt edierten Philosophischen Schriften (GP) oder nach den Sammlungen kleiner Werke und Fragmente von Couturat (C) und Grua zitiert. Der Schrägstrich trennt den Nachweis derselben Stelle in zwei verschiedenen Ausgaben; das Komma trennt verschiedene Angaben zum selben Fundort (z.B. Paragraphenzählung und Angabe von Ausgabe, Band und Seite); das Semikolon trennt verschiedene Belegstellen zu einem Gedanken. Bei fortlaufender Interpretation sind nur die Seitenzahlen genannt. Die Zitate sind durchweg von mir übersetzt. Spitze Klammern innerhalb eines Zitats oder einer nicht ganz wörtlichen Paraphrase (deshalb ohne Anführungszeichen) kennzeichnen erläuternde Zusätze von mir.

Da die Sekundärliteratur in vierzehn thematische Untergruppen aufgegliedert ist, war es notwendig, bei Sekundärzitaten durch eine eingeklammerte römische Zahl zwischen Autorennamen und Erscheinungsdatum die entsprechende Untergruppe der Bibliographie zu bezeichnen, wo sich die bibliographischen Angaben des zitierten Werkes finden. Eine eingeklammerte Folge von römischer, arabischer Zahl und (ggf.) Buchstabe wie (II 2e) bedeutet einen Querverweis innerhalb dieses Buches und bezeichnet das jeweilige Kapitel (II), die Sektion (2) und ggf. Untersektion (e).

Vorwort

Leibniz wurde von seinem letzten Dienstherrn, Kurfürst Georg Ludwig, eine lebende Enzyklopädie genannt, und Friedrich der Große meinte, Leibniz hätte allein eine Akademie repräsentieren können. Um im Rahmen einer einführenden Gesamtdarstellung über einen so universalen und reichen Denker wie Leibniz mehr als allbekannte Platitüden sagen zu können, gilt es, sinnvolle Einschränkungen zu machen und diese (wo möglich) zu kompensieren. Hier kann Leibniz daher nur als Philosoph zur Sprache kommen. Innerhalb der Philosophie wiederum soll die metaphysische Annahme einer individuellen Substanz, die noch vor jeder aktuellen Existenz durch ihren Begriff vollständig bestimmt und damit lückenlos determiniert ist, im Zentrum stehen und die übrigen Bereiche vornehmlich im Hinblick darauf behandelt werden. Das stellt deshalb keine unerlaubte Verkürzung dar, weil diese zentrale Thematik von Leibniz in zahlreichen Ansätzen und von den verschiedensten Disziplinen aus angegangen wird, die auf diese Weise hier doch behandelt werden. Nicht nur mannigfaltige philosophische Richtungen wie z.B. Logik (kombinatorische Begriffstheorie) und natürliche Theologie (Schöpfungsmetaphysik), sondern auch andere Wissenschaften wie Physik (dynamische Theorie der Kraft) und Mathematik (Infinitesimalbetrachtungen) sollen die Einzelsubstanz erhellen. – Ferner konnten wir nur, nach Sachthemen gegliedert, die ausgereiften Theorien darstellen und mußten die für Leibniz nicht unbedeutende Entwicklung der Gedanken weitgehend ausklammern. Als kleinen Ausgleich haben wir zuweilen zum Abschluß einer Sektion einige Stellen vor allem aus dem Jahr 1676 (Pariser Umbruchsphase) zur jeweiligen Thematik behandelt. Um mehr Leibniztexte heranziehen und z.T. ausführlicher in ihrer Argumentation untersuchen zu können, haben wir auf eine explizite Auseinandersetzung mit der Sekundärliteratur weitgehend verzichtet und uns auf Verweise beschränkt. Auch diese mußten wir begrenzen, um ohne Anmerkungen den Lesefluß nicht zu sehr zu behindern. Wenn ein Autor einen Gedanken mehrfach behandelt hat, haben wir meist nur einen Beleg vornehmlich aus Monographien gewählt und überlassen die Pionierarbeit der Aufsätze dem Spezialisten. Wer eine eingehendere

Begründung meiner Thesen (über Prinzipienlehre, Determination, Kontingenz etc.) sucht, sei hier generell auf mein Buch (Liske (VII. 2) 1993) verwiesen.

Abschließend bleibt mir zu danken, vor allem meinem Assistenten Markus Geisler für die sorgfältigen Korrekturen und das Erstellen des Personenregisters sowie Frau Annemarie Kortbein, die verläßlich eine PC-Version hergestellt hat. Aber auch meinem früheren Assistenten Dr. Luca Tuninetti (jetzt Rom) verdanke ich eine wertvolle Literaturdatenbank. Nicht zuletzt hat der Herausgeber, Otfried Höffe, mich durch seine Verbesserungsvorschläge angeregt, meine Gedanken einfacher zu formulieren.

I. Die Eigenart von Leibniz' Philosophieren und seine Persönlichkeit

1. Das systematische, enzyklopädische und dialogische Moment

Leibniz ist eine der reichsten, aber auch am schwersten zu fassenden Gestalten abendländischer Geistesgeschichte. Ist doch sein Wirken und damit sein Werk von stark gegenläufigen Tendenzen durchzogen. Auf der einen Seite läßt sich bei ihm ein ausgeprägtes Streben nach *systematischer* Einheit bemerken, daß er ein gesamtes Wissenscorpus in seinem inneren Zusammenhang zu erfassen und zu präsentieren trachtet, indem er alle seine Aussagen aus möglichst wenigen obersten Prinzipien ableitet. Dagegen stehen die divergierenden Tendenzen, die zu einer nicht (restlos) vereinheitlichten Vielfalt führen. *Enzyklopädisch* beschäftigt sich Leibniz nebeneinander mit den verschiedenartigsten Wissensgebieten. *Dialogisch* ist er für Anregungen von allen Seiten her offen. Er sucht, bevorzugt in brieflicher Form, den gedanklichen Austausch mit allen ihm erreichbaren intellektuellen Kapazitäten seiner Zeit, um von ihren Fragestellungen für sein eigenes Denken inspiriert zu werden oder umgekehrt seine Gedanken von ihnen begutachten zu lassen.

a) Das einheitsstiftende, systematisierende Moment ergibt sich aus dem rationalen Anspruch von Leibniz' Philosophie, daß alle ihre Aussagen begründet sind. Begründen aber heißt (wie seit Aristoteles' Wissenschaftslehre philosophisches Gemeingut war), Aussagen in ihrer systematischen Ordnung auseinander, letztlich aus gemeinsamen höchsten, allgemein anerkannten Prinzipien, herzuleiten. Die beiden Vielfalt stiftenden Momente demgegenüber beruhen vornehmlich auf Leibniz' Persönlichkeit, wie sie sich in seiner Lebens- und Arbeitsweise entfaltet. Für einen Menschen wie Leibniz, der rastlos arbeitete, für den Vergnügungen und Zeiten der Muße, die er nicht für Arbeiten zum Wohle der Gemeinschaft nutzte, als sinnlos vergeudet galten, fallen Lebens- und Arbeitsweise geradezu zusammen. Da fernerhin Philosophie wesentlich von der Tätigkeit des Philosophierens bestimmt ist, hat die durch Leibniz' Persönlichkeit und Charakter bestimmte Lebens- und damit Arbeitsweise einen durchaus bedeutsamen

Einfluß nicht bloß auf die äußere Form, sondern auch die Inhalte seiner Philosophie gehabt. Verdeutlichen wir uns dies am enzyklopädischen Gesichtspunkt. Leibniz kann geradezu als prototypischer Vertreter der curiositas gelten, einer Wißbegierde, die sich nach allen Seiten hin ausbreitet. Bei dieser Persönlichkeit befriedigte es Leibniz nicht, sich längere Zeit auf ein einziges Wissensgebiet zu beschränken; vielmehr ging er oft gleichzeitig den verschiedensten intellektuellen, aber auch praktischen Betätigungen nach und näherte sich demselben philosophischen Problem von verschiedenen inhaltlichen Standpunkten aus. Selbst die Untersuchung der individuellen Substanz, die angefangen von der frühen Bakkalaureatsdissertation *De principio individui* bis hin zum Spätwerk, wo sie unter dem Titel einer Monade erörtert wird, den Kern seiner Philosophie ausmacht, ist keine einheitliche Theorie. Vielmehr nähert Leibniz sich ihr von ganz verschiedenen Disziplinen aus: Logik, Naturwissenschaft, Philosophie des Geistes, in recht unterschiedlichen Ansätzen, die sich jedenfalls nicht in ein einheitliches deduktives, axiomatisiertes System einfügen lassen.

Während das enzyklopädische Moment es sachlich unmöglich macht, Leibniz' Philosophie systematisch als ein Gesamtes aus einer einheitlichen Menge von Prinzipien herzuleiten, bedingt das dialogische Moment, daß Leibniz nicht einmal den Versuch unternimmt, seine Philosophie so weit wie möglich in einer systematischen Ordnung zu präsentieren. Wie beispielsweise unsere Darstellung der Prinzipienlehre (II) zeigen wird, ist Leibniz' Philosophie, zumal was ihre begriffslogischen Grundlagen anbelangt, in höherem Maße einer systematischen Einheit fähig, als es die zerstreute Form vermuten ließe, in der sie sich faktisch in zahllosen einzelnen Notizen, Entwürfen, Briefen etc. präsentiert, und als es die Interpreten gemeinhin annehmen. Das dialogische Moment entspringt letztlich derselben persönlichen Eigenart wie das enzyklopädische, daß Leibniz als ein außerordentlich lernbegieriger Mensch Anregungen und Belehrungen von den verschiedensten Seiten willig aufgreift. Das bedeutet aber nicht bloß, sachlich offen zu sein für Fragen und Denkanstöße aus den verschiedensten wissenschaftlichen Richtungen (enzyklopädisches Moment), sondern vor allem auch Anregungen von jenen Personen aufzugreifen, die diese Wissenschaften betreiben und vertreten. Leibniz suchte folglich den gedanklichen Austausch mit so vielen Geistesgrößen seiner Zeit, wie er nur erreichen konnte. Nun war es ihm nicht vergönnt, außer der kurzen Pariser Periode (1672–1676), die nicht nur für seine mathematischen Forschungen, sondern auch für die Herausbildung seines philosophischen Systems äußerst fruchtbar war, in einer der geistigen Metropolen Europas zu leben. Daher nahm dieser Dialog zumeist statt eines echten mündlichen Zwiegesprächs die schriftliche Form einer brieflichen Debatte über wissenschaftliche Themen an. Jene Charaktereigentümlichkeit, daß Leibniz sein umfassendes, enzyklopädisches Interesse beim ausdauernden Verfolgen eines einzigen wissenschaftlichen Zieles nicht befriedigen konnte, erklärt auch, warum er das dialogische dem systematischen Philosophieren vorzog. Lohnender als seine Philosophie in einem Opus magnum so systematisch zusammenhängend und umfassend, wie sie es von der Sache her nur zuläßt, für eine anonyme Nachwelt auszuarbeiten, erschien ihm, seine wichtigsten gedanklichen Neuerungen in Skizzen fachkundigen Zeitgenossen vorzulegen, um von ihrem Urteil zu profitieren. Statt seine Ideen in Ruhe bei sich selbst ausreifen zu lassen, drängte es ihn als offenen, rastlos vorwärtsstrebenden Menschen, seine Gedanken mitzuteilen, um sie mit alternativen Entwürfen zu konfrontieren und fremder Kritik auszusetzen. Nach unserer bisherigen Darstellung mag es so erscheinen, als ob die Bemühung um systematische Geschlossenheit vom Inhalt der Leibnizschen Philosophie gefordert sei, während die beiden anderen Momente aus seiner Persönlichkeit heraus zu verstehen sind: Zum einen, daß enzyklopädisch diverse Ansätze nebeneinanderstehen, die einander sicher nicht ausschließen, auch nicht völlig beziehungslos aneinandergereiht sind, sich aber auch nicht als Resultate gemeinsamer Grundannahmen auffassen lassen. Zum anderen, daß Leibniz in dialogischer Offenheit seine Philosophie nicht als ein in ihren Grundlinien abgeschlossenes Ganzes behandelt, sondern bereit ist, sich ernstlich auf die Fragestellungen anderer einzulassen und damit seinen eigenen Ansatz in Frage zu stellen. Dieses Bild ist indes zu vereinfachend, da auch das enzyklopädische und das dialogische Moment einem philosophischen Anliegen von Leibniz entspringen. Wir sollten die drei Momente daher vor allem unter diesem Gesichtspunkt noch einmal eingehender charakterisieren.

b) Unbestreitbar ist der systematische Aspekt am tiefsten in Leibniz' Philosophie selbst verwurzelt. Dies wollen wir hier schon an zwei entscheidenden philosophischen Annahmen aufweisen, die später noch eingehender zu behandeln sind; zum ersten an der Kohärenzauffassung der Wahrheit (V 2). Leibniz ist bedeutsam von Descartes' methodischem Solipsismus beeinflußt: Unmittelbar und damit zweifelsfei gewiß sein kann ich mir nur der eigenen Bewußtseinszustände. Neben der rein formalen Tatsache, daß ich denke (Descartes' cogito), ist dies auch, daß vielfältige Inhalte in meinem Denken gegenwärtig sind, wie Leibniz ergänzt (GP IV 357). Was aber gewährleistet, daß diese gedachten Inhalte wahr und keine bloßen Einbildungen sind? Traditionell wurde die Wahrheit als Übereinstimmung des Gedachten mit der intendierten Wirklichkeit außerhalb des Bewußtseins definiert. Diese Bestimmung ist einem Ansatz wie dem von Descartes und Leibniz nicht angemessen. Denn selbst wenn ich hiernach über die extramentale Wirklichkeit zu einer vernünftigen Gewißheit gelangen könnte, so doch nur vermittelt über mein Bewußtsein von ihr. Soll aber die Wirklichkeit der Maßstab für die Wahrheit meiner Bewußtseinsinhalte sein, dann muß sie mir unabhängig vom Bewußtsein vorgegeben sein. – Aus solchen Erwägungen heraus sucht Leibniz die Wahrheit nach einem bewußtseinsimmanenten Kriterium zu bestimmen, daß wahre Gedanken kohärent sein müssen, d.h. widerspruchsfrei zusammen bestehen und gesetzmäßig miteinander verbunden sein müssen, während Einbildungen daran entlarvt werden können, daß sie willkürlich sind und nicht in sich und miteinander zusammenhängen (vgl. etwa GP VII 319–322 / A VI 4, 1500–1504). Eine Philosophie in systematischem Zusammenhang zu entwickeln, ist hiernach kein bloß äußerlicher Modus ihrer Darbietung, sondern ist ein wesentliches Moment ihrer selbst, durch das sie sich als wahr und glaubwürdig erweist.

In dieselbe Richtung wie diese erkenntnistheoretische Betrachtung weist zum zweiten der Begriff der Harmonie, der in einem ganz anderen Bereich, dem religionsphilosophischen der Theodizee, eine wichtige Rolle spielt (IX 2). Um die Quintessenz vorwegzunehmen: Harmonie ist das Kompositionsprinzip, Einheit in der Vielfalt zu verwirklichen, bezieht sich also auf den Aufbau (die Komposition) eines Ganzen aus seinen Teilen und ist umso größer, je reicher die Vielheit ist und je mehr Einheit in ihr zu realisieren gelingt. Daß das wirkliche Universum gemäß diesen Kriterien das harmonischste Ganze unter allen möglichen ist, bedeutet eine Rechfertigung Gottes dafür, daß er es ungeachtet des in ihm vorkommenden Bösen erschaffen hat. Eine metaphysische Theorie nun, die wie die Leibnizsche den Anspruch erhebt, in ihren begrifflichen Strukturen den realontologischen Aufbau der Wirklichkeit wiederzugeben, muß gleichfalls in diesem Sinne (der größtmöglichen Einheit bei einer maximalen Vielheit) harmonisch oder vollkommen sein, wenn sie ihrem Anspruch gerecht werden will. – Vollkommenheit definiert Leibniz in einem metaphysischen Sparsamkeits- oder Ökonomieprinzip dadurch, mit minimalem Aufwand einen maximalen Effekt zu erzielen. Dieses Prinzip besagt nichts anderes als der schon erörterte Harmoniebegriff: Im Aufwand ist größtmögliche Einfachheit oder Einheit zu erstreben. Das bedeutet bei geistigen Konstruktionen wie der eines philosophischen Gedankengebäudes, aber auch der göttlichen Weltschöpfung, die aus der zunächst rein begrifflichen Konstruktion einer möglichen Welt oder eines Weltmodells in Gottes Gedanken hervorgegangen ist: Die Voraussetzungen müssen möglichst einheitlich sein; aus möglichst wenigen voneinander unabhängigen Prinzipien ist das ganze System abzuleiten. In den erzielten Wirkungen, d.h. in den Phänomenen, die es zu erklären vermag, muß es möglichst reich sein (vgl. etwa DM § 5, GP IV 430f. / A VI 4, 1536f.).

Nach diesen Überlegungen können wir eine Antwort darauf versuchen, was das systematische Moment bei Leibniz ist und wie weit er es tatsächlich realisiert hat. Systematisch bedeutet für das Verständnis der damaligen Zeit, more geometrico im Stile eines euklidischen deduktiven, axiomatisierten Systems alle Aussagen aus möglichst wenigen Grundsätzen mittels Definitionen abzuleiten, wie es etwa Spinoza in seiner *Ethik* versucht hat. Zu den Definitionen ihrerseits führt nach Leibniz die Methode der universalen Analyse und Synthese. Die Analyse soll durch Zerlegen gegebener Begriffe in ihre Elemente schließlich die Urbegriffe liefern. Besitzen wir diese einfachsten und allgemeinsten Begriffe, die in allen übrigen enthalten sind, dann können wir in der Synthese die komplexeren und spezielleren Begriffe durch Kombination aus diesen Elementarbegriffen aufzubauen versuchen. Gegenüber der Analyse, die ad hoc ein vorliegendes Problem löst, indem sie es auf seine Prinzipien zurückführt, ist die Synthese vollkommener, weil sie für alle künftig zu lösenden Aufgaben ein für allemal in Tabellen den systematischen Aufbau unseres Begriffssystems aufweist (vgl. etwa GP VII 296 f. / A VI 4, 544). Sie artikuliert sich in Definitionen (der abgeleiteten Begriffe aus den primitiven). Diese Definitionen ihrerseits ermöglichen die Deduktion, die (analog zur Begriffssynthese) aus den allgemeinsten Grundsätzen die spezielleren Aussagen aufbaut.

Leibniz war sich sehr wohl bewußt, daß seine Philosophie von ihrem rationalistischen Anspruch her eine derartige systematische Präsentation verlangt. Wenn er sich im Untertitel der *Nouveaux essais* (NE), eines Werkes mit ausgesprochen dialogischem Charakter (s. u. d), als Autor des Systems der prästabilierten Harmonie vorstellt, dann glaubt er, seine philosophischen Kerngedanken seien grundsätzlich zu einer systematischen Darstellung geeignet. Auch wenn Leibniz immer nur in mehr oder minder populärer Form seine Metaphysik in ihren Resultaten präsentierte und sie nie streng wissenschaftlich nach den formalen Regeln eines Kalküls bewies, wie er es an sich für möglich hielt, so finden sich doch Ansätze zu der eigentlichen Präsentation. Auch in einer so popularisierenden Schrift wie der *Monadologie* weist er zumindest partiell deduktive Zusammenhänge auf, indem er aus der Einfachheit der Monade als ihrer Grundbestimmung (§ 1) weitere Bestimmungen wie ihre Unkörperlichkeit (§ 3), ihr Unentstandensein und ihre Unvergänglichkeit (§§ 4–6) ableitet. Oder in zahlreichen Studien mit Definitionen der Grundbegriffe stellt er zumindest die Materialien einer systematischen Präsentation bereit. Der Charakter eines Systems, in einer gegebenen Vielfalt von Phänomenen Zusammenhänge aufzuweisen und damit Einheit zu stiften, ist gemäß Leibniz' Vollkommenheitskriterium umso vollkommener erfüllt, je weniger voneinander unabhängige oberste Prinzipien das System anzunehmen genötigt ist. Im Sinne dieser Prinzipiensparsamkeit versucht Leibniz, mit einem einzigen Prinzip, der begriffsanalytischen Wahrheitsdefinition, auszukommen, die die Wahrheit dadurch bestimmt, daß der Prädikatbegriff einer wahren Aussage unter den begrifflichen Elementen enthalten ist, die die Analyse des Subjektbegriffs ergibt (vgl. II 2). Das Streben, systematisch zu vereinheitlichen, entspricht mithin nicht bloß der

Forderung der Rationalität, begründende Zusammenhänge aufzuweisen, sondern ist auch einem rationellen Vorgehen gemäß (mit möglichst wenigen Voraussetzungen eine größtmögliche Effizienz im Erklären zu erzielen), das Leibniz in den Rang eines metaphysischen Prinzips der Vollkommenheit oder des Besten erhebt.

c) Auch dem enzyklopädischen Moment liegt indes ein philosophisches Motiv zugrunde: Indem es Zusammenhänge und Entsprechungen in scheinbar weit zerstreuten Wissensgebieten aufweist, dient es Leibniz' Einheitsstreben, auch wenn es andererseits seine Tendenz, alles in eine vollständige systematische Einheit zu bringen, gerade vereitelt. Unter dem enzyklopädischen Moment ist die wohlbekannte Tatsache zu begreifen, daß Leibniz der letzte europäische Universalgelehrte war. Im Unterschied zum späteren Humboldtschen Ideal einer Allgemeinbildung, wo man die notwendig werdende Spezialisierung dadurch zu kompensieren versucht, daß man sich die Ergebnisse anderer Wissenschaften als Bildungsinhalte aneignet, war Leibniz noch auf den verschiedensten Wissensgebieten schöpferisch tätig. So verschiedenartige Disziplinen wie Jurisprudenz, Theologie, Geschichtsforschung, Mathematik und Physik hat Leibniz methodisch und inhaltlich durch beachtliche Neuerungen bereichert. In Sinne seines Wahlspruchs für die Berliner Akademie der Wissenschaften „Theoria cum praxi" hat er sich niemals mit theoretischen Forschungen begnügt, sondern hat sich immer auch trotz zahlreicher Mißerfolge um politische Wirksamkeit bemüht, durchweg als politischer Berater von Herrschern. Der Versuch, in dieser indirekten Form durch Denkschriften etc. politischen Einfluß zu nehmen, entsprach zum einen seiner Rolle als Wissenschaftler weit eher. Zum anderen konnte er in der damaligen Zeit des Absolutismus als Bürgerlicher kaum anders politisch wirksam werden. Neben politischen Ratschlägen im engeren Sinne (etwa in der Kriegs- und Bündnispolitik oder in staatsrechtlichen Fragen) richtete sich Leibniz bei seiner universalen Ausrichtung auch auf medizinische oder wirtschaftliche Verbesserungen (Münzreform, Handel). Auch durch technische Neuerrungenschaften (z.B. Entwässerung beim Harzbergbau oder Konstruieren einer Rechenmaschine) versuchte er, seinen Mitmenschen zu nützen. Darin, daß er innerhalb der Politik insbesondere auf die Wissenschaftspolitik sein

Augenmerk lenkte, ist der Zusammenhang seiner so verstreut erscheinenden praktischen Aktivitäten mit seinen philosophischen Grundüberzeugungen besonders deutlich greifbar. Wir haben bereits seine Auffassung kennengelernt: Weil die Welt ein harmonischer Kosmos ist, muß auch die Wissenschaft, will sie die Welt angemessen erfassen, als ein geordnetes Ganzes auftreten, nicht erst in ihren inhaltlichen Ergebnissen, sondern bereits in ihrem methodischen Vorgehen. Angesichts der Arbeitsteiligkeit, die die wachsende Wissensfülle erforderlich macht, bedeutet ein solches geordnetes Vorgehen, daß die einzelnen Forschungsaktivitäten in Gestalt von wissenschaftlichen Akademien koordiniert werden, deren Gründung Leibniz ein besonderes Anliegen gewesen ist.

Aber auch das enzyklopädische Moment als solches, d.h. die Beschäftigung mit zahlreichen, oft weit auseinanderliegenden Wissensgebieten, diente Leibniz dazu, seine philosophischen Kernüberzeugungen von einer letzlichen Einheit der Welt in ihren Grundlagen zu untermauern. Bei den weit verzweigten Forschungen glaubte Leibniz nämlich, Entsprechungen in Seinsbereichen entdecken zu können, die zunächst völlig getrennt oder beziehungslos nebeneinanderzustehen scheinen. Derartige Analogien machen – kritisch betrachtet – die für Leibniz zentrale Annahme, daß die gesamte Welt bei aller Vielfalt ihrer Erscheinungsformen in ihrem Grunde doch einheitlich und gleichgestaltet (uniform) ist, nicht zwingend. In der aristotelisch-scholastischen Tradition wurden solche Proportionalitätsanalogien dahingehend verstanden, daß grundlegend verschiedene Seinsbereiche doch nicht völlig voneinander getrennt, sondern durch gleiche Verhältnisse miteinander verbunden sind, so aber, daß die Verschiedenheit das Vorherrschende bleibt. Für Leibniz dagegen bestätigen die Entsprechungen des Nahen zu scheinbar ganz Entferntem das zentrale Uniformitätsprinzip: Die Natur weist durchgängig in ihrer Tiefenstruktur ein einheitliches Grundmuster auf, das sie lediglich graduell-quantitativ durch verschiedene Vollkommenheitsstufen variiert, so daß die Phänomene vielfältig erscheinen. Die prinzipielle Geichartigkeit bildet das Fundament dafür, daß sich universale, ausnahmslos gültige Gesetze formulieren lassen, für den neuzeitlichen Philosophen ein zentrales Anliegen. „Diese Universalität der Regeln wird unterstützt durch eine große Leichtigkeit im Erklären, denn die Uniformität, die ich in der gesamten Natur beachtet sehe, bewirkt, daß man überall sonst, allezeit und allerorts, sagen kann, daß es sich ganz so wie hier verhält, ausgenommen die Grade der Größe und der Vollkommenheit, und daß sich folglich die entferntesten und verborgensten Dinge vollkommen in Analogie zu dem erklären lassen, was sichtbar und in unserer Nähe ist." (GP VI 546; ähnlich GP III 339)

Die Uniformitätsannahme ist hiernach als heuristisches Prinzip vorauszusetzen, um das der Beobachtung nicht Zugängliche in Analogie zum Beobachtbaren zu erschließen und zu erklären. Umgekehrt wird sie in dem Maße bestätigt, wie es Leibniz bei seiner enzyklopädischen Ausrichtung tatsächlich gelingt, in weit verzweigten Wissensgebieten überzeugende Entsprechungen zu finden. In diesem Sinne wird das enzyklopädische Moment dem Streben nach systematischer Einheit dienstbar gemacht. Wenn Leibniz mit dem *Plus Ultra* (A VI 4, 673–735) das Projekt einer Enzyklopädie verfolgte, so ging es ihm nicht einfach darum, das Wissen verschiedener Gebiete rein additiv möglichst vollständig zu sammeln. Vielmehr hoffte Leibniz, es auch in eine deduktive Ordnung bringen zu können. Dennoch ging er nicht so weit wie Hegel, der in seiner *Enzyklopädie* alle Wissensinhalte mittels der dialektischen Methode in die einheitliche Gedankenbewegung des zu sich selbst findenden Geistes zu zwängen versuchte. Leibniz war ein zu aufgeschlossener Forscher, als daß er nicht die einzelnen Disziplinen – wenn nicht in der philosophischen Theorie, so doch in der wissenschaftlichen Forschungspraxis – den je spezifischen Anforderungen ihrer eigenen Methode gemäß behandelt hätte, so daß die enzyklopädische Tendenz das Systematisierungsbestreben sprengt.

Für uns, die wir uns hier auf Leibniz' Philosophie konzentrieren müssen, ist vielleicht am bemerkenswertesten, daß dieses nicht restlos zu vereinigende Nebeneinander verschiedener wissenschaftlicher Ansätze auch den Kernbereich von Leibniz' Philosophie, die Metaphysik der individuellen Substanz, betrifft. Nicht von ungefähr sind die beiden wohl wichtigsten Präsentationen der Substanzmetaphysik zeitgleich zu jeweils einem zentralen Werk einer anderen Disziplin. Leibniz' erste Präsentation seiner ausgereiften Substanzmetaphysik im *Discours de métaphysique* (DM) ist 1686 zeitgleich zu seiner logischen Hauptschrift, den *Generales inquisitiones de analysi notionum et veritatum* (GI), entstanden. Daher betont der *Discours* sowie die Arnauld-Korrespondenz (1686–90), in der die Thesen des *Discours* erläutert und vertieft werden, das begriffsanalytische Verständnis der Substanz durch den vollständigen Individualbegriff, aus dem sich sämtliche Eigenschaften eines Individuums herleiten lassen. Dieser spielt im *Système nouveau de la nature et de la communication des substances, aussi bien que de l'union qu'il y a entre l'âme et le corps* (SN) keine Rolle mehr. Statt dessen geht Leibniz hier, wie es der Titel schon verrät, von der cartesischen Leib-Seele-Problematik aus, die ihn zum Verständnis der Substanz als ursprüngliche Kraft führt. Diesem naturphilosophischen, genauer: dynamischen Ansatz entspricht, daß im selben Jahr 1695 die wichtigste Präsentation von Leibniz' Dynamik im *Specimen dynamicum* (SD) erschienen ist.

d) Diese Überlegungen zeigen, daß wir Leibniz offenbar nicht gerecht werden, wenn wir meinen: Mit dem *Discours*, in dem Leibniz nach allgemeiner Auffassung zum ersten Mal seine reife Metaphysik darstellt, hat er sein definitives System erreicht, das er hinfort allenfalls systemimmanent ausbaut, ohne sich aber auf Ansätze einzulassen, die die Grenzen des Systems sprengen könnten (auch wenn sie das System vielleicht nicht völlig aufheben). – Das stete Weiterdenken, die bleibende Offenheit und Unabgeschlossenheit hängt vor allem mit dem dialogischen Charakter von Leibniz' Philosophie zusammen. ‚Dialogisch' verstehen wir nicht so sehr im engen Sinne der mündlichen oder auch literarischen Form des Zwiegesprächs als vielmehr einer Denkhaltung, die ihre Gedanken wesentlich in irgendeiner Form des Austauschs oder der Auseinandersetzung mit anderen bildet. Diese Denkhaltung ist vor allem durch zwei Momente charakterisiert, die sich bei Leibniz sehr ausgeprägt finden: auf der einen Seite die Tendenz, die eigenen Gedanken, auch wenn sie noch nicht voll ausgereift sind, urteilsfähigen Personen zur Begutachtung zu unterbreiten, um sie so durch die Kritik der anderen zu verfeinern, auf der anderen Seite die Bereitschaft, sich ernstlich auf die Fragestellungen der anderen einzulassen.

Die zwei umfangreichsten Werke von Leibniz sind beide keine Hauptwerke im üblichen Sinne, in denen er seine eigene Philosophie oder wesentliche Teile von ihr in der von der Sache sich nahelegenden Anordnung so umfassend, zusammenhängend und

Abb. 1: Gottfried Wilhelm Leibniz. Zeitgenössisches Portrait

folgerichtig wie nur möglich entfaltet. Vielmehr verkörpern sie vornehmlich jeweils einen der beiden aufgewiesenen Aspekte des Dialogischen. Die *Theodizee* (*Theod.*; 1710) repräsentiert die Bereitschaft, seine Gedanken fremder Kritik auszusetzen und sie in der Auseinandersetzung mit dieser verfeinert auszubilden. Dieses dialogische Moment findet sich hier sogar in doppelter Brechung. Anlaß der *Theodizee* ist die Kritik, die der Skeptiker P. Bayle an Leibniz' System der prästabilierten Harmonie in einem Artikel seines historisch-kritischen Wörterbuchs geübt hat. Indes stellt die *Theodizee*, indem sie seitenlang verschiedene Werke Bayles zitiert, die Debatte mit ihm auf eine viel breitere Basis, indem sie alle jene Auffassungen von Leibniz' harmonischer und optimistischer Weltsicht einbezieht, die Bayle in Frage gestellt hat, z.B. (in der Vorerörterung) Leibniz' erkenntnisoptimistische Deutung des Verhältnisses der Vernunft zum Glauben, der der menschlichen Rationalität nirgends widerstreitet, sondern sie nur überhöht. Unmittelbar erwachsen ist die *Theodizee* aus Diskussionen von Leibniz mit Königin Sophie Charlotte über Bayles Argumente.

Das andere umfangreiche philosophische Werk Leibnizens, die *Nouveaux essais sur l'entendement humain* (entstanden 1703–1705), können als exemplarisch für den zweiten Zug des Dialogischen gelten, daß Leibniz sich nicht von vornherein auf den Standpunkt seines eigenen philosophischen Systems stellt, nur das aus ihm Ableitbare anerkennt und alles Widerstreitende a limine verwirft, vielmehr willens ist, auf die spezifischen Fragestellungen einer fremden Philosophie, auf ihre Terminologie und Lösungsversuche einzugehen. Dabei versucht Leibniz, von den bei diesem Ansatz nicht oder nur gewaltsam zu lösenden Fragen ausgehend, behutsam zu seiner eigenen Philosophie hinzuführen, die diese Probleme überzeugender zu bewältigen vermag. Auch hier hätte Leibniz den echten dialogischen Gedankenaustausch in der für ihn charakteristischen Form des Briefwechsels vorgezogen. Als Locke sich dem in typisch englischer Überheblichkeit entzog, wich Leibniz auf den fiktiven literarischen Dialog aus. Einer der Gesprächspartner zitiert in der von Lockes *Essay concerning Human Understanding* vorgegebenen Gedankenfolge alle Leibniz inhaltlich wichtigen Passagen dieses Werkes, damit darauf der andere Unterredende vom Standpunkt der Leibnizschen Philosophie aus Stellung beziehen kann. Wie sehr auch hinter dieser literarischen Form das Bemühen um ein echtes Zwiegespräch steht, zeigt der Umstand, daß Leibniz nach Lockes Tod kein Interesse an der Veröffentlichung dieses Werkes mehr hatte.

Ein solches dialogisches Vorgehen, das von einem fremden Standpunkt aus den eigenen zu gewinnen versucht, hat gleichfalls Wurzeln in Leibniz' Metaphysik, genauer der Theorie, daß alle individuellen Substanzen in ihren Perzeptionen (Wahrnehmungen, Erfahrungszuständen) das Universum, also dasselbe Ganze wiedergeben, aber aus jeweils eigener Perspektive. Denn die Perzeptionen der verschiedenen Monaden erreichen einen unterschiedlichen Grad an Klarheit und Deutlichkeit. Von dem je verschiedenen und unterschiedlich großen Ausschnitt aus, den die jeweilige Monade klar und deutlich erfaßt und der ihr nahe erscheint, begreift sie aber alles übrige; das von ihr klar und deutlich Erfaßte macht also ihren individuellen Stand- und Gesichtspunkt aus. Da eine jede Monade aber nichts anderes als ein mehr oder minder entwickelter Geist ist, läßt sich das soeben Dargestellte auf Geist und Geistesprodukte, also auch die Theorie eines philosophierenden Individuums übertragen. Demzufolge kann es keine wahrhaft divergierenden oder einander gar ausschließenden philosophischen Weltsichten geben. Vielmehr sind alle Theorien Repräsentationen desselben Ganzen und damit grundsätzlich miteinander im Einklang. Ihr Unterschied liegt allein darin, daß sie diesen identischen Gegenstand aus einem je eigenen Blickwinkel betrachten, somit je Verschiedenes klar in den Blick bekommen und natürlich auch in unterschiedlichem Grad zu geistiger Klarheit vordringen. Damit braucht Leibniz andere Philosophien nicht als konkurrierende Theorien zu betrachten, die als falsch zu erweisen sind, um die eigene Philosophie als wahr zu etablieren. Vielmehr kann er alle Philosophien als wahr begreifen, wenngleich sie diese eine Wahrheit in einem mehr oder minder vollkommenen Grad an Klarheit durchdrungen haben. Wenn Leibniz sich auf fremde philosophische Fragen und Entwürfe einläßt, so beabsichtigt er damit nachzuweisen, daß diese, wenn sie bis zur nötigen Klarheit weitergeführt sind, in das Leibnizsche System einmünden müssen. Ganz in diesem Sinne verheißt Leibniz, seine Philosophie zwinge in den Ergebnissen keine der Auffassungen aufzugeben, die die Menschen immer schon für wahr gehalten haben; freilich gelinge es ihr, in den (oft ungewohnt, ja anstößig anmutenden) Voraussetzungen und Begründungen (vgl. etwa GP IV 477), diesen Auffassungen eine tiefere Grundlage zu geben. Von diesem Standpunkt aus ist auch eine innere Entwicklung von Leibniz' Philosophie folgerichtig, entsprechend seiner Auffassung, daß die Monaden nach immer klareren und deutlicheren Perzeptionen streben. Da in Leibniz' Philosophie selbst mithin das Moment angelegt ist, das die geschlossene, systematische Einheit sprengt, ist es kein bloßer biographischer Zufall, daß er seine Philosophie in so verstreuter Form niedergelegt hat. Wer aus diesen Skizzen, Notizen, Entwürfen etc., die schnell dahingeworfen oft nur dem Zweck dienen, einen Gedanken dem eigenen Gedächtnis festzuhalten, ein definitives System zu rekonstruieren versucht, kann damit nicht einfach beanspruchen, Leibniz' innerstes Anliegen realisiert zu haben.

2. Schöpferischer Eklektizismus und der Exoterik-Esoterik-Gegensatz

Das in der vorangegangenen Sektion Behandelte läßt sich auch in einer anderen Terminologie und damit in etwas anderer Perspektive betrachten. Leibniz' dialogische Offenheit, sich von den verschiedensten Strömungen inspirieren zu lassen und sie als verschiedene Teilaspekte derselben Wahrheit zu sehen, die einander zu einem vollständigen Ganzen ergänzen, wird oft als schöpferischer Eklektizismus gewertet (s. u. a). Die Frage, weshalb Leibniz die systematische Darstellung, die seine Philosophie von ihrem Inhalt her am ehesten zu fordern scheint, nirgends auch nur annähernd versucht hat, läßt sich etwa im Anschluß an Russell ((III) 1961, 563–576) unter dem Gesichtspunkt von Exoterik und Esoterik diskutieren. Hat Leibniz, nachdem er an den Reaktionen auf den *Discours* und seine brieflichen Explikationen (Arnauld gegenüber) gespürt hat, daß seine esoterische Philosophie, ein logisch stringentes, tiefes philosopisches System, – zumal bei seinen deterministischen Implikationen – die Leser in ihren religiösen und weltanschaulichen Überzeugungen vor den Kopf stößt, nur noch die exoterische Philosophie öffentlich kundgegeben, um mit diesen faden Popularisierungen den Beifall des Publikums und einflußreicher Persönlichkeiten zu heischen? Nun spielt der Gegensatz von Exoterik und Esoterik auch bei Platon eine wichtige Rolle, bei dem das dialogische Moment bekanntlich zentral ist. Dies legt nahe, daß uns der dialogische Charakter von Leibniz' Philosophie eine andere Erklärung erlaubt, weshalb sie nirgends systematisch expliziert wurde, weshalb er seine esoterische Philosophie zurückhielt (s. u. b).

a) Als locus classicus für Leibniz' schöpferischen Eklektizismus kann man eine kurze geistige Autobiographie betrachten, die sich, gegen Lebensende (Januar 1714) verfaßt, in einem Brief an Remond findet (GP III 606 f.). Dort charakterisiert Leibniz sein Lebenswerk folgendermaßen: „Ich habe versucht, die unter den Lehrmeinungen verschiedener Philosophenschulen verschüttete und verstreute Wahrheit ans Licht zu heben und zu vereinigen, und glaube dabei von mir aus etwas beigetragen zu haben, um einige Schritte voranzukommen.“ Leibniz’ Hauptanliegen hierbei war, die traditionelle aristotelisch-scholastische Metaphysik, besonders in ihrer Lehre von den substantialen Formen, mit der seit Descartes aufblühenden modernen Naturphilosophie zu versöhnen, die das gesamte Naturgeschehen in den quantitativen und daher mathematisch zu behandelnden Kategorien der räumlichen Ausdehnung und ihrer Modifikationen: Größe, Gestalt (als Begrenzung der Ausdehnung) und Bewegung (qua Ortswechsel) glaubte erfassen zu können. (Zum Versuch zumal des frühen Leibniz, philosophische Tradition und neue Naturwissenschaft durch den Gedanken der Repräsentation aus einer Individualperspektive zu versöhnen, vgl. Busche (VI) 1997.)

Der Kenner der Geistesgeschichte wird hier anmerken: Dieser schöpferische Eklektizismus, Anregungen aus scheinbar unvereinbaren Richtungen aufzugreifen und miteinander in Einklang bringen zu wollen, entspricht sicher sowohl Leibniz’ ausgleichender, versöhnlicher Persönlichkeit als auch dem in seiner Philosophie zentralen Harmoniegedanken. (Insofern braucht das dialogische Moment, das sich auf die verschiedensten Anregungen einläßt, dem Streben nach systematischer Einheit nicht zu widerstreiten, sondern kann z.T. in dieselbe Richtung wirken.) Diese eklektisch harmonisierende Tendenz ist aber gar nicht eigentümlich für Leibniz, sondern war in der damaligen protestantischen deutschen Schulphilosophie durchaus verbreitet, deutlich greifbar etwa bei Johann Sturm. (Die ausführlichste Darstellung dieser Strömung gibt Peterson (XIV) 1964, vgl. auch Leinsle (XIV) 1988.) Die protestantischen Schulphilosophen, denen sowohl Leibniz’ Leipziger Lehrer Jakob Thomasius als auch Erhard Weigel angehörten, beriefen sich ausdrücklich auf Aristoteles. Auch wenn sie den Scholastikern, zumal in der Naturphilosophie, vorhielten, Aristoteles verkehrt zu haben, vertraten sie unausgesprochen doch die scholastische Überzeugung, es komme nur darauf an, die bereits gefundene Wahrheit tiefer zu verstehen. Alle großen Philosophen hätten eigentlich dieselbe Wahrheit gemeint. Ihre so gegensätzlich anmutenden Ansätze ließen sich daher, wenn man sie von polemischen Verzerrungen befreit, kohärent als verschiedene Elemente zu der einen ganzen Wahrheit vereinen. Bei der uneingestandenen Nähe zur katholischen Scholastik verwundert es nicht, daß sich die Versöhnungstendenzen bei Leibniz' Vorläufern auf beide Bereiche richten, in denen auch er selbst besonders nach einer Synthese suchte: Nicht bloß philosophisch strebten sie danach, zwischen traditionellem Aristotelismus und neuer mechanistischer Philosophie zu vermitteln, sondern auch religiös-theologisch, die konfessionellen Gegensätze auszugleichen.

Spezifisch für Leibniz ist, daß dieses Ringen um eine Synthese nicht einfach einem weltanschaulichen Harmoniebedürfnis entspringt, wie es nach den Schrecken des Dreißigjährigen Krieges mit seinen zerfleischenden Konfessionskämpfen verständlich wäre. Vielmehr gibt Leibniz ihm aus seiner Monadenlehre heraus eine tiefe metaphysische und wahrheitstheoretische Begründung, daß alle Anschauungen unterschiedlich fortgeschrittene Teilsichten eines je anderen Ausschnitts der Wahrheit sind, die vereinigt die gesamte Wahrheit ergeben. Auch für die drohende Gefahr, daß ein solcher Perspektivismus in einen gänzlichen Wahrheitsrelativismus einmündet, nach dem keine Anschauung oder Philosophie mehr als unwahr angesehen werden kann, hat Leibniz einen Lösungsansatz, der den Irrtum zu erklären versucht. In dem schon zitierten Brief an Remond heißt es: „Ich habe herausgefunden, daß die meisten Schulen recht haben in einem Großteil dessen, was sie positiv vertreten, aber nicht so sehr in dem, was sie bestreiten." (607) Beide Zitate ergeben zusammen etwa folgende Einstellung Leibnizens zu der vorgefundenen Philosophie. In den positiven Auffassungen, die sich an das halten, was dem jeweiligen denkenden Subjekt klar und deutlich erscheint, besteht keine Gefahr des Irrtums, lediglich muß das nur implizit Erfaßte noch zu größerer geistiger Klarheit weiterentwickelt und die Einzelansätze in einer Gesamtschau vereinigt werden. Irrtümer entstehen erst, wenn man etwas nur deshalb, weil man es selbst nicht klar erfaßt hat, bestreitet, als sei es gar nicht vorhanden. Aus solchen Verneinungen erwachsen Kontroversen. (Zur Frage des Irrtums bei Leibniz s. Belaval (II) 1976, 106–122.)

Bestätigend wollen wir kurz einen weiteren Leibniztext heranziehen, der dieses Anliegen gut verdeutlicht, nämlich Ausschnitte aus den beiden ersten Paragraphen des *Specimen dynamicum*. Ganz im Sinne einer philosophia perennis will er die jahrhundertelang tradierte Philosophie nicht umstürzen, sondern so explizieren und erläutern, daß sie Bestand haben kann, auch angesichts neuer wissenschaftlicher Ergebnisse. Diese Traditionsgebundenheit ist für Leibniz durchaus mit einem Fortschrittsstreben vereinbar, das Alte um neue Wahrheiten zu vermehren. ‚Neue Wahrheiten' kann (nach dem bisher von uns Erarbeiteten sowie dem Kontext) nicht bedeuten: völlig andere Einsichten, die den herkömmlichen gar widersprächen; es meint vielmehr: substantielle Erweiterungen der bisherigen Auffassungen, die diese allererst zu etwas wirklich Akzeptablem machen. Insbesondere denkt Leibniz an die aristotelisch-scholastische Lehre von den substantialen Formen und Entelechien, die in der Form, wie sie ursprünglich vertreten wurde, mehr eine dunkle, rätselhafte Ahnung als eine ausgearbeitete philosophische Theorie gewesen sei, nicht einmal von ihren Autoren wirklich verstanden. Erst Leibniz' Neuinterpretation durch den Begriff der Kraft (III 2a), der durch naturwissenschaftliche Einzelbeobachtungen fundiert ist, beansprucht daraus einen Begriff zu machen, der etwas erklärt und mit dem sich philosophisch operieren läßt (zum Ganzen s. GM VI 235). Dieser Fortschrittsbegriff ergibt sich aus Leibniz' Prinzip einer grundlegenden Einheit bei bloß gradueller Verschiedenheit, daß jede fremde Theorie ihren Wert hat, der graduell jedoch unterschieden ist (236). Philosophischer Fortschritt bedeutet hiernach, die in der Tradition bereits vorhandene Einsicht zu immer höheren Graden an Einsichtigkeit weiterzuentwickeln.

b) Leibniz scheut sich, seine Gedanken exoterisch einem beliebigen, uneingeweihten Publikum mitzuteilen, das sie nur absurd und uneinsichtig findet, weil sie sich in ihrer hohen Abstraktheit von den gängigen Vorstellungen allzu weit entfernen (an Remond, GP III 624); esoterisch behält er sie ausgewählten verständigen Adressaten vor (an des Bosses, GP II 328). Hierin zeigt er bemerkenswerte Berührungspunkte zu Platons Schriftkritik (*Phaidros* 274b ff.; 7. Brief bes. 341b–e). Sieht doch auch Platon einen wichtigen Vorzug des mündlichen Zwiegesprächs darin, daß hier der Lehrer das, was er dem Schüler mitteilt, daran bemessen kann, wie weit dieser einzelne Schüler im Verstehen solcher geistigen Zusammenhänge bereits vorangeschritten ist. Der schriftliche Text dagegen kann auch dem Unberufensten in die Hände fallen, der sich ob seiner Mißverständnisse, gegen die sich das Geschriebene nicht zu verwehren vermag, noch einbildet, wunder welche Weisheit begriffen zu haben. Daher darf der Philosoph seine eigentlichen Einsichten nur mündlich dem Geeigneten gegenüber aussprechen. Schriftliche Darstellungen sollen bloße Hinweise enthalten, die nur dem weiterhelfen, der von sich aus bereits auf diesem Weg des Philosophierens ist. Ganz in diesem Sinne will Leibniz an den zitierten Briefstellen seine tieferen Gedanken bestimmten Adressaten vorbehalten, die sie zu verstehen vermochten. Von einer wohl zu öffentlichem Gebrauch bestimmten Darstellung sagt er in A VI 3, 573 hingegen, nur solche Ergebnisse dürften in dieser Metaphysik bewiesen werden, die den überkommenen, anerkannten Auffassungen nicht allzusehr widerstreiten. So werde diese Metaphysik erst einmal anerkannt. Einmal angenommen könne sie dann vertieft und die nötigen Schlußfolgerungen von dem verständigen Leser aus der in ihren Grundlagen etablierten und anerkannten Metaphysik selbst gezogen werden. Für den allgemeinen Leser (so ist impliziert) ist es dagegen gerade gut, wenn jene Konsequenzen nicht ausgesprochen werden, die er doch nur mißversteht und die ihn vom Anerkennen des Systems abschrecken. Wie bei Platon verlangt das Mitteilen des Eigentlichen der Philosophie, daß man sich dialogisch an einen bestimmten Adressaten richtet, so daß der Mitteilende seine Mitteilung pädagogisch an den Erfordernissen der jeweiligen Dialogsituation ausrichten kann. Die Darstellung für eine anonyme Öffentlichkeit demgegenüber muß mit der Taktik des bloßen Andeutens arbeiten, die sicherstellt, daß nur der Würdige, der selbst solche Gedanken anzustellen und sie daher zu verstehen fähig ist, alle Konsequenzen zieht.

Der Gegensatz von ‚exoterisch' und ‚esoterisch' ist keineswegs von außen an Leibniz herangetragen. Er kennt ihn selbst und erörtert ihn unter der Terminologie ‚exoterisch' – ‚akroamatisch' (d.h. nur für die Vorlesung (griech. *akroama*) innerhalb der Schule, also für die in die Thematik Eingeweihten bestimmt, vgl. etwa A VI 2, 416; GP III 648), oder ‚populär' – ‚akroamatisch' (NE Vorwort, A VI 6, 48). An letzterer Stelle konzediert er in einem für die Veröffentlichung bestimmten Werk, daß er zuweilen ⟨von der Sache⟩ genötigt ist, etwas akroamatischer und abstrakter zu sein. Ähnlich sagt er einleitend zum *Système nouveau* (GP IV 477), daß er es wage, keineswegs populäre und für jede Geisteshaltung bestimmte Überlegungen dennoch zu publizieren, weil er so mehr in dieser Thematik Urteilsfähige erreiche und von ihrer Stellungnahme profitieren könne, als wenn er sich einzeln an Zuständige wenden müsse.

Wenn wir das zum Verhältnis Exoterik – Esoterik Erarbeitete zusammenfassen, so ergibt sich doch ein recht anderes Bild gegenüber dem von Russell Gesagten. Auch wenn Leibniz beansprucht, seine Philosophie mache in den zu erklärenden Phänomenen keine Revisionen erforderlich, vermöge vielmehr alles, was gemeinhin angenommen werde, zumindest genausogut zu erklären wie jeder andere gedankliche Entwurf, so ist er sich sehr wohl bewußt: In den Erklärungsgrundlagen und ihren unmittelbaren Konsequenzen macht er hochspekulative Annahmen, die sich vom gesunden Menschenverstand so weit entfernen, daß sie diesem widersinnig erscheinen und ihn schockieren. Ganz im Sinne von Platons Verständnis, der das Esoterische aus dem dialogischen Schüler-Lehrer-Verhältnis begreift (der gute Lehrer achtet darauf, was er dem Verständnis dieses bestimmten Schülers zutrauen kann), richtet auch Leibniz seine Mitteilungen von der Sache her lieber an einen bekannten Adressaten, von dem er ganz bestimmte Klärungen seiner Gedanken erhoffen kann. Indes wählt er, wie wir soeben an GP IV 477 beobachten konnten, aus pragmatischen Erwägungen zuweilen auch die Publikation für einen anonymen Leserkreis dazu, Gedanken mitzuteilen, von denen er sich bewußt ist, daß sie nicht für jedermann geeignet sind. Auch wenn Leibniz folglich zuweilen mehr sagt, als er glaubt sagen zu dürfen, hält er doch vielfach auch mit dem zurück, was er sagen könnte. Bei Platon darf man vor allem aus pädagogischen Gründen dem, der erst zur Wahrheit zu führen ist, noch nicht die ganze Wahrheit sagen, die man in der eigenen Philosophie glaubt erkannt zu haben. Leibniz' Motive des Verschweigens sind sehr vielschichtig. Oft hielt er Gedanken, die ihm wesentlich waren, angesichts der äußeren Situation zurück, weil er die Zeit für sie noch nicht reif befand. So haben spätere Editoren in seinem Nachlaß zahlreiche meist kleine Schriften gefunden, die publikationsreif ausgearbeitet waren. Leibniz hat sie aber – gegenläufig zu seinem dialogischen Hang, seine Gedanken mit Kundigen und Verständigen zu erörtern – im Geheimen bereitgehalten, um zu einem geeigneten Zeitpunkt sofort mit ihnen an die Öffentlichkeit treten zu können. Dies gilt vor allem für seine Projekte zu einer Universalwissenschaft (scientia generalis) und Enzyklopädie (VI 2), in der er alle Wissensinhalte methodisch zu erfassen oder aufzufinden und alle Fragen durch Kalkül zweifelsfrei entscheidbar zu machen hoffte. Weil er für dieses gigantische Projekt auf Mitarbeiter und finanzielle Förderer angewiesen war, kam es hier besonders auf geeignete Umstände an, um es bekanntzumachen.

3. Warum mußten fruchtbare, zukunftsweisende Projekte unvollendet bleiben?

Wir haben gesehen: Daß Leibniz in der Darstellung seiner Philosophie nicht bis zu jener systematischen Geschlossenheit vorgedrungen ist, die einige sehr zentrale philosophische Überzeugungen von ihm gefordert hätten, liegt zum Teil an seiner Persönlichkeit und Arbeitsweise, hat aber auch sachlich-philosophische Gründe. Entsprechendes gilt für eine andere auffällige und eng damit zusammenhängende Eigentümlichkeit, daß Leibniz zahlreiche Projekte hatte, die oft weit über seine Zeit hinauswiesen, die aber doch unrealisierte Entwürfe (in einem mehr oder minder ausgearbeiteten Stadium) blieben oder sich zumindest in dieser weitreichenden Form, wie es sich Leibniz vorgestellt hatte, nicht ausführen ließen. Es wäre verfehlt, diese Nichtvollendung allein auf Leibniz' sprunghaften Charakter zurückzuführen, daß ein ausdauerndes Verfolgen einer einzigen Betätigung ihn nicht zufriedenstellen konnte – ein Charakterzug, der auch dem enzyklopädischen Moment zugrunde liegt. Die Nichtverwirklichung so vieler seiner Pläne liegt auch sachlich darin begründet, daß in diesen Plänen die grundsätzliche Reichweite rationaler Entwürfe oder zumindest die Realisationsbedingungen zu seiner Zeit falsch eingeschätzt werden. Daß Leibniz zu solchen Überschätzungen neigt, kann man freilich aus seinem Charakter, d.h. seinem ungebrochenen Fortschrittsoptimismus, zu erklären versuchen.

Beispiele für solche Entwürfe lassen sich in allen drei (von Aristoteles unterschiedenen) Bereichen des Wissens aufzeigen: beim theoretischen, praktischen und technischen Wissen. In der Theorie ist das Projekt einer Universalwissenschaft (scientia generalis) mit der universellen Kennzeichnungskunst (characteristica universalis) als ihrem logischen Instrument sicher am bemerkenswertesten. In der Charakteristik liefert Leibniz schon recht weit fortentwickelte Beispiele von Zeichensystemen, in denen man mit den Zeichen (Symbolen, Charakteren) kalkulieren, d.h. nach genau festgelegten Regeln rechnen oder formal operieren kann. Damit kann er als Vorläufer der heutigen symbolischen oder mathematischen Logik gelten (zur Bedeutung von Leibniz' mathesis universalis für die Entwicklung der formalen Logik im 19. Jhd. vgl. Peckhaus (IX) 1997). Dabei überschätzte er aber die Reichweite formaler Entscheidungsverfahren, wenn er annahm, sämtliche Fragen seien durch Kalkulieren, also formales Operieren, zweifelsfrei entscheidbar, indem die Charaktere auch den inhaltlichen Aufbau unseres Begriffssystems repräsentieren sollen. Die Entwicklung der modernen formalen Logik hat dagegen erwiesen: Es mag allenfalls gelingen, die Argumentationsstrukturen durch mechanische Entscheidungsverfahren auf ihre Richtigkeit hin zu überprüfen. Die inhaltlichen Entscheidungen demgegenüber entziehen sich einer streng rationalen Überprüfbarkeit zumeist grundsätzlich. Weil Leibniz sachlich Unmögliches suchte, konnten seine Projekte so nicht verwirklicht werden.

Auf zahlreiche Vorschläge politischer Unternehmungen und Reformen können wir hier nicht im einzelnen eingehen. Auch sie enthalten, wenn wir vom zeitbedingten Rahmen ihrer Ausführung absehen, manches Zukunftsweisende. So schlug er in der *Topographia politica* dem Fürsten umfassende statistische Erhebungen über die Bevölkerung, ihre Beschäftigung, Finanzlage, den Handel usw. vor. Diese Verbesserungsvorschläge blieben fast durchweg aus einem ganz ähnlichen Grunde bloße Ideen, weil Leibniz in seinem Optimismus die realen Widerstände – namentlich seitens absoluter Herrscher – verkannte, rationale Projekte in die politische Praxis umzusetzen. – In der Technik schließlich liegt das hervorstechendste Beispiel sicher in Leibniz' Bemühungen, eine Rechenmaschine zu konstruieren, die bereits auf dyadischer Basis funktionierte. Dennoch kann man Leibniz schwerlich bereits als Erfinder des Computers bewerten. Letztlich hat er das dyadische System als die Basis, auf der der Computer formal operiert, bloß spekulativ erkannt, indem er den Gegensatz von Ja und Nein, Sein und Nichtsein, Etwas (aliquid) und Nichts (nihil), Gott und Nichts als metaphysisch grundlegend für den Aufbau

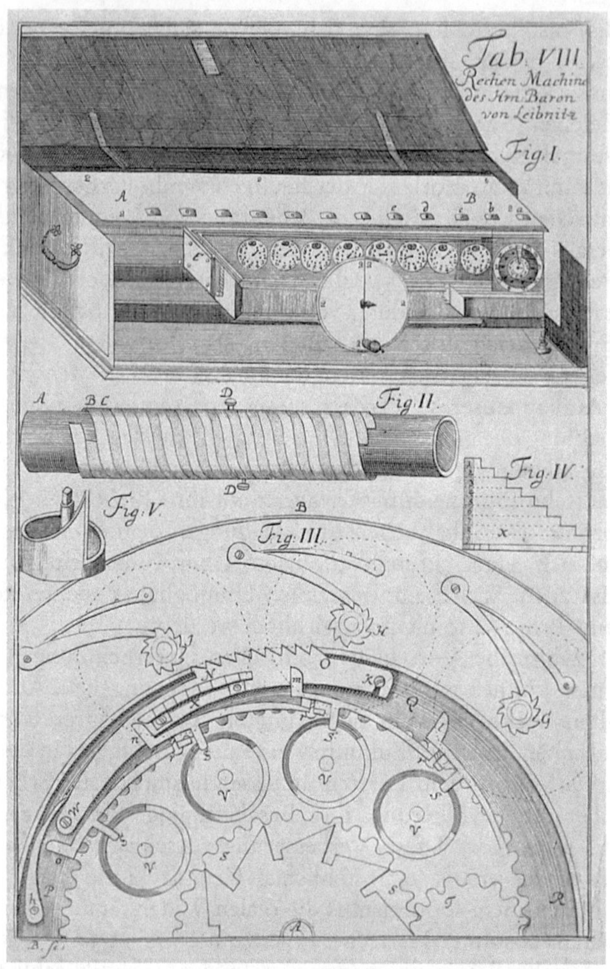

Abb. 2: Leibniz' Rechenmaschine für Multiplikationen. Kupferstich aus Jakob Leupold: Theatrum arithmetico-geometricum (...) Leipzig 1727

des Alls und die Versuche, ihn zu beschreiben, erkannte (vgl. etwa die Definitionslisten A VI 4, 306, 930, 934, 937, 938, 939). Es fehlten damals einfach noch die naturwissenschaftlichen Entdeckungen, die erlaubten, in Gestalt positiver und negativer Ladungen das dyadische System in einer leistungsfähigen Maschine technisch nutzbar zu machen.

Auch den technischen Erfindungen für den Harzbergbau lag die zukunftsweisende Absicht zugrunde, Energiekreisläufe zu schaffen, wenn z.B. die Energie zum Heraufziehen einer kreisförmig geschlossenen Förderkette von den herabsteigenden Kettenteilen selbst geliefert wird. Daß alle diese Erfindungen nicht bis zur Praxisreife gediehen, liegt nicht nur daran, daß die äußeren Realisationsbedingungen (geeignete Materialien usw.) noch fehlten; Leibniz selbst gebrach es an der für einen Tüftler und Erfinder notwendigen Beharrlichkeit, so lange an den Details zu feilen, bis die anfänglichen technischen Schwierigkeiten überwunden sind. Hier ist der Philosoph zu spüren, dem es eher darum geht, bislang nicht für möglich Gehaltenes im umfassenderen Kontext seiner philosophischen Gedankenwelt als eine realisierbare Idee zu erweisen. So hängt der Versuch, einen Mechanismus zu konstruieren, der, einmal gebaut, in der Weise eines Kreislaufs ohne äußere Eingriffe aus sich heraus weiterläuft, mit dem deistisch geprägten Weltbild der prästabilierten Harmonie (III 2b) zusammen, daß der von Gott einmal geschaffene Weltmechanismus aus seinen inneren Gesetzmäßigkeiten weiterbesteht, ohne daß es andauernd eines wunderbaren göttlichen Eingreifens bedürfte.

4. Stationen des Lebensweges

a) Am 1. Juli 1646 in Leipzig geboren, entstammte Leibniz einer Familie, deren Vorfahren väterlicher- wie mütterlicherseits einem der Wissenschaft und Bildung aufgeschlossenen Bürgertum angehörten und eine Reihe von Juristen vorzuweisen hatten. Nach dem frühen Tod des Vaters, eines Aktuars und Professors der Moralphilosophie an der Leipziger Universität, nutzte Leibniz bereits als Achtjähriger dessen umfangreiche Bibliothek und eignete sich dabei allein aus der Lektüre das Lateinische an; auch im übrigen war er ein Fast-Autodidakt (GP VII 185 / A VI 4, 265). Nachdem er anfangs historische und dichterische Texte gelesen hatte, wandte er sich schon als Dreizehnjähriger der Logik zu. An ihr fesselten ihn besonders die gedanklichen Einteilungen und Ordnungsschemata, wie sie zumal die Kategorien (Prädikamente) darstellen. Schon damals wies er diesen logischen Klassifikationen als „Muster-Rolle aller Dinge" eine ontologische Bedeutung zum

Verständnis des Aufbaus der Welt zu – eine wichtige Vorwegnahme späterer Auffassungen (vgl. an G. Wagner 1696, GP VII 596). Mit 15 Jahren begann er ein vornehmlich philosophisches Studium an der Leipziger Universität und beschloß es 1663 bei dem Aristoteliker Jakob Thomasius mit einer Bakkalaureatsdissertation über das Individuationsprinzip (quellengeschichtlich untersucht bei McCullough (VI) 1996, 22–130). Die Philosophie auch an den protestantischen deutschen Universitäten war damals noch stark geprägt von einem scholastischen Aristotelismus, der durch einen Renaissancehumanismus ein wenig modifiziert wurde. Leibniz, der die alten Autoren (von der Antike über die Patristik bis zur Scholastik) schon aus seiner Privatlektüre bestens kannte, kam aber auch mit der modernen Naturwissenschaft und der von ihr beeinflußten mechanistischen Philosophie zusammen, die das gesamte Naturgeschehen aus kausalmechanisch zu beschreibenden Bewegungsvorgängen glaubte erklären zu können. In der vielzitierten autobiographischen Notiz (1714, GP III 606) bemerkt er, er habe als Fünfzehnjähriger zwischen dem Aristotelismus und seinen metaphysischen Erklärungskategorien, den substantialen Formen ⟨die in zielgerichteten, d.h. auf eben diese Formen abzielenden Prozessen verwirklicht werden⟩, und der modernen mechanistischen Philosophie geschwankt; diese habe schließlich obsiegt und so habe er sich der Mathematik zugewandt. In der Tat hat Leibniz ein Semester lang in Jena den Mathematiker Erhard Weigel gehört (Moll (XIV) 1978). Dieser hat Leibniz den für seine spätere Philosophie zentralen Gedanken einer allumfassenden, in Zahlen beschreibbaren Harmonie vermittelt – alles andere als die moderne mechanistische Philosophie. Leibniz' Bemerkung muß also cum grano salis gelesen werden. Zum einen zeigen seine Schriften nirgends einen reinen Mechanismus, vielmehr ist er überall bemüht, wertvolle traditionelle Einsichten auf dem Boden der modernen Naturwissenschaft zu wahren. Zum anderen erwarb er sich erst 1672 in Paris vor allem in seiner Begegnung mit Huygens jene mathematischen und naturwissenschaftlichen Kenntnisse, die dem Stand der Zeit entsprachen und die ihn als einen wirklich modernen Philosophen hätten qualifizieren können.

Auch von der zeitgenössischen Philosophie hatte er vor der Pariser Zeit kaum gründliche Kenntnisse. In einem Brief an Foucher

1675 (GP I 371 / A II 1, 247) gibt er zu, Descartes vorwiegend aus sekundären Darstellungen gekannt zu haben. Der Grund, den er dafür nennt, ist für seine Arbeitsweise sehr bezeichnend: Er schätzt die Bücher, die man wie die historischen verschlingen kann und die bei einer solchen hastigen Lektüre eigene Ideen wachrufen, so daß man lustvoll dem natürlichen Hang folgend seinen eigenen Ideen nachgehen kann, wie es bei Bacon und Gassendi möglich ist. Dagegen haben ihm jene Bücher größte Schwierigkeiten bereitet, die im Stil der Geometrie strikt argumentieren, so daß man sich, um sie zu verstehen, die Mühe machen muß, ihren Gedankengang sorgfältig einen Argumentationsschritt nach dem anderen nachzuvollziehen. Da er – wie er zugesteht – erst seit kurzem (seiner Pariser Zeit) in der Geometrie bewandert ist, hat er sich vom Stil Galileis und Descartes' abschrecken lassen. Dieser Hang, sich lieber dem eigenen Gedankenfluß hinzugeben, als sich in fremde Überlegungen hineinzuvertiefen und zu versuchen, sie zu verstehen, ist zu beachten, wenn wir die Art verstehen wollen, wie Leibniz die zahlreichen Einflüsse verarbeitet hat.

Sein in Leipzig begonnenes Jurastudium schloß er 1667 an der Universität der Reichsstadt Nürnberg in Altdorf mit der Promotion ab. Die ihm daraufhin angebotene Professur schlug er jedoch aus, wohl deshalb, weil er die allzu einengenden universitären Strukturen für nicht geeignet hielt, darin seine vielseitigen Begabungen zu entfalten und insbesondere seinem Streben nach praktischer Anwendung wissenschaftlicher Resultate zu genügen. Auch innerhalb der Jurisprudenz zeigte Leibniz philosophische Interessen und untersuchte die Logik juristischer Begriffsbildungen und Beweisführungen. Die Liebe zur Logik, genauer zur Kombinatorik eines Raimundus Lullus, wie man durch die Regeln für das Kombinieren von Symbolen die Strukturen der Welt zu erschließen vermag, fand ihren Niederschlag in der *Dissertatio de arte combinatoria* (1666); sie ließ Leibniz auch Kontakte mit einer alchimistischen Geheimgesellschaft in Nürnberg aufnehmen.

Wohl durch die Vermittlung des Baron Boineburg trat Leibniz 1667 in den Dienst des Kurfürsten und Erzbischofs von Mainz, Johann Philipp von Schönborn. Dort war er mit juristischen Aufgaben betraut, war Richter am Appellationsgericht und sollte mitwirken, das *Corpus iuris* als Gesetzeswerk für die christlichen Nationen neu zu fassen. In den wissenschaftlichen Arbeiten war schon in der Mainzer Zeit die universalistische Ausrichtung voll ausgeprägt. Neben juristischen Fragen etwa des Naturrechts befaßte sich Leibniz u.a. physikalisch (wenngleich noch unvollkommen) mit der Bewegungslehre. Seine theologischen Studien versuchte er in den Bemühungen um eine Kirchenunion praktisch werden zu lassen. – Eine politische Mission 1672, im *Consilium Aegyptiacum* die Eroberungsbestrebungen Ludwigs XIV. von Europa weg und Ägypten zuzuwenden, blieben zwar erfolglos, sie führten Leibniz aber nach Paris, einem intellektuellen Zentrum der damaligen Welt, wo er mit Theologen und Philosophen wie Arnauld und Malebranche persönliche Kontakte aufnehmen konnte. Mehr noch als der Philosophie – die *Confessio philosophi* (1673) ist ein erster Lösungsansatz des Theodizeeproblems – widmete er sich der Mathematik, in die Huygens ihn einführte. Damals schon entwickelte er die Differential- und Integralrechnung, wenngleich er sie erst 1684 in den *Acta eruditorum* veröffentlichte, der ersten wissenschaftlichen Zeitschrift Deutschlands, die Leibniz häufig als sein Publikationsorgan nutzte. Der leidige Prioritätsstreit, ob Newton oder Leibniz als Entdecker der Infinitesimalrechnung zu gelten habe, überschattete erst Leibniz' letzte Lebensjahre, besonders die Entscheidung der Royal Society 1712, Leibniz werde zu Recht ein Plagiat vorgeworfen. Heute wird allgemein gesehen, daß eine solche Suche nach einem einzigen, der als erster den Infinitesimalkalkül gefunden habe, verfehlt ist. Mehrere Wissenschaftler haben substantielle Beiträge geleistet, ihn zu entwickeln, Newton ebenso wie Leibniz, der sich eines ganz anderen Verfahrens bediente. Bei einer politischen Mission nach London 1673, die Leibniz wiederum zu intensiven wissenschaftlichen Kontakten etwa mit dem Chemiker Boyle und dem Kreis um Newton nutzte, war davon noch nichts zu spüren. So wurde Leibniz sogar zum Mitglied der Royal Society gewählt, u.a. weil er eine Rechenmaschine für alle vier Grundrechenarten entwickelt hatte.

b) Nach dem Tod Boineburgs und des Mainzer Kurfürsten (1672/3) war die politische Mission beendet. Bis 1676 widmete Leibniz sich in Paris noch seinen wissenschaftlichen Studien, mußte dann aber, weil er kein bezahltes Mitglied der Académie des sciences wurde (erst 1700), einen Dienstherrn suchen und entschied sich für den künstlerisch wie wissenschaftlich aufgeschlossenen und religiös toleranten Welfenherzog Johann Friedrich von Braunschweig-Lüneburg. Den Weg nach Hannover über London und Holland nutzte Leibniz zu einer Begegnung mit Spinoza und dem Zoologen van Leeuwenhoek. Dieser hatte mit seinem Mikroskop die faszinierende Welt der Kleinstlebewesen erschlossen – Entdeckungen, die Leibniz zu der metaphysischen Theorie veranlaßten, die scheinbar tote Materie enthalte bis ins unendlich Kleine winzige Lebewesen. Da Herzog Johann Friedrich Verständnis für Leibniz' wissenschaftliche Interessen hatte, blieb ihm neben seinen Aufgaben als Bibliothekar und Hofrat noch genügend Freiraum. Und wenn er im Auftrag des Hannoveraner Hofes mit dem französischen Bischof und Kirchenpolitiker Bossuet Verhandlungen über eine Wiedervereinigung der christlichen Konfessionen zu führen hatte, so entsprach eine derartige Aufgabe sicherlich seinem auf Ausgleich bedachten Naturell. Die beiden weiteren Hannoveraner Herzöge, denen Leibniz nach dem Tode Johann Friedrichs (1679) diente, zuerst dessen Bruder Ernst August und ab 1698 Georg Ludwig, hatten für Leibniz' wissenschaftliche Projekte wenig Verständnis. Ein gewisser Ausgleich waren die Herrscherinnen, Ernst Augusts Gemahlin Sophie und vor allem deren Tochter Sophie Charlotte, die spätere Königin von Preußen. In ihnen fand Leibniz nicht nur Gesprächspartnerinnen, mit denen er seine philosophischen Gedanken diskutieren konnte, es verband ihn mit beiden auch ein sehr persönliches Freundschaftsverhältnis. Der absolutistisch eingestellte Ernst August demgegenüber brauchte Leibniz' Dienste vor allem dazu, Macht und Glanz seiner Person und seines Hauses zu erhöhen, etwa für sein Haus die Kurfürstenwürde zu erlangen, was denn auch (nicht zuletzt dank Leibniz' Geschick) gelang. Diesem Zweck diente auch der große Auftrag, den Leibniz 1685 erhielt, eine Geschichte des Welfenhauses zu verfassen. Bei der Bearbeitung dieser Aufgabe setzte Leibniz neue Maßstäbe für die Geschichtswissenschaft, indem er seine Darstellung auf das Studium und die kritische Auswertung von Quellen zu stützen versuchte. So hat er denn auch über seine ursprüngliche Thematik hinaus zahlreiche historische Quellentexte veröffentlicht, auf die er bei seinen Recherchen gestoßen war. Bei einer solchen akribischen Vorgehensweise beanspruchte die Ausarbeitung dieses Geschichtswerks, das auch vieles über die mittelalterliche deutsche Geschichte allgemein mitteilte, eine gehörige Zeit; Leibniz vermochte nur die Periode 796–1005 zu vollenden. Die Herzöge, denen es hierbei um weit Äußerlicheres ging, drängten Leibniz demgegenüber, das Werk möglichst bald abzuschließen.

Diese Aufgabe ermöglichte Leibniz immerhin 1687–1690 ausgedehnte Reisen durch Süddeutschland, Österreich und schließlich sogar Italien, um historische Urkunden zur Welfengeschichte zu erforschen. Dort vermochte er die Verwandtschaft des Welfenhauses mit dem italienischen Geschlecht der Este zu bestätigen, auf die ihn eine Handschrift in Augsburg gestoßen hatte. Seiner Gewohnheit gemäß nutzte Leibniz diese Reisen zu zahlreichen wissenschaftlichen und politischen Kontakten. In Wien hatte er Gelegenheit, Kaiser Leopold I. seine Vorschläge vorzutragen. Wie bei späteren Herrscheraudienzen war ihm die Gründung einer Akademie der Wissenschaften ein besonderes Anliegen; er bettete aber (seinen universalen Interessen folgend) diese Anregungen in eine Fülle sonstiger politischer Verbesserungsvorschläge, einschließlich wirtschafts- und finanzpolitischer, ein. In den norditalienischen Städten, in Neapel und in Rom knüpfte er Verbindungen zu führenden Wissenschaftlern der verschiedensten Disziplinen. Durch Jesuiten, die Chinamission betrieben, begann er sogar, sich für einen Kulturaustausch mit China zu begeistern, den er später im Rahmen der von ihm initiierten Berliner Akademie zu realisieren versuchte, nicht nur, um den Chinesen mit der christlichen Religion den abendländischen wissenschaftlichen Geist zu vermitteln, er wollte auch umgekehrt Kultur, Geschichte und Sprache der Chinesen erforschen und plädierte tolerant dafür, daß die bekehrten Chinesen ihre Riten und Überzeugungen beibehalten dürften, da diese aus einer mit dem Christentum vereinbaren natürlichen Theologie hervorgegangen seien. In Rom schlug Leibniz das verlockende Angebot aus, Kustos der Vatikanischen Bibliothek zu werden, weil er nicht zum Katholizismus konvertieren wollte. Daran hinderte ihn vor allem, daß die katholische Kirche sich weigerte, grundlegende naturwissenschaftliche und philosophische Einsichten anzuerkennen, obgleich Leibniz zu zeigen bemüht war, daß sie unbeschadet ihrer Grundposition z.B. das Kopernikanische Weltbild hätte annehmen können. Ohne die Gewissensfreiheit, die Auffassungen vertreten zu dürfen, die er durch seine Forschungen als wahr erkannt hatte, glaubte Leibniz aber nicht, Ruhe und Frieden des Gewissens finden zu können (vgl. A I 4, 321).

Die Resultate seiner Quellenforschungen machte er im *Codex iuris gentium diplomaticus* (1693) zugänglich, wo er völkerrechtliche Verträge des Mittelalters publizierte. Seine geologischen Forschungen, denen er (außer beim Harzbergbau) in Italien nachgegangen war (Vesuv), fanden in den *Protogaea* ihren Niederschlag, einer naturgeschichtlichen Untersuchung über die Entstehung der Erde, die er der Welfengeschichte voranzustellen gedachte. Dabei spielten die Fossilien eine Rolle, die er anders als seine Zeitgenossen nicht für Launen der Natur hielt, sondern als versteinerte Tiere und Pflanzen erkannte. Auch mathematisch blieb Leibniz in dieser Periode noch aktiv, vor allem in seinen umfangreichen Korrespondenzen z.B. mit den Brüdern Bernoulli über die Anwendung der Infinitesimalrechnung.

Unter Georg Ludwig verschlechterten sich Leibniz' Beziehungen zum Hannoveraner Hof zusehends. Der Kurfürst hatte kein Verständnis für Leibniz' weitreichende wissenschaftliche Pläne, nahm vielmehr daran Anstoß, daß Leibniz sich häufig ohne Einwilligung des Hofes auf Reisen begab und dabei auch in Dienstverhältnissen zu anderen Herrscherhäusern stand. So war er etwa Bibliothekar der Wolfenbütteler Bibliotheca Augusta, wohin es ihn – auch wegen der persönlichen Verbundenheit zu Herzog Anton Ulrich, der für Kunst und Wissenschaft aufgeschlossen war – öfters zog. Ein wesentlicher Anlaß zu Reisen war sein Bestreben, wissenschaftliche Akademien zu gründen, in denen er seine weitgesteckten Projekte hoffte verwirklichen zu können, die für einen einzelnen kaum zu bewältigen waren. Vorbild waren natürlich die wissenschaftlichen Sozietäten in London und Paris, aber Leibniz war um eine stärkere Ausrichtung am praktischen Nutzen bemüht; neben Mathematik und Naturwissenschaften sollten auch angewandte Wissenschaften wie Bau- und Bergbauwesen betrieben werden, getreu dem Wahlspruch, den er für die 1700 auf seine Anregung hin gegründete Preußische Akademie (Sozietät) als deren erster Präsident (auf Lebenszeit) wählte: Theoria cum praxi. Unter dieses Motto läßt sich Leibniz' eigenes wissenschaftliches Bemühen stellen. Im Gegensatz zu Aristoteles, der die höchste Erfüllung darin sah, daß der Mensch Gottes Zustand einer in sich ruhenden, reinen, interesselosen Betrachtung

Prinz Eugen und Leibniz.

Abb. 3: Prinz Eugen und Gottfried Wilhelm Leibniz in Wien, 1713, Holzstich

(*theoria*) zu erreichen versucht, war Leibniz davon überzeugt, der Mensch ahme Gott vielmehr dadurch nach, daß er wie dieser die Welt nach seinen Plänen zu gestalten und zum Nutzen seiner Mitmenschen zu wirken strebe. Denn optimistisch nahm Leibniz an, die Welt könne nach rationalen Entwürfen kontinuierlich verbessert werden. – Dieses rastlose vorwärtsdrängende Tätigsein führte Leibniz um 1700 häufig nach Berlin. Neben dem Aufbau der Akademie war die wissensdurstige Königin Sophie Charlotte, die einen anregenden Gesprächskreis um sich scharte, für Leibniz ein Grund, Berlin häufig aufzusuchen; daneben bemühte er sich dort auch um die Union wenigstens der protestantischen Kirchen.

Nach dem Tod seiner Gönnerin Sophie Charlotte (1705), der ihn tief getroffen hatte, verschlechterte sich Leibniz' Position in Berlin. Die Akademie traf ohne ihn wichtige Entscheidungen, so daß ihre feierliche Einweihung ohne ihn stattfand. Leibniz bemühte sich inzwischen auch in anderen deutschen Residenzen, Dresden und Wien, wenngleich ohne Erfolg, um die Gründung von Akademien.

Vor allem zwei wichtige Betätigungsfelder suchte Leibniz gegen Ende seines Lebens. Von 1712–1714 weilte er in Wien, wo er zum Reichshofrat ernannt wurde und freien Zutritt bei Kaiser Karl VI. hatte, dem er Ratschläge auf vielfältigen Gebieten (z.B. Staatsrecht, Wirtschaft, Technik, Medizin) unterbreitete. Für Prinz Eugen, den er für seine Philosophie zu interessieren vermochte, schrieb er *Rationale Prinzipien der Natur und der Gnade* (PNG), die ebenso wie die im gleichen Jahr (1714) entstandene inhaltlich übereinstimmende *Monadologie* (*Mon.*) eine knapp und verständlich gehaltene Zusammenfassung wichtiger metaphysischer Auffassungen ist. – Große Erwartungen setzte er auch auf Zar Peter den Großen und dessen Bemühen, Rußland der westeuropäischen Kultur zu öffnen. In Rußland hoffte er wohl, im Gegensatz zu den festgefahrenen politischen Strukturen Deutschlands, ein Reich zu finden, das noch offen war und sich nach rationalen Prinzipien gestalten ließ. In drei persönlichen Begegnungen trug er dem Zaren in einer für ihn charakteristischen Mischung unter diversen politischen, juristisch-verwaltungstechnischen etc. Reformvorschlägen auch Projekte zur Wissenschaftsförderung vor. Hiermit zumindest hatte er Erfolg. Gemäß Leibniz' Vorschlägen wurde, wenngleich erst nach seinem Tod, in Petersburg eine Akademie der Wissenschaften gegründet.

Weshalb Leibniz 1714 nach Hannover zurückkehrte, ist nicht ganz klar. Wahrscheinlich hoffte er, der Kurfürst, der nicht zuletzt dank Leibniz' Verhandlungen und Gutachten über die Erbfolge als Georg I. König von England geworden war, werde ihn nach London mitnehmen, ein intellektuelles Zentrum, wo er zudem glaubte, europäische Politik betreiben zu können. Georg hielt den reisefreudigen Leibniz jedoch für unzuverlässig und versuchte, ihn durch Reiseverbot und Sperren des Gehaltes zu zwingen, die Welfengeschichte möglichst schnell abzuschließen. (Leibniz machte sich denn auch intensiv an die Arbeit, die Fülle des gesammelten Materials in einem Geschichtswerk zu verarbeiten.) Von solchen Demütigungen und Enttäuschungen gekränkt, immer mehr von der Gicht geplagt, aber noch immer in ungebrochener Arbeitskraft rastlos tätig, verbrachte Leibniz seine beiden letzten Lebensjahre in Hannover. Dort starb er am 14. November 1716; an seinem Begräbnis nahm kein Vertreter des Hofes teil.

II. Leibniz' Einheitsstreben und seine Prinzipienlehre

1. Die lex continuitatis: kontinuierliche Gradunterschiede statt qualitativer Gegensätze

Ein zentrales Anliegen von Leibniz ist, den traditionellen Aristotelismus mit der modernen mechanistischen Naturerklärung zu versöhnen. Eine wirkliche Synthese würde voraussetzen, daß Leibniz nicht etwa (wie er es getan hat) grundständig die Position der neuen Naturwissenschaft einnimmt und von da aus versucht, die aristotelische Substanzmetaphysik so weit wie möglich zu rehabilitieren, daß er vielmehr gleichermaßen die Grundannahmen beider Positionen anerkennt und sie als vereinbar erweist. Ob ihm wirklich eine solche Synthese gelungen ist oder überhaupt gelingen konnte, mag bezweifelt werden. Denn in entscheidenden (vielleicht nicht so sehr explizit ausgesprochenen, als vielmehr implizit wirksamen) Grundannahmen stellt Leibniz sich auf die Seite der modernen Naturwissenschaft gegen fundamentale Überzeugungen des Aristotelismus. In der Uniformitätsannahme sind wir bereits einem solchen Fall begegnet: Aristoteles betont die irreduzible Vielfalt des Seienden (das in vielfachem Sinne ausgesagt werde). Analogie, d.h. Verhältnisgleichheit, bewahrt die verschiedenen Seinsbereiche zwar vor einem beziehungslosen Nebeneinander, ohne sie jedoch auf eine Einheit zurückführen zu können. Demgegenüber glaubt Leibniz im Sinne der modernen Naturwissenschaft: Allein durch univoke Vereinheitlichung aller Bereiche werden strikt allgemeingültige Gesetze möglich, ohne die es keine Wissenschaftlichkeit geben kann.

Eng damit zusammen hängt das Unterfangen, die qualitativen Unterschiede der traditionellen Gegenbegriffe auf den quantitativen Unterschied kontinuierlich ineinander übergehender Grade ein und derselben Bestimmtheit zurückzuführen, wie ihn das Kontinuitätsgesetz fordert, gemäß dem die Natur keine Sprünge macht. Aristoteles und die Scholastiker arbeiteten mit Paaren einander konträrer Bestimmtheiten (Qualitäten), die sich nicht aufeinander zurückführen lassen, die vielmehr komplementär aufeinander verwiesen sind, sofern sie erst zusammen die uns erfahrbare Welt und das in ihr Geschehende ausmachen. Im physikalischen

Geschehen können wir beispielsweise Bewegung wie Beharren (Ruhe) beobachten. Offenbar bedarf es beider Faktoren, um die gegebene Wirklichkeit erklärbar zu machen. Das kann auch Leibniz nicht bestreiten, faßt aber die Ruhe nicht mehr als ein eigenständiges Moment gegenüber der Bewegung auf, sondern als deren Grenzwert, wenn die Bewegung sich immer mehr vermindert und sich dem Grenzwert null nähert. Dieses Verständnis der Ruhe als unendlich kleine oder unendlich langsame Bewegung ist eine Folge des Kontinuitätsgesetzes (GP III 52f.). Mit ihm wendet Leibniz sich v.a. gegen die Bewegungsgesetze des Cartesianismus, daß ein Körper beim Stoß unmittelbar die entgegengerichtete Bewegung annehmen könne (vgl. etwa A VI 6, 56): Solche Sprünge verbietet das Kontinuitätsgesetz; eine Größe kann nicht unvermittelt in die entgegengesetzte umschlagen. Vielmehr muß sich die eine Bewegung kontinuierlich bis zur Bewegungslosigkeit vermindern, damit daraus die entgegengerichtete in einer kontinuierlichen Zunahme entstehen kann. Kontinuierlich besagt hierbei, daß der Unterschied zweier benachbarter Momente der zu- oder abnehmenden Bewegung unendlich klein oder kleiner als jeder gegebene ist. Es ist einleuchtend: Bei dieser Konzeption ist die Ruhe kein unabhängiger Faktor, sondern nur ein Grenzfall von Bewegung, bei der das kontinuierliche Schwinden einer Bewegung endet und das kontinuierliche Wachstum einer anderen beginnt. Was als Umschlagen in die gegensätzliche Qualität der Ruhe erscheint, ist in Wahrheit nur ein kontinuierliches Schwinden einer einzigen Qualität ins unendlich Kleine (Infinitesimale).

Wichtiger noch als die physische Bewegung, die für Leibniz ein bloßes Phänomen ist, ist die ihr zugrundeliegende metaphysische Realität, die Kraft (III 2d). Mit diesem Begriff versucht Leibniz den für Aristoteles und die Scholastiker zentralen ontologischen Gegensatz von Vermögen (Potenz) und Verwirklichung (Akt) zu vermitteln. Durch Überwinden dieser ontologischen Dualität beansprucht Leibniz im Titel einer kleinen Schrift, eine entscheidende Verbesserung der ersten Philosophie (Metaphysik), insbesondere des Substanzbegriffes, vollbracht zu haben: „Es unterscheidet sich die Aktivkraft (vis activa) vom bloßen Vermögen, wie es gemeinhin den Schulen bekannt ist, darin, daß das Aktivvermögen (potentia activa) der Scholastiker oder die Fähigkeit (facultas) nichts anderes als die unmittelbare Möglichkeit des

Wirkens ist (propinqua agendi possibilitas), die aber dennoch einer äußeren Anregung und gleichsam eines Stachels bedarf, um in den Akt überführt zu werden. Die Aktivkraft demgegenüber enthält in sich bereits eine Art Verwirklichung (actus) oder Entelechie und steht so in der Mitte zwischen der Fähigkeit zu wirken und der Wirksamkeit (actio) selbst und schließt einen Bewegungsansatz (conatus) in sich ein. Daher geht sie aus sich selbst zur Wirksamkeit über und bedarf keiner äußeren Hilfe, sondern lediglich, daß das Hindernis aufgehoben wird." (*De prima philosophiae emendatione, et de notione substantiae*, GP IV 469) Die Kraft (vis; frz.: force), Anstrengung (effort) oder Tendenz (tendence) (zu diesen Termini vgl. den Paralleltext NE II 21 § 1, A VI 6, 169f.) haben, ohne selbst schon Tätigkeit zu sein, doch in sich eine solche Ausrichtung auf ein Wirken, daß sich die entsprechende Wirksamkeit von selbst einstellt, sofern die äußeren Bedingungen ein Wirken nur zulassen und nicht behindern. Dieser Begriff ist ontologisch von größter Brisanz. Liegt doch dem Gottesbeweis in Aristoteles' *Metaphysik* Λ (XII) gerade die Unüberbrückbarkeit des Potenz-Akt-Gegensatzes zugrunde: Etwas, was eine Bestimmtheit nur dem Vermögen nach hat, kann sie nicht von sich aus ohne ein äußeres Verwirklichendes aktuell aufweisen oder betätigen (der Lernfähige braucht einen Lehrer usw.). Daher bedarf es eines Gottes, der (selbst reines Wirken) alle anderen Seienden, die von sich aus stets Potentialität aufweisen werden, in ihren Bestimmungen verwirklicht. Leibniz hat aus der Annahme, daß die innerweltlichen Seienden insofern autark sind, als sie aus sich heraus der Wirksamkeit fähig sind, keineswegs atheistische Schlußfolgerungen gezogen. Wir müssen uns aber kritisch fragen, ob bei diesem Ansatz Gott transzendent oder nur als ein pantheistisches Prinzip begriffen werden kann.

Eine ähnliche Frage wirft der verwandte Gegensatz von Essenz und Existenz auf: Die Essenz (oder das Wesen) bildet die wesentliche Bestimmtheit eines Existierenden einer bestimmten Art (z.B. was einen Menschen zu einem Menschen macht), von sich aus aber nur im Stadium einer bloßen Möglichkeit; erst in der Existenz wird dieser Inhalt wirklich. Scholastiker wie Thomas von Aquin sehen diesen Gegensatz nur bei Gott überbrückt: Gott ist seinem Wesen nach Existenz. Allen innerweltlich Seienden muß Existenz von außen verliehen werden. Leibniz neigt dazu, diesen Gegensatz generell zu vermitteln. Jede Essenz schließt von sich aus kraft ihres positiven Begriffsinhalts und daher proportional zu ihm einen Anspruch auf Existenz ein (IV 7).

Noch in vielen anderen Fällen, wo die Tradition mit Gegensatzpaaren arbeitet, ist Leibniz zu zeigen bemüht: Diese Begriffe stehen einander nicht unvermittelt gegenüber, was sie als voneinander unabhängig erwiese. Vielmehr lassen sich Zwischenglieder finden, und zwar unendlich viele, so daß sich eines kontinuierlich in das andere überführen läßt. An die Stelle verschiedener, eigenständiger Qualitäten tritt eine einzige Bestimmtheit. Daß diese in unzähligen Graden auftritt, erscheint uns (wenn wir die extremen Werte betrachten) als eine qualitative inhaltliche Entgegensetzung, die sich aber in Wahrheit als graduell-differenzierte Einheit erweist. Ein weiterer für den gesunden Menschenverstand wie für die Tradition fundamentaler Gegensatz (nun innerhalb des Geschaffenen) ist der von belebten Naturdingen und toter Materie. Auch ihm liegt nach Leibniz eine graduell differenzierte Einheit zugrunde. Die eigentlich wirklichen Entitäten, die individuellen Substanzen oder Monaden, sind für Leibniz allesamt belebte oder (genauer noch) geistige Wesen, die alle der spezifisch mentalen Aktivitäten des Vorstellens und Strebens fähig sind und sich nur durch unterschiedliche Bewußtheitsgrade dieser Vorstellungen unterscheiden. Eine bloße Ansammlung (Aggregat) solcher Wesen hat indes als ganze nicht jene mentalen Eigenschaften eines jeden ihrer Teile und erscheint daher als tote Materie (III 5a). – Ganz in dieser Linie liegt es, wenn Leibniz die traditionelle Zweiteilung in unsichtbare Geistwesen und sichtbare Körperwesen nicht mitvollzieht. Für ihn ist keine beherrschende Geistmonade und keine Tierseele ohne einen ihr angemessenen organischen Leib. Auch Engel haben einen subtilen Leib (z.B. GP II 316). Und wenn die unsterbliche Seelenmonade im Tode ihren Körper zu verlieren scheint, so wird dieser lediglich quantitativ auf ein so winziges Maß reduziert, daß er unterhalb der Schwelle des Wahrnehmbaren liegt (vgl. etwa SN, GP IV 480; GP VI 515f.; zur Bedeutung der Körper zumal für die Beziehungen zwischen Monaden vgl. Brown (XIV) 1990, 44–52).

Von hier aus wird ersichtlich, inwiefern Leibniz den Gedanken der Gradualität auch erkenntnistheoretisch fruchtbar macht, indem er den Intensitätsgrad unserer Vorstellungen oder Erfahrungen kontinuierlich absinken läßt von den bewußt erfahrenen bis zu den winzigen Perzeptionen (petites perceptions), die von so geringer Intensität sind, daß sie einzeln nicht mehr bemerkt werden (V 4). Oder umgekehrt: Da es für ihn das gänzliche Nichts (wie die absolute Ruhe oder die völlige Empfindungslosigkeit als den qualitativen Gegensatz zur Bewegung oder zu den merklichen Vorstellungen) im Bereich des Geschaffenen nicht geben kann, müssen die merklichen Perzeptionen aus winzigen, nicht spürbaren Perzeptionen in gradueller Zunahme der Intensität hervorgegangen sein. – Diese verschiedenen Anwendungsfälle der lex continuitatis hängen miteinander zusammen, wie z.B. im Vorwort zu NE (A VI 6, 56f.) deutlich wird. Ausgehend von den unmerklichen Perzeptionen, die in diesem erkenntnistheoretischen Werk besonders interessieren, gelangt Leibniz zu den (von uns eingangs schon besprochenen) Bewegungsgesetzen, daß eine Bewegung niemals unmittelbar, sondern nur über unendlich viele Zwischenstufen aus der Ruhe entsteht oder zur Ruhe kommt. Nicht von ungefähr gelangt Leibniz zur Bewegung. Da er eine mechanistische Erklärbarkeit aller Naturphänomene annimmt, ist für ihn die mechanisch durch Stoßgesetze beschriebene Bewegung der Grundvorgang der gesamten Natur, von der alle übrigen Naturvorgänge bloße Ausdifferenzierungen sind. Von hier aus kommt er u.a. noch auf das aktuell unendliche Geteiltsein der Materie zu sprechen. Wenn Naturvorgänge sich kontinuierlich vollziehen, d.h. beliebig in immer kleinere Elemente teilen lassen, dann muß auch der Träger dieser Vorgänge, die Materie, unendlich geteilt sein. Als Grundstoff der Dinge muß sie aktuell unendlich geteilt sein, es reicht nicht, daß man wie beim Raum, der eine rein denkerische Abstraktion ist, die Teilungsoperation beliebig oft vollziehen kann. – Hier aber stellt sich ein Problem: Wenn die Materie unendlich geteilt ist, es also keine letzten unteilbaren Elemente der Körperwelt, keine Atome, gibt, wie kann Leibniz dann seine Letztbegründungsforderung aufrechterhalten, die ontologisch gesehen schlechthin ursprüngliche Aufbauelemente der Wirklichkeit verlangt? Es bleibt wohl nur der Ausweg des Phänomenalismus (III 5): Die gesamte Körperwelt ist bloße Erscheinung (Phänomen). Damit kann die ihr zugrundeliegende eigentliche Wirklichkeit sehr wohl aus schlechthin einfachen, unteilbaren Entitäten, den Monaden, bestehen. Wertet dies die lex continuitatis nicht ab, indem es sie in den Bereich des bloß Idealen, abstrakt Gedachten oder Phänomenalen verweist (vgl. GM IV 93)? Hier gilt es aber zu bedenken, daß es für Leibniz nicht nur die bloßen, sondern auch die sachlich wohlbegründeten Phänomene gibt. Sicher, ein kontinuierlich sich erstreckendes, beliebig teilbares, aus lauter homogenen Teilen bestehendes Ganzes ist ein reines Phänomen (a.a.O.). Aber in der lex continuitatis kommt auch eine dahinter stehende metaphysische Wahrheit zur Erscheinung, nämlich die Tatsache, daß die Vielheit letztlich nur eine graduell unterschiedene Einheit ist, ein Zusammenhang, der auch für die eigentliche Wirklichkeit der Monaden gilt, die sich allein durch mehr oder minder deutliche Perzeptionen, also graduell unterscheiden.

Den Ursprung hat das Kontinuitätsprinzip, wie Leibniz dem Cartesianer Malebranche expliziert (GP III 52), in der Geometrie, wo es absolut notwendig ist. Denn die Ausdehnung, der Gegenstand der Geometrie, läßt sich als das kontinuierliche Quantum definieren, ist also das ursprünglich Kontinuierliche. Aber über solche denkerischen Abstraktionen hinaus gilt es auch in der Physik. Denn Gott hat auch die materiellen Dinge gemäß geometrischen Ordnungsprinzipien gestaltet. Durch diesen Grundsatz der Kontinuität findet Leibniz' Streben nach Prinizipiensparsamkeit mithin eine weitreichende Anwendung. Nicht nur bei geometrischen Eigenschaften vermag er z.B. die Gleichheit als Grenzfall von Ungleichheit zu behandeln, auch die geometrischen Gegenstandsarten vermag er in ihrer Anzahl zu reduzieren, indem er durch die Konstruktionsanweisung die Parabel als einen Grenzfall der Ellipse erweist. Eine weitere Reduktion gestattet ihm der Grundsatz: Wenn die gegebenen Fälle so geordnet sind, daß ihr Unterschied beliebig gering wird, sie kontinuierlich ineinander übergehen und sich so als Fälle ein und desselben erweisen, dann zeigen auch die gesuchten Ergebnisse oder die Resultate aus diesem Vorgegebenen eben diese Ordnungsstruktur. Wenn beispielsweise die Parabel als der gegebene Gegenstand sich als ein Grenzfall einer Ellipse mit unendlich entfernten Brennpunkten konstruieren läßt, dann gilt dies auch von den auf die Parabel zutreffenden Prädikaten und Gesetzmäßigkeiten (GP III 52). Ähnlich ist die Ruhe als Grenzfall der Bewegungsgesetze geregelt (53). Damit gelingt es Leibniz auch, die zum Erfassen eines Phänomenbereiches erforderlichen Lehrsätze erheblich zu reduzieren – ein erkenntnis- oder wissenschaftstheoretisch bedeutsamer Gewinn. (Zum Kontinuitätsprinzip vgl. Rescher (III) 1979, 62–65, Mates (III) 1986, 162–166, Rutherford (III) 1995, 29–31, vor allem: Duchesneau (XIII) 1993, 311–379.)

2. Die begriffsanalytische Wahrheitsdefinition als das eine oberste Prinzip, das Widerspruchsprinzip und der Satz des Grundes als seine Folgesätze

Unbestreitbar bemühte sich Leibniz in seinem Streben nach systematischer Einheit mit möglichst wenigen voneinander unabhängigen Prinzipien auszukommen. So versuchte er bereits 1668 in *Ratio corporis juris reconcinnandi* den historisch gewachsenen Wirrwarr des deutschen Rechts systematisierend auf wenige Grundprinzipien zurückzuführen. Bedeutsamer als bei den fachspezifischen Prinzipien ist dieses Unterfangen bei den universellen Prinzipien von Logik und Ontologie. Auch wenn Leibniz' Äußerungen hierzu (und entsprechend die Interpretationen) recht uneinheitlich, ja verwirrend erscheinen, so legen die Texte am ehesten nahe, zwei große Prinzipien anzusetzen, wie es etwa *Mon.* §§ 31f. tut (vgl. Sleigh (V) 1994). Gemäß dem Widerspruchsprinzip ist eine Aussage falsch, wenn sie einen Widerspruch einschließt. Genauer ist dies nur die zweite Hälfte des Prinzips, das Leibniz anderswo ausführlicher das Prinzip der Identität und des Widerspruchs nennt. In seiner ersten Hälfte besagt es: Wenn eine Aussage eine Identität darstellt, so ist sie wahr. Als eine Identität behandelt Leibniz in seinen zahlreichen Logikentwürfen nicht bloß Aussagen der Form ‚A ist A', sondern auch ‚AB ist A', also jede Aussage, deren Prädikat im Subjekt eingeschlossen ist. Bei einer expliziten Identität ist dieses begriffliche Enthaltensein des Prädikats im Subjekt unmittelbar an der Form der Aussage, so wie sie formuliert ist, erkennbar. Bei einer impliziten Identität demgegenüber muß durch Analyse des Subjekt- und gegebenenfalls des Prädikatbegriffs erst erwiesen werden, daß das Prädikat (oder alle seine begrifflichen Elemente) sich auch unter den Elementen befinden, die die Analyse des Subjektbegriffs ergibt, daß die Aussage mithin eine Identität ist. So kann ich z.B. die Aussage

‚Der Mensch ist sterblich' dadurch als Identität und mithin als wahr erweisen, daß ich ‚Mensch' (traditionell) als vernunftbegabtes Lebewesen analysiere und weiter zeige, daß ‚Lebewesen' als eines seiner Merkmale ‚sterblich' enthält. Die Verneinung einer Identität ergibt einen Widerspruch und umgekehrt.

Das Prinzip des zureichenden Grundes demgegenüber fordert nach *Mon.* § 32, daß sich für jede wahre Aussage ein zureichender Grund finden läßt, der sie als wahr erweist, oder (mehr ontologisch gewendet) daß es für jeden bestehenden Sachverhalt einen zureichenden Grund gibt, warum es sich vielmehr so als anders verhält. Eine Zweiheit oberster, unabhängiger Prinzipien scheint durch eine andere Zweiheit nahegelegt, die Leibniz unmittelbar im Anschluß (*Mon.* §§ 33f.) bespricht: Die notwendigen Vernunftwahrheiten der Logik, Mathematik, aber auch der Metaphysik behaupten etwas, was unter allen Umständen gelten muß, wie immer sonst die Welt auch beschaffen sein mag, mit Leibniz: das in allen möglichen Welten Geltende. Die kontingenten Tatsachenwahrheiten, zu denen auch die Gesetze der Physik zählen, behaupten hingegen etwas, das faktisch zwar gilt (vielleicht sogar als ausnahmsloses Gesetz), was aber bei einem alternativen Ereignisablauf (in einer anderen möglichen Welt) nicht hätte zu gelten brauchen. Es legt sich nun nahe, jedes der beiden Prinzipien jeweils einer Form der Wahrheit zuzuordnen. Tatsächlich finden sich solche Zuordnungen bei Leibniz: „Das Prinzip des Widerspruchs ist das der Notwendigkeit, das Prinzip, daß eine Begründung zu leisten ist (le principe de la raison à rendre), dasjenige der Kontingenz." (Bodemann 115) Es ist nun naheliegend, weiter zu schlußfolgern: Das Prinzip, das die Notwendigkeit von Wahrheiten begründet, muß selber notwendig gelten; das Prinzip hingegen für das Kontingente, welches das bloß faktisch Vorliegende, das nicht hätte zu sein brauchen, begründet, gilt selbst bloß kontingent, hätte also nicht zu gelten brauchen. Weil nun aber dasjenige, was sich schlüssig aus Notwendigem ableiten läßt, selbst notwendig gelten muß, könnten die beiden Prinzipien damit weder auseinander noch aus einem gemeinsamen obersten Prinzip hergeleitet sein; ihre Unabhängigkeit wäre also erwiesen.

Hiergegen könnte man zu argumentieren versuchen: Im Sinne des in der voraufgehenden Sektion Untersuchten gibt es für Leibniz auch keinen wesensmäßigen, qualitativen Gegensatz des

Notwendigen und Kontingenten. Vielmehr kommt allem die eine gemeinsame Bestimmung zu, notwendig determiniert zu sein. Dieses notwendige Festgelegtsein eines Sachverhalts differenziert er freilich quantitativ oder graduell durch den Grad der Komplexität der Analyse, die diesen Sachverhalt a priori (weil durch reine Begriffsanalyse) als bestehend erweisen soll, indem sie das Enthaltensein der Eigenschaft (des Prädikats) in ihrem Subjekt aufzeigt. Bedarf es zu diesem Aufweis nur einer endlich komplexen Analyse, so ist die Aussage notwendig. Bei kontingenten Wahrheiten demgegenüber ist die Analyse unendlich komplex. Denn für Leibniz ist das Universum der wirklich existierenden Dinge von unendlicher Vielfalt (etwa wegen des aktuell unendlichen Geteiltseins der Materie). Die Begründung eines kontingenten Sachverhalts muß aber gemäß Leibniz' Grundsatz, daß alles mit allem zusammenhängt, auf die Gesamtheit aller in dieser Welt bestehenden Sachverhalte, also eben diese unendliche Inhaltsfülle, Bezug nehmen (vgl. etwa *Mon.* § 36) (IV 5). Es ist seit jeher eine der umstrittensten Fragen der Leibnizforschung, ob es Leibniz gelungen ist, durch diesen bloß quantitativen Unterschied eines unendlich gegenüber einem endlich komplexen begriffsanalytischen Wahrheitserweis das kontingente Wahrsein und damit die darauf gründende Freiheit als etwas genuin von der Notwendigkeit Unterschiedenes zu erweisen. In dieser Situation käme es geradezu einer petitio principii gleich, wenn wir argumentierten: Weil das Kontingente für Leibniz nichts anderes ist als eine Sonderform des notwendigen Determiniertseins, ist es sehr wohl möglich, daß das notwendige Prinzip der Identität und des Widerspruchs und das kontingente Prinzip des zureichenden Grundes sich beide aus einem einzigen – selbstverständlich notwendigen – obersten Prinzip, der begriffsanalytischen Wahrheitsdefinition, ableiten lassen. Immerhin beansprucht Leibniz selbst entschieden, ihm sei gelungen, gegenüber Spinoza eine genuine Kontingenz erklärbar zu machen. Selbst wenn dieser Anspruch sich als nicht eingelöst erweisen sollte, können wir zumindest nicht behaupten, Leibniz selbst habe geglaubt, aus einem einzigen obersten Prinzip einen notwendigen wie einen kontingenten Grundsatz ableiten zu können.

Nun ist es aber keineswegs zwingend, daß ein Prinzip, das sich vornehmlich auf kontingente Wahrheiten bezieht, selbst kontingent sein müßte. Sicher gilt: Ein Prinzip kann unmöglich eine notwendige Geltung begründen, wenn es nicht a fortiori selbst notwendig ist. Andererseits muß der besondere Grund, warum dieser einzelne Sachverhalt (vielmehr als eine Alternativmöglichkeit) besteht, kontingent sein, weil sonst der notwendig begründete Sachverhalt notwendig gelten müßte. Die generelle Forderung demgegenüber, daß es für jede Wahrheit, notwendig oder kontingent, eine (der jeweils zu begründenden Wahrheit) angemessene und zureichende Begründung geben muß, kann selbst sehr wohl notwendig sein, ja es ist im höchsten Maße plausibel, für ein solches generelles ontologisches Prinzip eine notwendige Geltung anzunehmen, da Notwendigkeit seine universale Geltung garantiert. Und in der Tat finden sich bei Leibniz Stellen, die den Satz des Grundes als ein solches universales, gleichermaßen für jeden Typus von Wahrheit geltendes Prinzip einführen. (Dem widerspricht nicht, daß der Satz des Grundes zumeist als Prinzip des Kontingenten bewertet wird. Denn ein solches an sich universal jede Wahrheit betreffendes Prinzip kann in seiner Anwendung auf einen bestimmten, nämlich den kontingenten Typ der Aussage besonders bedeutsam sein.) Eine solche Formulierung sei zitiert: „Beim Beweisen gebrauche ich zwei Prinzipien, deren eines lautet: Falsch ist, was einen Widerspruch einschließt. Das andere lautet: Von jeder Wahrheit (die nicht unmittelbar in sich begründet oder identisch ist) kann eine Begründung gegeben werden, d.h., der Begriff des Prädikats wohnt stets dem Begriff seines Subjekts entweder ausdrücklich oder implizit inne, und dies hat nicht weniger bei extrinsischen als bei intrinsischen Bestimmungen, nicht weniger bei kontingenten als bei notwendigen Wahrheiten statt." (GP VII 199f. / A VI 4, 912)

Hier wird der Satz des Grundes nicht bloß als schlechthin universales und damit notwendiges Prinzip eingeführt, er wird auch statt in der populären Version, daß nichts ohne Ursache geschieht, in einer streng logischen Fassung präsentiert. Während die gewöhnliche Fassung nur das Ergebnis ausspricht, daß für jeden bestehenden Sachverhalt prinzipiell eine zureichende Begründung gegeben werden kann, nennt die strikte Fassung die begriffslogischen Voraussetzungen davon: Weil der Prädikatbegriff jeder wahren Aussage in ihrem Subjektbegriff eingeschlossen ist, kann die Wahrheit jeder Aussage prinzipiell a priori erwiesen werden, indem durch Begriffsanalyse dieses Enthaltensein aufgezeigt wird. Die zitierte Formulierung könnte das Mißverständnis nahelegen, das Prinzip gelte für explizit identische Aussagen nicht. Aber natürlich ist die Forderung strikt allgemeingültig, jede wahre Aussage müsse begründet sein. Leibniz meint nur: Bei explizit identischen Aussagen braucht diese Begründung nicht erst von uns durch Begriffsanalyse geleistet zu werden, sondern liegt bereits in der Form, in der uns die Aussage gegeben ist. In der Abhandlung C 11–16 über die metaphysischen Konsequenzen des principium rationis § 1 bewertet Leibniz denn auch jede Form des Enthaltenseins des Prädikats als Begründung der Wahrheit: das offenkundige in identischen Aussagen ebenso wie das durch Begriffsanalyse erst zu erweisende.

An dieser strikten logischen Fassung wird nicht bloß erkennbar, daß der Satz vom Grund als ein schlechthin allgemeingültiges Prinzip notwendig ist und daher einen Folgesatz der zweifellos notwendigen begriffsanalytischen Wahrheitsdefinition darstellen *kann*, es wird auch ersichtlich, inwiefern er (ebenso wie das Prinzip von Identität und Widerspruch) *tatsächlich* aus der begriffsanalytischen Wahrheitsdefinition folgt. Als Definition hat die begriffsanalytische Bestimmung der Wahrheit und entsprechend die der Falschheit logisch die Form einer definitorischen Identität oder einer Äquivalenz, d.h. einer umkehrbaren ‚wenn-dann'-Verknüpfung (Implikation), ausgedrückt durch ‚genau dann, wenn': Eine Aussage ist wahr genau dann, wenn sie eine explizite oder implizite (in einer endlichen oder unendlichen Analyse nachzuweisende) Identität ist. Entsprechend ist eine Aussage genau dann falsch, wenn sie einen aktuellen oder virtuellen Widerspruch darstellt. – Diese Äquivalenz schließt nun ersichtlich zwei zueinander konverse Implikationen ein, je nachdem, was man zum Vordersatz des Bedingungsgefüges macht. In die eine Richtung gelesen ergibt sie das Prinzip von Identität und Widerspruch: Wenn eine Aussage eine explizite oder implizite Identität ist, dann ist sie wahr; wenn sie ausdrücklich oder implizit einen Widerspruch darstellt, so ist sie falsch. In dieser Fassung gilt das Prinzip gleichermaßen für notwendige wie für kontingente Wahrheiten, wie es ja auch seinem Status als eines schlechthin allgemeingültigen, notwendigen Prinzips entspricht. Warum Leibniz es vielfach als Prinzip für das Notwendige oder Unmögliche einführt, hat den rein pragmatischen Grund, daß es allein in diesem Bereich für uns anwendbar ist. Um es anwenden zu können, müssen wir in der Lage sein festzustellen, ob der Vordersatz erfüllt ist, ob also eine Identität oder ein Widerspruch vorliegt. Dies vermögen wir aber nur, sofern Identität oder Widerspruch entweder unmittelbar ersichtlich (explizit) oder in einer endlichen Zahl von Analyseschritten nachweisbar sind. Nun aber ist das Notwendige für Leibniz dadurch definiert, daß es entweder explizit identisch ist oder nach endlichen Analyseschritten eine Identität erreicht ist, entsprechend muß beim Unmöglichen der Widerspruch entweder sofort oder nach einer endlichen Analyse gegeben sein. Die Kontingenz, daß etwas bloß faktisch so oder nicht so ist, aber anders hätte sein können, liegt für Leibniz eben darin begründet, daß eine kontingente Aussage sich nicht auf eine Identität (oder einen Widerspruch) zurückführen läßt, sondern sich ihr nur in einer unendlichen Analyse beliebig annähert (IV 5). Der endliche menschliche Geist aber vermag eine solche Analysereihe, in die eine unendliche Inhaltsfülle eingeht, nicht zu überblicken. Er vermag daher nicht a priori eine Aussage als kontingent wahr zu erweisen, indem er ihr asymptotisches Annähern an eine Identität konstatiert. In der uns allein anwendbaren Form lautet das Prinzip von Identität und Widerspruch daher: Ist eine Aussage entweder unmittelbar identisch oder in einer endlichen Analyse auf eine Identität reduzierbar, so ist sie notwendig wahr; hingegen ist sie unmöglich oder notwendig falsch, wenn sie einen Widerspruch entweder unmittelbar einschließt oder sich in endlichen Schritten auf ihn reduzieren läßt.

Der Satz des Grundes in seiner strikten logischen Fassung stellt die hierzu konverse Implikation dar: Wenn eine Aussage wahr ist, so ist sie explizit oder implizit identisch. In einer ausführlicheren Paraphrase sollten wir noch den Begriff des Grundes einführen: Wenn eine Aussage wahr ist, so ist sie entweder als eine förmliche Identität aus sich selbst heraus begründet und evident oder sie läßt sich dadurch a priori begründen, daß man sie entweder in einer endlichen Analyse auf eine Identität zurückführt oder wenigstens aufweist, daß eine beliebig fortzusetzende Analyse sich der Identität als Grenzwert asymptotisch annähert. Der Aufweis a priori eines kontingenten Wahrseins ist nur eine prinzipielle Möglichkeit, die die endliche Kapazität unseres menschlichen Intellekts übersteigt. Entsprechend ist Falschheit durch Rückführung oder Annäherung an einen Widerspruch zu begründen.

Der hier aufgewiesene Zusammenhang, daß die beiden ersten Prinzipien, mit denen Leibniz in den Grundlagendisziplinen Logik und Ontologie (und damit in der gesamten Philosophie) vielfach operiert, gar nicht ursprünglich und unabhängig sind, sondern als Folgesätze aus der begriffsanalytischen Wahrheitsdefinition gewonnen werden können, ist nicht bloß eine systematisch einsichtige Rekonstruktion, sondern wird an zumindest einer Stelle von Leibniz genau so gesehen: „In jeder universell affirmativen Wahrheit ⟨= wahren Aussage⟩ ist das Prädikat im Subjekt enthalten, ausdrücklich in den ursprünglichen oder identischen Wahrheiten, die allein aus sich heraus zu erfassen sind (per se notae), implizit in allen übrigen, wo das implizite Enthaltensein durch Analyse der Termini aufgewiesen wird, indem man Definiertes und seine Definition durch einander ersetzt. Daher (itaque) gibt es zwei erste Prinzipien aller Argumentationen, nämlich das Prinzip des Widerspruchs, daß jede identische Aussage wahr und die ihr kontradiktorisch entgegengesetzte ⟨d.h. die widersprüchliche⟩ falsch ist, und das Prinzip, daß eine Begründung zu geben ist (principium reddendae rationis), daß jede wahre Aussage, die nicht aus sich heraus bekannt (per se nota) ist, eines Erweises a priori fähig ist oder daß von jeder Wahrheit eine Begründung gegeben werden kann oder daß (wie man es gewöhnlich sagt) nichts ohne eine Ursache geschieht." (GP VII 309 / A VI 4, 1616)

Die Aussage ist eindeutig. Am Anfang steht die begriffsanalytische Wahrheitsdefinition, die zunächst für universell affirmative Aussagen gilt: Wenn alle Menschen sterblich sind, dann muß das Prädikat ‚sterblich' als Merkmal im Subjektbegriff ‚Mensch' enthalten sein (vgl. Parkinson (III) 1985, 14–23). Nun muß diese Definition der Wahrheit durch begriffliches Enthaltensein des Prädikats im Subjekt, wenn sie der oberste Grundsatz von Leibniz' Philosophie sein soll, schlechthin allgemeingültig sein und daher für jeden Aussagetyp gelten. Leibniz zeigt denn auch in seinen Logikkalkülen (z.B. GI §§ 48ff., C 369f. / A VI 4, 756), wie man sie durch Zusätze auf partikuläre und negative Aussagen anwenden kann: Wenn einige Menschen weise sind, dann enthält zwar nicht ‚Mensch' schlechthin, wohl aber ‚Mensch' plus eine Zusatzqualifikation ‚weise'. – Mit „itaque" schließt Leibniz das Prinzip des Widerspruchs und das des Grundes an diese Wahrheitsdefinition an. „Itaque" (daher, also, folglich) führt regelmäßig eine Folgerung ein. Ich sehe nicht, welche andere Bedeutung diese Partikel hier haben kann, als daß sie die beiden Prinzipien als Folgesätze der Wahrheitsdefinition einführt. Das Widerspruchsprinzip (oder genauer das Prinzip der Identität) formuliert Leibniz als: Jede identische Aussage ist wahr. Ein solcher kategorischer Behauptungssatz aber läßt sich, wie Leibniz in seiner Logik immer wieder zeigt, auch hypothetisch lesen: Wenn eine Aussage identisch ist, dann ist sie wahr. Dies ist, wie wir gesehen haben, die eine ‚wenn-dann'-Verknüpfung (Implikation), die aus der begriffsanalytischen Wahrheitsdefinition (als Äquivalenz) folgt. Die konverse Implikation formuliert Leibniz hier: Wenn eine Aussage wahr ist, so ist sie entweder in sich selbst begründet (per se nota) oder läßt sich a priori begründen. Worin das Begründen besteht, sagt Leibniz hier nicht, aber in diesem Kontext kann nur gemeint sein: a priori, d.h. in reiner Begriffsanalyse erweisen, daß die Aussage die Form der Identität ‚AB ist A' hat (oder gleichbedeutend: das Enthaltensein des Prädikats A im Subjekt AB erweisen), zumindest in der Form, daß sich die Analyse der Identität beliebig nähert.

Ein weiterer Text, in dem sich Leibniz unterfängt, aus der begriffsanalytischen Wahrheitsdefinition als seinem unausgesprochen höchsten Prinzip alle übrigen Prinzipien abzuleiten, beginnt mit den Worten „Primae veritates ..." (C 518ff. / A VI 4, 1644ff.). Ursprüngliche Wahrheiten, d.h. ursprünglich wahre Aussagen, sind für Leibniz die identischen oder tautologischen Aussagen, die „dasselbe von sich selbst aussagen" (518 / 1644). „Alle übrigen Wahrheiten lassen sich auf die ersten mit Hilfe von Definitionen, d.h. durch Analyse von Begriffen, zurückführen. Darin besteht der Erweis a priori, unabhängig von Erfahrung." (518 / 1644) Durch diese Überlegungen hat Leibniz die explizit identische Aussage oder die Aussage, deren Prädikat unmittelbar ersichtlich im Subjekt enthalten ist, als den Grundtyp der wahren Aussage erwiesen, auf den alle wahren Aussagen sich letztlich beziehen lassen. Damit hat er zur begriffsanalytischen Wahrheitsdefinition hingeführt, die die Wahrheit eben durch dieses Enthaltensein definiert. Eine solche Hinführung zur begriffsanalytischen Wahrheitsdefinition ist keine logische Ableitung. Diese widerstreitet dem Charakter eines obersten Prinzips; sehr wohl aber kann man zu einem obersten Prinzip in der Weise, wie es hier geschieht, hinführen, indem man dem Verständnis näherbringt, worin seine Aussage und ursprüngliche Geltung besteht.

Um Leibniz' Formulierung der Wahrheitsdefinition hier zu verstehen, müssen wir die von ihm angenommene Parallelität hypothetischer und kategorischer Aussagen beachten. Diese kommt seinem Einheitsstreben insofern entgegen, als er so die ‚wenn-dann'-Aussage als Sonderfall auf die elementare kategorische Aussage reduzieren kann. Diese versucht er ihrerseits in seiner Wahrheitsdefinition auf die identischen Aussagen (als die ursprünglich wahren) und die Analyse der Begriffe oder den Aufbau (die Definition) der komplexen Begriffe durch wenige Grundbegriffe zurückzuführen. So wie das Subjekt der kategorischen Aussage ihr Prädikat einschließt, enthält parallel der Vordersatz (Antecedens) der hypothetischen Aussage den Nachsatz (Consequens) (vgl. Kauppi (IX) 1960, 256–261). „Stets also wohnt das Prädikat oder Consequens dem Subjekt oder Antecedens inne. Eben darin besteht die Natur der Wahrheit im allgemeinen oder die Verknüpfung zwischen den Termini einer Aussage, wie schon Aristoteles beobachtete. Bei den identischen Aussagen ist jene Verknüpfung oder jenes Inbegriffensein (comprehensio) des Prädikats im Subjekt ausdrücklich, bei allen übrigen implizit und durch Begriffsanalyse aufzuzeigen, worin der Beweis a priori angesiedelt ist." (518f. / 1644) Hierauf betont Leibniz die universelle Geltung dieses Grundsatzes, wie sie sein Charakter als oberstes Prinzip fordert: Er gilt für universelle wie singuläre Aussagen, für notwendige wie kontingente Wahrheiten. Dies wirft natürlich Probleme für die Freiheit auf. Kann eine Tat frei sein, wenn jede Bestimmung (Eigenschaft, Tat) immer schon unverbrüchlich im Begriff des jeweiligen Individuums eingeschlossen ist (IV 1 u. 5)?

Solche allgemeinen logischen Prinzipien sind trivial. Ihre Bedeutsamkeit erweist sich, so Leibniz, erst an den fruchtbaren Schlußfolgerungen, die man daraus zu ziehen vermag. Diesen ist der Rest der Abhandlung gewidmet. Die erste Ableitung ist der Satz des Grundes und zwar in seiner allgemein anerkannten, populären Fassung. Leibniz führt ihn in zwei Versionen an, einer allgemeinen: Nichts ist ohne Grund (ratio), und einer spezielleren, auf die Naturkausalität bezogenen: Keine Wirkung ist ohne eine Ursache (causa). Für uns bemerkenswert ist vor allem die Begründung: „Sonst gäbe es eine Wahrheit, die nicht a priori erwiesen werden könnte oder die nicht in einer Analyse auf identische zurückgeführt würde, was der Natur der Wahrheit widerspricht, die stets entweder ausdrücklich oder implizit identisch ist.“ (519 / 1645) Leibniz argumentiert hier also: Wenn die allgemeine oder kausale Version des Prinzips vom Grund nicht erfüllt sein sollte, so wäre dies eine Verletzung des logisch gefaßten principium rationis, gemäß dem sich jede Wahrheit a priori durch analytische Rückführung auf eine Identität beweisen lassen muß, eine Forderung, die ihrerseits eine unmittelbare Konsequenz oder eine besondere Lesart des begriffsanalytischen Verständnisses der Natur der Wahrheit als einer ausdrücklichen oder impliziten Identität ist. Bei diesem Argument setzt Leibniz voraus, daß die realen Ereignisstrukturen nichts anderes sind als Verwirklichungen ihnen zugrundeliegender begrifflich-logischer Strukturen. Geschähe ein Ereignis ohne Ursache, so wäre dies der Ausdruck nicht geordneter Begriffsstrukturen, wodurch ein Erweis a priori der entsprechenden Aussage durch Analyse vereitelt würde. Angesichts des hier aufgewiesenen Zusammenhangs der Prinzipien dürfte die Auffassung von Brown ((III) 1984, bes. 75) zurückzuweisen sein, nur das Widerspruchsprinzip werde von Leibniz (zuweilen) als unmittelbares (evidentes) Axiom und somit als gesicherte Wahrheit betrachtet, nie aber die begriffsanalytische Wahrheitsauffassung (und das Prinzip des Grundes als ihr Korollar). Diese gelte ihm (im Sinne des heute üblichen hypothetisch-deduktiven Verfahrens) bloß als vorläufige Annahme, die sich durch den Erfolg, metaphysische Streitfragen zu klären und zu lösen, zu bewähren habe (zur Kritik vgl. Parkinson (VIII) 1990).

3. Das Prinzip des zureichenden Grundes: Fassungen und Anwendungsbereiche

Das Prinzip des Grundes bedarf noch weiterer Klärungen. Denn es tritt bei Leibniz in einer verwirrenden Fülle von Formulierungen und Versionen auf. Nach alledem, was wir von Leibniz bereits kennen, ist zu vermuten, daß sich zwischen ihnen eine systematische Ordnung entdecken läßt. Eng damit hängt die schon teilweise erörterte Frage zusammen, inwiefern das Prinzip des Grundes als Prinzip des Kontingenten doch notwendig gilt. Als Lösung zeichnete sich dabei ab: Trotz seiner notwendigen Geltung findet dieses Prinzip beim Kontingenten seine wichtigste Anwendung. Um dies detaillierter zu klären, sollten wir die einzelnen Versionen betrachten, die jeweils eine bestimmte Anwendung bedeuten.

Da die Wahrheitsdefinition nicht bloß notwendig, mithin strikt allgemeingültig ist, sondern auch, wie Leibniz betont, zumindest prinzipiell, d.h. für Gottes unendlichen Geist, universal anwendbar, trifft dies auch auf das logische principium rationis zu, das nichts anderes als ein besonderer Aspekt des Wahrheitsbegriffes ist. Entsprechend gilt das Prinzip der Identität und des Widerspruchs notwendig und hat eine universale, Notwendiges wie Kontingentes umfassende Reichweite. „Das eine und das andere Prinzip haben ihren Anwendungsbereich (lieu) nicht bloß bei den notwendigen, sondern auch den kontingenten Wahrheiten. Ja es ist notwendig, daß das, wofür es keinen zureichenden Grund gibt, nicht existiert. Denn man kann in gewissem Sinne behaupten, daß diese beiden Prinzipien in der Definition des Wahren und Falschen eingeschlossen sind.“ (Theodizeeanhänge, GP VI 414)

Anders bei Anwendungen der Begründungsforderung auf aktuell Existierendes wie der naturkausalen Fassung, daß keine Wirkung ohne eine Ursache (causa) eintritt. Da Leibniz diese Version als (notwendige) Ableitung gewinnt, ohne die auch das logisch gefaßte Prinzip des Grundes nicht gelten könnte, muß zwar auch sie eine notwendige Geltung haben. Sie bezieht sich aber auf einen kontingenten Anwendungsbereich. Denn für Leibniz müssen nicht bloß die einzelnen Ursachen eines kontingenten Naturgeschehens selbst kontingent sein, auch die allgemeinen kausalen Gesetzmäßigkeiten, die eine bestimmte Art von Ursache mit einer bestimmten Art von Wirkung verknüpfen, gelten zwar unter faktischen Bedingungen (abgesehen vielleicht von einigen wunderbaren Ausnahmefällen), hätten aber bei einem anderen Ereignisverlauf (in einer anderen möglichen Welt) nicht zu gelten brauchen. Eine konkrete Kausalerklärung ist also sogar aus zwei Gründen kontingent. Dies braucht aber nicht für das Prinzip zu gelten, daß von allen Naturereignissen eine Kausalerklärung möglich ist.

Vor allem zwei Aspekte des Prinzips gilt es sodann zu differenzieren: den eines logisch-ontologischen Grundsatzes und den einer sich daraus ableitenden epistemischen Forderung. Logisch behauptet der Grundsatz, jede wahre Aussage sei begründbar, ontologisch, für jedes Existierende gebe es einen Grund. (Eine Sonderform ist die naturphilosophische Behauptung, jedes Ereignis habe seine Ursache (causa).) Aus dieser Tatsachenbehauptung, alles Existierende und Geltende sei begründet, ergibt sich für Leibniz nun die erkenntnistheoretisch-methodische Forderung, für jede Aussage müsse eine Begründung geliefert werden. Unter Begründung versteht Leibniz hierbei niemals bloß einen faktischen Grund, sondern immer auch eine sinnhafte Erklärung, die verstehbar macht, warum es so und nicht anders ist. Neben der kausalen berücksichtigt sie aristotelisch auch die finale Erklärungsdimension (vgl. etwa *Mon.* § 36). Dieser Charakter einer Begründungsforderung ist in Formulierungen ausgedrückt wie „besoin (Erforderlichkeit) d'une Raison suffisante" (vgl. 5. Schreiben an Clarke § 125, GP VII 419, wo alle hier differenzierten Aspekte knapp angesprochen sind).

Begründen meint zunächst natürlich: aus etwas anderem heraus begründen. Nun fordert Leibniz aber, wie wir im Zusammenhang mit dem kosmologischen Gottesbeweis (VIII 2) noch näher sehen werden, eine Letztbegründung. Weil er mithin keine beliebig fortzusetzenden Begründungsreihen zulassen kann, muß er noch eine andere Form der Begründung anerkennen, das Begründetsein in sich selbst. Dies geht etwa aus GP VII 195 / A VI 4, 1443 hervor, wo Leibniz die beiden Formen des Begründens differenziert: Jede Wahrheit sei entweder dadurch begründbar, daß sie sich letztlich aus den absolut ersten beweisen lasse, oder aber sie sei selbst eine absolut erste Wahrheit und damit beweisbarerweise unbeweisbar. Hinzuzufügen ist: Ihre Begründung liegt folglich darin, daß sie als schlechthin ursprünglich ihren Grund in sich selbst hat. Dies ergibt sich aus der Fortführung, die klar macht, daß es sich hier um zwei Weisen der Begründung handelt, und zwar unter beiden Gesichtspunkten, dem epistemisch-methodischen, nichts dürfe ohne Grund behauptet werden, und dem ontologischen, nichts geschehe ohne Grund.

Zumal für den ontologischen Aspekt des Prinzips ist der Gegensatz von ratio und causa bedeutsam, wie ihn Leibniz in den beiden ersten von 24 metaphysischen Thesen (C 533f.) besonders klar entfaltet: ‚Ratio' ist umfassender. Die These, es gebe einen Grund (ratio), betrifft daher auch den rein begrifflich-logischen Bereich der bloßen Möglichkeiten oder des begrifflich Notwendigen. Eine Ursache (causa) ist demgegenüber ein Realgrund. Entsprechend der allumfassenden, universalen Natur einer ratio kann Leibniz einen Grund ebenso in der allgemeinsten Existenzfrage nach der Existenz überhaupt annehmen, warum überhaupt etwas existiert und nicht vielmehr nichts, wie in der spezielleren Frage nach einer inhaltlich bestimmten Existenz, warum dieses vielmehr als etwas anderes existiert. So weit scheint der Unterschied der realen causa und der allgemeinen, auch bloß begrifflichen ratio gewaltig. Verringert wird er jedoch durch Leibniz' konzeptualistischen Ansatz (IV 7). Hiernach kann eine begriffliche Möglichkeit oder eine rein begriffliche Erklärung, wie es die ratio von sich aus darstellt, nur insoweit ontologisch wirksam werden, wie sie in einem wirklich Existierenden begründet ist. Konkret gesprochen: Eine bloß begriffliche Erklärung (ratio) kann nur dann das reale Geschehen bestimmen, wenn sie der Gedanke eines wirklich existierenden Wesens, nämlich Gottes ist, der in ihrem Sinne als Ursache oder Realgrund wirksam wird.

Die epistemisch-methodische Version als das Prinzip, daß eine Begründung zu geben sei (principium reddendae rationis, z.B. GP VII 309 / A VI 4, 1616; le principe de la raison à rendre, Bodemann 115) kann uns verstehen helfen, inwiefern Leibniz von einem Prinzip für das Kontingente spricht. Einen Grund gibt es zwar für schlechthin alles, auch die notwendigen obersten Prinzipien, die in sich begründet und aus sich heraus evident sind. Sie zu begründen heißt letztlich, einsehen oder einsichtig machen, inwiefern es sich nur so und nicht anders verhalten kann. Beim Kontingenten ist dieses *Bedürfnis* weitaus dringlicher, zureichend zu begründen (vgl. le Principe du besoin d'une Raison suffisante, an Clarke GP VII 356, 419), warum es faktisch so gekommen ist, obgleich es prinzipiell hätte anders geschehen können. Auch praktisch ist es weitaus wichtiger, die Gründe zu verstehen, warum das von uns Veränderbare so geschieht, damit wir es künftig gestalten können, als das ohnehin nicht zu Ändernde verstehend hinzunehmen. Daß das principium rationis im Kontingenten einen besonders wichtigen Anwendungsbereich hat, heißt aber nicht, daß es dort seine einzige Anwendung hat, geschweige denn, daß es deshalb bloß kontingent gelten müßte. Dies wird aus einer Bemerkung GP VII 301 / A VI 4, 806 deutlich, wo Leibniz von der großen Fruchtbarkeit des Axioms ‚Nichts ist ohne Grund' spricht und drei Anwendungsfelder nennt: zum einen die Metaphysik, zumal um im kosmologischen Gottesbeweis aus den Geschöpfen auf Gottes Existenz zu schließen, zum anderen die Physik, um auf Grund gesetzmäßiger Kausalzusammenhänge aus den Ursachen auf Wirkungen und umgekehrt schließen zu können, und schließlich Ethik und Politik, wo es um Gründe menschlichen Handelns geht. Überall dort sei es anwendbar, wo nicht logische oder mathematische Notwendigkeit bestehe. Beachtenswert ist, daß Leibniz hier die Metaphysik nicht auf die Seite von Logik und Mathematik stellt, obgleich er doch sonst wiederholt unterstreicht, die Metaphysik sei ebenso strenger Beweise fähig wie die formalen Disziplinen Logik und Mathematik. Dies zeigt eindeutig, daß es ihm hier nicht um den Gegensatz notwendiger und kontingenter Geltung geht, indem das principium rationis als bloß kontingent gültig eingestuft wird. Vielmehr geht es um die Anwendungsbereiche. In der logischen Fassung ist das Prinzip natürlich universal anzuwenden. Aber in seiner populären realen Fassung, nichts sei ohne Grund, ist es nur in den realen, inhaltlichen, nicht aber formalen Disziplinen anwendbar. Diese Anwendung auf Realdisziplinen ist mit einer notwendigen Geltung nicht nur vereinbar, sondern verlangt sie sogar. Denn um daraus, daß sich in der Abfolge des Kontingenten nirgends ein zureichender Grund finden läßt, der auch ein Grund für die Abfolge insgesamt sein muß, auf eine notwendige Existenz als einen solchen Grund schließen zu dürfen, muß das Prinzip vom Grund, auf das sich diese Schlußfolgerung stützt, offenbar selbst notwendig gelten. Denn nur aus einem notwendigen Prinzip läßt sich eine notwendige Aussage über Gottes Existenz ableiten.

Abschließend wollen wir bereits im Hinblick auf den Determinismus (IV) den Begriff des Zureichenden kurz zu klären versuchen. ‚Zureichend' heißt für Leibniz nämlich soviel wie ‚zureichend determinierend', wie etwa aus der Wendung ‚einen Grund anführen, der zum Festlegen (Determinieren) zureicht' (PNG § 7,

GP VI 602) klar hervorgeht. Der ontologischen These, daß das Weltgeschehen durchgängig determiniert ist, so daß nicht der kleinste Spielraum für Zufall ist, entspricht epistemisch-methodisch, daß grundsätzlich eine Erklärung zu fordern ist, die nicht bloß erklärt, warum ein Vorgang einer bestimmten Art stattfindet, sondern die auch die kleinsten Umstände, warum etwa diese Handlung genau in dieser Weise ausgeführt wird, zu erklären vermag. Da jede Handlung individuell ist, muß man auch für die besondere Weise, wie man sie in diesem Falle ausführt, Gründe haben. Nicht von ungefähr findet sich dieses Argument im 5. Schreiben an Clarke (vgl. § 17, GP VII 392). Ist es doch in dieser Korrespondenz (1715/16) einer der zentralen Einwände von Leibniz gegen Newtons Konzeption eines absoluten Raumes und einer absoluten Zeit, daß dadurch die zu fordernde restlose Erklärung vereitelt werde. Bei der völligen Homogenität von Raum und Zeit läßt sich unmöglich ein Unterschied ausmachen, der erklärt, weshalb Gott, der stets nur aus einem vollständigen Grund heraus handelt, etwas an genau dieser Stelle und zu dieser Zeit erschaffen hat. Erst wenn man mit Leibniz annimmt, daß Raum und Zeit bloß abstrakte Ordnungssysteme sind, die aus den Dingen und ihren Beziehungen resultieren, können die unendlich vielfältig differenzierten Dinge Gott die detaillierten Gründe seines ganz bestimmten Handelns liefern (etwa 5. Schreiben §§ 66–69, GP VII 407).

III. Leibniz' Metaphysik der individuellen Substanz

1. Die begriffslogische Auffassung der Substanz durch einen vollständigen Individualbegriff

An der Prinzipienlehre konnten wir beobachten, wie ausgeprägt bei Leibniz der systematische Aspekt ist, sein Streben, die gesamte Philosophie möglichst aus einem einzigen obersten Prinzip abzuleiten. Diese Tendenz setzt sich fort in den Kernbereich der Metaphysik, die Theorie der individuellen Substanz. Zumindest der eine Zugang zur Substanz durch den vollständigen Individualbegriff schließt sich somit bruchlos an das bisher Behandelte an: Wir brauchen nur dieselbe Abhandlung (C 518ff. / A 1643ff.) weiterzuverfolgen, in der Leibniz versucht, seine wichtigsten logischen und metaphysischen Prinzipien aus der begriffsanalytischen Wahrheitsdefinition abzuleiten. Wenn wir nach dem Satz des Grundes zwei weitere Ableitungen betrachten: die These, daß es keine rein äußeren Denominationen gibt, und das principium identitatis indiscernibilium, gelangen wir geradewegs zur Auffassung eines vollständigen Individualbegriffs.

a) Rein äußere Denominationen sind Prädikate, die man wahrheitsgemäß von einem Subjekt A aussagen kann, ohne daß sie eine Realität in A zu ihrer (hinreichenden) Grundlage haben. Sie beruhen darauf, daß ein anderer, B, sich in bestimmter Weise auf A bezieht. Auf A kann daher eine solche äußere Denomination erst nicht zutreffen und dann von ihm wahr sein, oder umgekehrt aufhören von A zu gelten, ohne daß A darum eine Änderung durchzumachen bräuchte, wenn sich vielmehr B wandelt und daher seine Beziehung zu A sich ändert. Ohne Wandel kann A erst größer und dann kleiner sein als B, wenn dieser gewachsen ist. Oder A kann nunmehr beneidet werden, ohne davon real betroffen zu sein; denn er braucht ja von Bs Neid nichts zu wissen. – Derartige Bestimmungen, die ihrem Subjekt A sozusagen bloß von außen durch die Beziehungen eines anderen auf A zuwachsen, ohne in ihm selbst, d.h. in seinem Begriff oder seiner inneren Natur, begründet zu liegen, muß Leibniz von seiner Wahrheitsauffassung aus verwerfen. Nach ihr ist jedes wahre Prädikat im Begriff des Subjekts eingeschlossen und kann daher (gemäß dem logischen principium rationis) a priori allein aus dem Begriff des Subjekts abgeleitet und begründet werden (C 520 / A 1645f.).

Ähnlich leitet Leibniz aus dem principium rationis einen anderen Kernsatz seiner Individuationstheorie ab, das Prinzip der Identität der Ununterscheidbaren (principium identitatis indiscernibilium), das besagt: Wenn A und B in all ihren Eigenschaften ununterscheidbar sind, also genau dieselben Eigenschaften haben, dann können es gar nicht zwei verschiedene Dinge sein, vielmehr sind sie ein und dasselbe (identisch). Dies bedeutet umgekehrt: Zwei Dinge können nicht rein numerisch (solo numero) verschieden sein, d.h. durch das bloße Faktum, daß es zwei verschiedene Dinge sind, vielmehr muß ihr Unterschied immer auch in unterschiedlichen Eigenschaften begründet liegen. Denn gemäß dem principium rationis muß jede Bestimmung im Begriff des Subjekts ihren Grund haben, so auch die Bestimmung, daß dieses Subjekt A von einem anderen B verschieden ist. Dieser Grund kann nur sein, daß der Begriff des Subjekts A ein anderer ist als der von B, daß aus ihm mithin andere Eigenschaften folgen und A und B sich so in ihren inneren Eigenschaften unterscheiden (C 519 / A 1645). Zwei völlig gleiche Dinge kann es nur zum einen im Bereich denkerischer Abstraktionen geben, wo wir nicht die individuelle Wirklichkeit in ihrer ganzen Vielfältigkeit betrachten, sondern nur abstrahierend gewisse Bestimmungen herausgreifen (zwei exakt gleiche geometrische Figuren), zum anderen als phänomenalen Schein, wenn uns Materie homogen und daher in ihren Teilen völlig gleich erscheint, weil wir die Unterschiede sinnlich nicht zu erfassen vermögen (C 519f. / A 1645).

Dieser Unterschied ist für Leibniz' Theorie der Individuation nach dem Indiszernibilitätsprinzip zentral: Die Wirklichkeit ist unendlich fein inhaltlich differenziert, duldet mithin keine völlige inhaltliche Übereinstimmung zweier Gegenstände und ist dadurch individuiert, also individuell. Die allgemeinen gedanklichen Abstraktionen demgegenüber machen dadurch, daß sie die unendliche Inhaltsfülle des Wirklichen auf einige wenige Grundbestimmungen reduzieren, eine exakte Gleichheit möglich. Hieraus wird auch verständlich, warum es für ihn, anders als für Locke, keine Individuation durch Raum und Zeit geben kann. Warum sollten nicht zwei Dinge, die sich inhaltlich genau gleichen, einfach dadurch verschieden sein, daß sie entweder gleichzeitig in einer verschiedenen räumlichen Lage (Ort, Richtung) vorkommen oder nacheinander zu verschiedenen Zeiten auftreten? Auch Kant wirft Leibniz vor, hier habe er die Wirklichkeit intellektuiert, d.h. auf rein begriffliche Bestimmungen reduziert. Diese können nach Leibniz als einzige den Unterschied zweier Individuen ausmachen, während nach Kant die Bedingungen von Raum und Zeit zu berücksichtigen sind, unter denen Dinge in der Erfahrung gegeben werden und die daher Individuen voneinander zu unterscheiden vermögen. Leibniz hat indes vielfältige Gründe, inwiefern bei seinem Ansatz Raum und Zeit als individuierende Faktoren nicht in Frage kommen. Sie alle laufen darauf hinaus, daß angesichts einer unendlich vielgestaltigen individuellen Wirklichkeit Raum und Zeit in ihrer völligen Homogenität bloß ideale, vom menschlichen Geist geschaffene Ordnungssysteme sein können. So argumentiert er z.B. im 5. Schreiben an Clarke § 47 (GP VII 401; ähnlich A VI 4, 991): Zwei verschiedene Subjekte können nicht genau dieselbe individuelle Eigenschaft haben (zu den scholastischen Vorbildern dieser These vgl. Mugnai (IX) 1992, 35–47). Dahinter steht die Theorie des Individualbegriffs, daß jede Eigenschaft eines Individuums unlösbar im Begriff dieses Individuums verankert ist und daher auch mit all den übrigen Eigenschaften dieses Individuums zusammenhängt, die aus diesem Begriff folgen. Jede Eigenschaft eines Individuums ist sozusagen kontextgebunden, kann nur in dem Kontext des Begriffes vorkommen, der dieses Individuum ausmacht. Daher kann genau dasselbe individuelle Akzidens nicht bei zwei verschiedenen Subjekten auftreten, nicht zugleich und nicht, indem es vom einen zum anderen wandert. Wenn zwei verschiedene Subjekte nicht einmal eine einzige Eigenschaft genau gleich, sondern immer nur mehr oder minder übereinstimmend haben können, dann ist a fortiori ausgeschlossen, daß sie in allen Eigenschaften exakt gleich und nur numerisch verschieden sind. Weil nun aber – so folgert Leibniz weiter – die Menschen nicht bloß ungefähre Übereinstimmungen, sondern exakte Identität suchen, schaffen sie sich solche Ordnungssysteme wie Raum und Zeit, wo die künstliche, menschengeschaffene Reduktion der Bestimmungen genaue Identität ermöglicht. Es ist aber klar, daß derartige ideale Entitäten nicht ontologisch bestimmend sein und den Unterschied zweier Individuen ausmachen können.

Über die unendliche Inhaltsvielfalt hängt die Theorie der Individuation gemäß dem Indiszernibilitätsprinzip mit der Auffassung zusammen, jedes Individuum spiegele das gesamte Universum aus je eigener Perspektive. (Beide Auffassungen lassen sich etwa gleichzeitig zuerst in der Pariser Periode nachweisen.) Wenn ein Kriterium der Vollkommenheit für Leibniz die Maximierung (der Resultate) ist, so meint dies nie bloß eine Vermehrung des extensiven Quantums oder ein lediglich zahlenmäßiges Wachstum. Das Universum würde nicht dadurch vollkommener, wenn es von jeder der ewigen Monaden genau inhaltsidentisch repräsentiert würde, wenn es also unzählige, ewige, inhaltsidentische Spiegelungen des Universums in all seinen Teilen gäbe. Seine Vollkommenheit liegt vielmehr in der Steigerung der Inhaltsfülle, indem jede der Monaden gemäß dem Indiszernibilitätsprinzip durch den je eigenen Gesichtspunkt, unter dem sie die Welt repräsentiert, inhaltlich verschieden (und damit individuell) ist und so einen neuen Inhalt beisteuern kann.

b) Die in (a) erörterten Texte C 519f. / A 1645f. haben schon vielfach Leibniz' Konzeption des Individualbegriffs vorausgesetzt. Daher kann Leibniz C 520 / A 1646 folgerichtig anschließend an die These, daß es keine rein äußeren Denominationen gebe, die notio completa einführen. Hierzu braucht lediglich die Auffassung, daß keine Prädikate einem Subjekt bloß von außen durch Beziehungen eines anderen zu ihm zuwachsen, ins Positive gewendet zu werden: Jedes Prädikat ist aus der inneren Natur seines Subjekts ableitbar. „Der vollständige oder vollkommene Begriff einer Einzelsubstanz schließt all ihre vergangenen, gegenwärtigen und künftigen Bestimmungen ein." (C 520 / A 1646) Ähnlich gelangt Leibniz DM § 8 zu diesem Prinzip. Auch hier geht er vom begriffsanalytischen Wahrheitsverständnis aus: Jedes wahre Prädikat muß eine Grundlage (fondement) in der Natur der Sache haben, muß entweder (bei einer identischen Aussage) ausdrücklich (expressement) im Subjekt inbegriffen sein (être compris) oder aber virtuell. Hieraus gewinnt er die Bestimmung: „... die Natur einer individuellen Substanz oder eines vollständigen Wesens (être complet) ist es, einen so vollständigen Begriff zu haben, daß er zureichend ist, alle Bestimmungen des Subjekts, dem dieser Begriff zugeschrieben wird, zu begreifen und abzuleiten." (GP IV 433 / A VI 4, 1540; ähnlich 572 u. 575)

Die Theorie des Individualbegriffs ist tief in Leibniz' Metaphysik verwurzelt, zumal in der Annahme: Die aktuelle Existenz (Wirklichsein) ist nichts Ursprüngliches, es ist kein unhintergehbares Faktum, daß etwas oder daß genau dieses existiert. Vielmehr liegt dem wirklichen Universum bereits eine mögliche Welt zugrunde. Eine mögliche Welt ist aber (für Leibniz' konzeptualistischen Ansatz) nichts anderes als ein Modell der Welt in Begriffen. Gott hat in seinem Geist unzählige solcher begrifflichen Modelle, wie der Weltverlauf sein könnte, und wählt daraus die vollkommenste Welt. Eine Welt ist für Leibniz ein größtmögliches Aggregat aller miteinander (im selben System) koexistenzfähigen Individuen. Das begriffliche Modell einer Welt ist dementsprechend eine maximale Kombination aller jeweils konsistenten (widerspruchsfrei vereinbaren) Individualbegriffe (Mates (III) 1986, 69–78). Kurz: Da eine Welt durch ihre Individuen gegeben ist, müssen Individualbegriffe angenommen werden, die zusammen das begriffliche Modell einer Welt oder eine mögliche Welt ausmachen können. Hieraus ergibt sich zunächst eine wichtige entwicklungsgeschichtliche Bemerkung. Leibniz hat die Auffassung des vollständigen Individualbegriffs explizit nur in der Periode des *Discours* vertreten und später andere Zugänge zum Substanzbegriff gewählt. Dies heißt aber keineswegs, daß der begriffslogische Zugang später als unwichtig vergessen oder gar aufgegeben wäre. Da die Metaphysik möglicher Welten, die noch in der späten *Theodizee* eine hervorragende Rolle spielt, die Annahme eines Individualbegriffs (wie soeben gezeigt) als konstitutives Element enthält, ist diese, wenn auch nicht mehr explizit behandelt, doch eine bedeutsame implizite Voraussetzung auch späterer Gedanken.

Nun ist ein Individualbegriff aber nicht unproblematisch. Selbstverständlich verfügen wir über eine Nominaldefinition von ihm (vgl. DM § 8), d.h. wir können eindeutig sagen, daß wir darunter einen Begriff verstehen, der nur auf einen einzigen Träger zutrifft, der folglich dazu geeignet ist, ein Individuum eindeutig zu identifizieren oder auszusondern. Aber verfügen wir auch über eine Realdefinition, aus der (nach Leibniz) hervorgehen muß, daß eine res, d.h. etwas Mögliches definiert wird? Ist es überhaupt möglich, durch einen Begriff, der doch wesensmäßig etwas Allgemeines ist, eindeutig ein Individuum von allen anderen abzugrenzen? Gewiß, in unserer Sprachpraxis assoziieren wir – pace Kripke (2) 1980 – zwar nicht als notwendige Bedingung eines erfolgreichen Sprachbezugs, aber doch häufig mit einem Namen hervorstechende Merkmale des Namensträgers, die dem Sprecher oder Hörer das gemeinte Individuum festzulegen helfen. Solche Merkmale mögen zwar intersubjektiv, d.h. im Hinblick auf den Sprachgebrauch einer bestimmten Gemeinschaft, die Funktion eines Individualbegriffs erfüllen, weil in dieser Gemeinschaft kein anderer als dieser Namensträger bekannt ist, auf den diese Merkmale zutreffen. Aber kann auch objektiv oder von der Sache her ein Begriff dieser Aufgabe gerecht werden? Ein solcher Begriff dürfte nicht bloß als ein kontingentes Faktum nur von einem einzelnen erfüllt werden, er müßte zumindest im Rahmen von Leibniz' Metaphysik der possibilia so beschaffen sein, daß er prinzipiell auch von keinem anderen möglichen Individuum erfüllbar ist.

Leibniz versucht dieser Schwierigkeit durch die Annahme einer Weltgebundenheit zu begegnen, daß der Individualbegriff bis ins Kleinste auch all die faktischen Umstände einschließt, unter denen sich die Existenz dieses Individuums vollzieht. Weil nun für Leibniz alles mit allem zusammenhängt, könnte nicht irgendein Detail anders sein, der übrige Weltverlauf aber gleich bleiben; die Modifikation einer Einzelheit bedeutete vielmehr, daß ihr alles angepaßt werden müßte, es sich also bereits um einen anderen Verlauf des Weltgeschehens oder eine andere mögliche Welt handelte. Indem der Individualbegriff so die besonderen Umstände der Existenz einschließt, bewirkt er, daß sich die Existenz dieses Individuums ausschließlich in diesem Weltverlauf vollziehen kann. Wäre auch nur etwas in diesem Leben anders verlaufen, handelte es sich bereits um eine andere mögliche Welt, mit einem anderen, dem ursprünglichen nur mehr oder minder ähnlichen Individuum (vgl. Grua 311f. / A VI 4, 1600f.). Ob eine derartige Konzeption nicht einen Fatalismus impliziert, durch den jegliches freies Entscheiden und Handeln von vornherein vereitelt wird, bleibt noch zu untersuchen (IV 1 u. 5). Hier soll zunächst gezeigt werden, inwiefern bei diesen Prämissen ein Begriff ein Individuum auch von jedem möglichen anderen abzusondern vermag. Indem der Individualbegriff die Einzelheiten eines individuellen Existenzvollzugs vollständig nennt oder abzuleiten gestattet, weist er diesem möglichen Individuum zunächst einmal innerhalb der möglichen Welt, der es angehört, einen unverwechselbaren Platz zu. Er sondert ein Individuum der wirklichen Welt damit zunächst einmal von jedem anderen wirklichen ab. Indem er nun aber weiterhin das Individuum an eine ganz bestimmte Welt bindet, vermag er es auch von jedem anderen möglichen eindeutig abzugrenzen.

Auch die Lehre vom vollständigen Individualbegriff verkörpert jene für Leibniz charakteristische Tendenz, traditionelle Antithesen wie diejenige von Einzelnem und Allgemeinem, Individuum und Begriff durch ein Kontinuum ineinander übergehender Gradunterschiede zu ersetzen. Normalerweise wird der Unterschied von Individuum und Begriff als unüberbrückbar behandelt. Selbst in dem Fall eines Begriffes, der auf nur ein Individuum zutrifft, ist ein Unterschied gewährleistet: Der Begriff stellt kraft seiner Merkmale Bedingungen, die ein Fall (Exemplar) dieses Begriffes erfüllen muß. Ein Individuum ist das, auf das diese Bedingungen zutreffen oder das sie nicht erfüllt. Für Leibniz wird diese Kluft durch die Annahme überbrückt, das Existieren als Individuum sei nichts Ursprüngliches, sondern sei seinem ganzen Inhalt nach bereits im Stadium eines möglichen Individuums vorgegeben, an dem der Verwirklichungsbeschluß Gottes nichts ändere; das mögliche Individuum seinerseits sei durch einen Begriff gegeben. Damit wird der Gegensatz von Einzelnem und Allgemeinem für ihn zum Gradunterschied eines mehr oder minder vollständig bestimmten Begriffs. Je unvollständiger oder je weniger komplex ein Begriff ist, in desto mehr komplexeren und damit spezielleren Begriffen kann er als Teil (Merkmal) auftreten, auf desto mehr Individuen trifft er also zu. Ein Individualbegriff ist demgegenüber ein maximal bestimmter Begriff; zu ihm kann kein weiterer Begriffsinhalt mehr hinzugefügt werden, jede Hinzufügung wäre entweder inkonsistent oder aber überflüssig (GI § 72, C 375 / A VI 4, 762). Damit kann er nicht den Teil eines anderen spezielleren Begriffs darstellen, er ist der speziellste Begriff, der genau ein mögliches Individuum festlegt. – Um zu erweisen, daß die lex continuitatis anwendbar ist, ist Leibniz bemüht, Zwischenstufen aufzuzeigen, die es erlauben, die eine Stufe kontinuierlich in die andere zu überführen. Ist hier nicht doch ein Sprung erforderlich, um von der untersten Art (infima species) als dem speziellsten Begriff innerhalb der Art-Gattung-Hierarchie oder den allgemeinen Klassifikationen zum Individualbegriff zu gelangen, der prinzipiell nur einmal zu exemplifizieren ist? Auch hier führt Leibniz im individuum vagum (z.B. dem vagen Adam in der Korrespondenz mit Arnauld) ein Zwischenglied ein. Ein solches unbestimmtes Individuum ist durch Merkmale gekennzeichnet, die keine Artmerkmale mehr sind, sondern bereits individuelle Charakteristika. Aber ein einzelnes solches Charakteristikum ist doch als ein beschreibendes Kennzeichen von beliebig vielen Kandidaten (möglichen Individuen) zu erfüllen. Auch ein anderer hätte der erste Mensch sein können (zu den Individualbegriffen vgl. Lenzen (IX) 1990, 100–112).

c) Aus der Grundannahme, die gesamte Wirklichkeit sei nichts anderes als die Verwirklichung eines begrifflichen Modells einer Welt (einer möglichen Welt), ergibt sich unmittelbar, daß die von der Metaphysik zu untersuchenden Realstrukturen und die logisch zu analysierenden Begriffsstrukturen genau parallel sein müssen. Offen ist hierbei noch, in welche Richtung diese Abhängigkeiten gehen. Ist Leibniz' Metaphysik, wie Russell ((III) 1900 u. in: Frankfurt (II) 1972, 365ff.) und Couturat ((IX) 1901) meinen, insgesamt nur eine Ableitung aus seiner Logik? Couturat ((VI) 1902) versucht diese These an der auch von uns eingehend betrachteten Untersuchung (C 518ff. / A VI 4, 1643ff.) zu untermauern. Hier lassen sich zweifellos derartige Abhängigkeiten nachweisen. Nur ist zu fragen, ob es nicht auch Einflüsse in die andere Richtung gibt. So ist Leibniz' Versuch aufzuweisen, daß Aussagen mit zwei- oder mehrstelligen relationalen Prädikaten nicht ursprünglich sind, sondern sich allesamt äquivalent in Aussagen mit einstelligen Prädikaten unformulieren lassen, kaum genuin logisch motiviert. Denn das Unterfangen, z.B. die Beziehung (Relation) der Liebe zwischen Paris und Helena ‚Paris ist Liebhaber der Helena' auf absolute Eigenschaften zurückzuführen, die ihren Subjekten je für sich zukommen: ‚Paris liebt und eben dadurch (eo ipso) wird Helena geliebt' (C 287 / A VI 4, 114), wirkt gezwungen und bedeutet für die logische Handhabung solcher Aussagen sicher keinen Gewinn (zu den Relationen s. Mates (III) 1986, 209–226; Mugnai (IX) 1992, zur logisch-grammatischen Analyse 57–83). Dahinter ist unschwer eine metaphysische Annahme zu erkennen: Die Grundbausteine der gesamten Wirklichkeit sind monadisch strukturierte Einzelsubstanzen, d.h. Individuen, die alle ihre Eigenschaften aus sich selbst hervorzubringen vermögen. Real sind neben den individuellen Substanzen mithin nur noch ihre individuellen Eigenschaften oder Qualitäten, die der Substanz für sich zukommen und die ihren Grund in ihr selbst haben. Eine Beziehung zwischen zwei oder mehr Substanzen stellt demgegenüber für Leibniz keine weitere Form der Realität dar, die weder in der einen bezogenen Substanz und ihren Qualitäten noch im anderen Relat mit seinen absoluten Eigenschaften eine hinreichende Erklärung findet, sondern eine über die beiden Bezogenen hinausgehende Verbindung ist. Vielmehr glaubt Leibniz (z.B. C 9), solche Relationen seien letztlich bloße Phänomene, die allein aus den absoluten Qualitäten oder intrinsischen akzidentellen Bestimmungen der bezogenen Einzelsubstanzen resultieren. Logisch gesehen heißt dies: Nur einstellige Prädikate sind ursprünglich und bezeichnen etwas Reales, alle mehrstelligen Prädikate demgegenüber müssen sich auf die einstelligen zurückführen lassen. Denn alle Wahrheit gründet letztlich darin, welche absoluten Prädikate im Subjektbegriff eingeschlossen sind.

Diese Überlegungen zeigen wohl, daß es bei Leibniz kein einseitiges Abhängigkeitsverhältnis der Metaphysik von der Logik oder umgekehrt gibt, daß vielmehr logische und metaphysische Erwägungen sich wechselseitig in nicht restlos zu klärender Weise durchdringen. (So versteht Gurwitsch (III) 1974, bes. 3f. und Kap. I den Panlogismus, daß das Universum durch und durch logisch strukturiert ist, im Sinne der logico-ontologischen Äquivalenz, daß logische und ontologische Strukturen sich gegenseitig bedingen und durchgängig ineinander übersetzbar sind.) Leibniz' Auffassung kann damit berechtigt mit logischen wie metaphysischen Gründen kritisiert werden. Wir können ihm zustimmen, daß Relationen eine Grundlage in den absoluten Eigenschaften der Bezogenen haben. Die Liebe zwischen Paris und Helena setzt in beiden bestimmte Dispositionen und Eigenschaften voraus, daß etwa Helena durch ihre Schönheit liebenswert ist. Dies heißt aber noch lange nicht, wie Leibniz meint, daß die Liebe etwas auf absolute Eigenschaften Reduzierbares ist. Weit plausibler ist anzunehmen: Sie geht entscheidend über die ihr zugrundeliegenden absoluten Bestimmungen hinaus.

2. Der Zugang zur Substanz durch metaphysische Vertiefung naturphilosophischer Begriffe, namentlich der Kraft

a) Wenn wir bisher Leibniz' Metaphysik aus logischen Grundlagen heraus zu verstehen suchten, so wurde hier spürbar, in welch hohem Maße er nach systematischer Einheit strebte. Wenn neben diesen Zugang zum Substanzbegriff enzyklopädisch zwei recht andersartige treten: derjenige, der im Ausgang von naturphilosophischen Fragestellungen zu metaphysischen Konzeptionen gelangt, und der mentalistische, so wird hier die Systematik gesprengt – nicht bloß in dem Sinne, daß diese beiden Ansätze sich nicht zusammen mit dem begriffslogischen in einem einzigen deduktiv-axiomatisierten System darstellen lassen. Auch in sich sind sie so wenig systematisierbar, daß sich der naturphilosophische und der mentalistische Ansatz gar nicht scharf scheiden lassen. Zunächst mag es so erscheinen, als ob hier zwei Ansätze jeweils eigenständig und gleichberechtigt neben den begriffslogischen treten. Bei diesem stand der vollständige Individualbegriff im Zentrum, aus dem sich sämtliche Bestimmungen, die einem Individuum je zukommen, ableiten lassen. An seine Stelle tritt beim naturphilosophischen Zugang der Begriff der Kraft. Von ihr betont Leibniz nicht nur, daß allein sie die Bewegung verstehbar mache, sondern sagt auch: „... sie ist die Grundbestimmung (attributum), aus der die Veränderung folgt, deren Subjekt die Substanz ist." (an de Volder, GP II 170) Die Kraft macht mithin die Individualität aus, indem sie als die Grundbestimmung jene Gesetzmäßigkeit darstellt, die die gesamte Abfolge der wechselnden Zustände einer Substanz regelt (seriei mutationum lex 171). Wie der Individualbegriff ist sie mithin das Einheitsstiftende im Wechsel der vielfältigen Zustände, die sich alle aus ihr ableiten lassen, und begründet die Individualität, indem sie dieser Folge der Zustände den besonderen für dieses Individuum spezifischen Inhalt verleiht. – Nun begreift Leibniz diese Folge als eine Folge von Vorstellungen (Perzeptionen), indem das Streben (appetition) nach immer neuen Vorstellungen den Fortgang von einer zu einer anderen garantiert (vgl. etwa *Mon.* §§ 14f.). Erkennen (Vorstellen) und Wollen (Streben) aber sind die beiden zentralen mentalen Tätigkeiten. Bei diesem mentalistischen Zugang könnte man die

Individualperspektive, daß jede Monade in ihren inneren Zuständen das gesamte Universum jeweils von dem aus, was sie klar und deutlich erfaßt und was ihr daher nahe erscheint, also aus einem individuellen Blickwinkel repräsentiert, als das Analogon zum Individualbegriff verstehen. Schließt doch auch dieser individuelle Standpunkt der Repräsentation die Gesamtheit der Zustände einer Einzelsubstanz ein und verleiht ihnen ein für dieses Individuum charakteristisches Gepräge. Begriffslogischer, naturphilosophischer und mentaler Standpunkt stehen offenbar parallel nebeneinander, indem sie jeweils im Individualbegriff, der Kraft bzw. dem individuellen Standpunkt der Repräsentation ein eigenes Individuationsprinzip kennen.

Dennoch läßt sich nur der begriffslogische Zugang präzise als eine eigenständige, in sich geschlossene Sichtweise der Substanz abgrenzen. Dies hängt auch damit zusammen, daß Leibniz sich mit ihm in eine andere Tradition stellt als mit den beiden übrigen. Für das Verständnis der Wahrheit als Inbegriffensein (inesse) des Prädikats im Subjekt beruft er sich wiederholt auf Aristoteles (z.B. C 519 / A VI 4, 1644; GI §§ 16 u. 132). Die starke Behauptung mit all ihren deterministischen Implikationen, daß sich aus dem Subjektbegriff alle wahrheitsgemäß aussagbaren Eigenschaften (Prädikate) ableiten lassen, ist sicher nicht Aristoteles anzulasten. Dennoch findet sich die Grundrichtung, daß eine genaue Parallelität logischer und realer ontologischer Strukturen angenommen wird, so daß aus der Beobachtung der Prädikation, zumal der singulären, prädikativen Aussage, weitgehende ontologische Schlußfolgerungen gezogen werden, bei Aristoteles wie bei Leibniz. – Mit der naturwissenschaftlichen ebenso wie mit der mentalistischen Zugangsweise steht Leibniz demgegenüber in der Tradition der modernen mechanistischen Philosophie, von der er ausgeht, der er in allen Einzelerklärungen der Naturphänomene vollständig zu folgen bemüht ist, die er aber doch metaphysisch zu überhöhen trachtet, um sie so mit dem Aristotelismus als vereinbar zu erweisen. Diese Tendenzen spitzen sich im Begriff der Kraft zu. Kraft liegt zunächst als physikalische Kraft der Bewegung zugrunde. Bewegung aber ist ein Zentralbegriff der mechanistischen Philosophie, die glaubt, sämtliche Naturvorgänge aus Bewegungsgesetzen, genauer: aus den mechanischen Gesetzen der Bewegungsübertragung im Stoß, erklären zu können.

b) Mit einer mechanistischen Naturphilosophie aber sind bereits in dem für Leibniz bestimmenden Cartesianismus (jedenfalls in der Deutung von Leibniz) mentalistische Fragestellungen unlösbar verknüpft. Das hervorragendste Beispiel ist sicherlich die cartesische Leib-Seele-Problematik (eine Fragestellung der Philosophie des Geistes), die nach Leibniz zu Schwierigkeiten bei den Erhaltungssätzen führt (ein eminent naturwissenschaftliches Problem). Die Frage, welche Größe bei Bewegungsvorgängen erhalten bleibt, führt aber auch zu dem metaphysischen Begriff der Kraft. Wurzel dieser Schwierigkeit ist der cartesische Dualismus, für den die durch Ausdehnung konstituierte Körpersubstanz (res extensa) und die durch Denken charakterisierte geistige Substanz (res cogitans) zwei eigenständige und völlig verschiedenartige Wirklichkeiten darstellen. Nun ist die Leib-Seele-Wechselwirkung aber ein unbestreitbares Phänomen. Glauben wir doch, daß der Geist auf eine bestimmte Art von Körpervorgängen (z.B. auf bestimmte Verletzungen oder Störungen) mit bestimmten mentalen Zuständen (Schmerz) reagiert und daß umgekehrt mentale Akte, namentlich Willensentschlüsse, die gewünschten Körperbewegungen verursachen können. Daß solche Wechselbeziehungen ein unleugbares Phänomen sind, heißt zunächst lediglich, daß jeder Mensch sie bei sich zu erfahren glaubt; für Leibniz bedeutet das noch lange nicht, daß sie darum auch in der eigentlichen Realität im metaphysischen Sinne gegeben sein müßten. Wohl aber stellt sich uns die Aufgabe zu erklären, wie ein solches Phänomen zustandekommt. Leibniz sieht hier drei Denkmöglichkeiten. Eine reale physische Beeinflussung (influxus physicus) ist bei einem konsequent durchgehaltenen Dualismus als unmöglich auszuschließen. Denn hiernach ist jeder der beiden Bereiche, das Physische und das Mentale, in sich geschlossen und autark; alle Vorgänge sind allein nach Gesetzen des jeweiligen Bereiches bestimmt und aus ihnen heraus erklärbar. Wenn nun eine vom Willensentschluß ausgehende Wirksamkeit aus dem mentalen in den physischen Bereich gleichsam hereinfließen (influere) könnte, dann wäre damit die kausale Geschlossenheit des physischen Bereichs gesprengt. Namentlich gelten hier wie in jedem geschlossenen System Erhaltungssätze: Zentrale physikalische Größen, zumal die Kraft, müssen bei allem Austausch im einzelnen im System insgesamt erhalten bleiben. Eine von außen (aus dem

Mentalen) kommende kausale Wirksamkeit ebenso wie ein Wirken nach außen, bei dem offenbar Kraft aus dem System abgegeben werden müßte, störte die Erhaltungssätze.

Wenn die Leib-Seele-Wechselwirkung nicht durch eine unmittelbare physische Beeinflussung zu erklären ist, läßt sie sich dann überzeugender mit den Okkasionalisten nach dem System der Gelegenheitsursachen (von occasio = Gelegenheit) beschreiben (zweites Erklärungsmodell)? Hiernach würde der Wille nicht unmittelbar kausal auf den Körper einwirken und eine bestimmte Bewegung verursachen; vielmehr würde Gott bei Gelegenheit des von ihm gesehenen Willensentschlusses des menschlichen Geistes im Körper die gewünschte Bewegung verursachen, entsprechend bei einer scheinbaren Einwirkung des Körpers auf den Geist. Dies ist bereits Leibniz' Interpretation des Okkasionalismus. Selbst sahen die Okkasionalisten für uns völlig abstruse Schwierigkeiten, daß eine Bewegungsübertragung innerhalb des körperlichen Bereichs unerklärlich sei, daß es dazu vielmehr eines unendlich vollkommenen und notwendig wirkenden Wesens (Gottes) bedürfe. Leibniz hat viel scharfsichtiger die einzige u.U. mögliche systematische Legitimation einer solchen Annahme gesehen: Auf dem Boden eines Cartesianismus, der für die Okkasionalisten die Basis darstellte, führte eine unmittelbare Wechselwirkung von Mentalem und Physischem, d.h. zweier in sich geschlossener und eigengesetzlicher Bereiche, u.a. zu einer Verletzung der Erhaltungssätze. Das Phänomen der Leib-Seele-Wechselwirkung kann also nicht als reale Wechselbeziehung verstanden werden. Diese einzig mögliche Legitimation des Okkasionalismus wird aber hinfällig. Denn ob nun Gott in den Körperbereich eingreift, um eine Bewegung zu verursachen, oder ob diese Bewegung durch eine unmittelbare Einwirkung eines völlig andersartigen und getrennten Substanzbereichs (des Mentalen) zustandekommt, in beiden Fällen werden gleichermaßen die für den Körperbereich geltenden Erhaltungssätze verletzt (vgl. etwa *Theod.* I § 61, GP VI 136; vgl. Woolhouse (VI) 1994).

Den einzigen gangbaren Ausweg, um eine Verletzung von Erhaltungssätzen zu vermeiden, sieht Leibniz darin, von völlig in sich geschlossenen oder autarken Systemen auszugehen, zwischen denen keinerlei realer kausaler Austausch stattfindet. Jede Einzelsubstanz oder – wie er später (ab 1695) sagt – jede Monade ist ein solches selbstgenügsames und autonomes System, ist „fensterlos". Sämtliche Wandlungen der Monaden sind rein intern, d.h. betreffen ihre inneren Zustände, die Perzeptionen. Deren Abfolge wird spontan aus dem eigenen Inneren hervorgebracht und nach inneren Gesetzen geregelt. Die gesamte Wirklichkeit aber ist aus solchen völlig eigenständigen Systemen (Monaden) aufgebaut. So besteht ein lebendiger Organismus aus der Seele als der beherrschenden (weil klarer und deutlicher Perzeptionen fähigen) Monade und dem Körper als einer Ansammlung untergeordneter Monaden. Da es zwischen solchen isolierten Systemen wie der Seelenmonade und dem Monadenaggregat Körper keine realen Wechselwirkungen geben kann, stellt sich Leibniz die Aufgabe zu erklären, wie das Phänomen (der Schein) einer Leib-Seele-Wechselbeziehung zustandekommt. Hierzu führt er die Hypothese oder (wie er später selbstsicherer sagt) das System der prästabilierten Harmonie ein, teilweise spricht er auch von der Hypothese der Parallelität oder Entsprechung (concomitance) (drittes Erklärungsmodell). (Zu Leibniz' Begriff der Hypothese vgl. Marschlich (VI) 1997, 181–201) Damit ist gemeint: Jede Monade bringt die gesamte Abfolge ihrer Zustände ohne äußeren Einfluß spontan aus dem eigenen Inneren hervor, so aber, daß sie kraft einer von vornherein eingerichteten (= prästabilierten) Harmonie den Zuständen aller anderen Monaden entspricht. Diese bloß ideale Übereinstimmung scheint auf einer Wechselwirkung der übereinstimmenden Entitäten zu beruhen. So weit entfernt ist Leibniz gar nicht vom Okkasionalismus; auch er kennt Gelegenheitsursachen. Ein Äußeres kann für beide nicht real auf einen Körper einwirken. Nur angelegentlich eines Äußeren verursacht Gott im Körper eine Bewegung (Okkasionalisten) oder bringt der Körper aus seinem Inneren selbst Bewegungen hervor: „... alles Erleiden eines Körpers ist spontan oder entspringt einer inneren Kraft, wenngleich angelegentlich eines Äußeren (occasione externi)." (SD II 5, GM VI 251)

Wir sehen: Die Leib-Seele-Problematik hat Leibniz über die naturphilosophische Konzeption, daß wichtige physikalische Größen in einem System erhalten bleiben müssen, dazu geführt, als eigentlich wirkliche Entitäten nur Monaden, d.h. geschlossene Systeme oder beziehungslose Entitäten, zu postulieren. Alle Beziehungen (Relationen), namentlich die Übereinstimmung verschiedener Entitäten, sind bloße Erscheinung. Dieses Ergebnis stimmt in den Grundzügen genau mit der logisch begründeten Theorie überein: Da alle Prädikate im Begriff des Subjekts ihren Grund haben müssen, bezeichnen nur die absoluten (einstelligen, monadischen) Prädikate, die sich aus der Natur ihres Subjekts allein ableiten lassen, etwas Wirkliches. Relationale Prädikate, die sich weder aus der einen noch der anderen der bezogenen Substanzen erklären lassen, sondern etwas gleichsam in der Mitte zwischen ihnen Schwebendes darstellen, bezeichnen nichts Reales, sondern eine sich aus den absoluten Eigenschaften ergebende Erscheinung. In der Literatur wird Leibniz' Versuch, Relationen zu reduzieren, unterschiedlich beurteilt. Ishiguro (IX) 1990, 117–122 u. 133 hat sicher mit ihrer These recht: Daß sich ein Satz mit einem mehrstelligen Prädikat oberflächengrammatisch auf Sätze mit einstelligen Prädikaten reduzieren läßt (III 1c), heißt nicht zwingend, daß der Sache nach alle relationalen Eigenschaften oder Tatsachen eliminiert sind. Vielmehr können in einstelligen Prädikaten Beziehungen zu anderen Individuen vorausgesetzt sein. Zugegeben also, daß zu einer vollständigen Beschreibung eines Individuums relationale Eigenschaften unentbehrlich sind, stellt sich als nächstes die Frage ihres ontologischen Status. Hier muß Ishiguro S. 129 widersprochen werden. Die Außenbeziehungen einer Substanz haben für Leibniz keine ontologische Realität, sondern beruhen darauf, daß eine Einzelsubstanz in ihren spontan allein aus dem eigenen Inneren hervorgebrachten Perzeptionen (IV 5c) alle anderen ausdrückt. Beziehungen zu anderen sind nur als ein Repräsentieren anderer gegeben, das selbst einen rein internen Ursprung hat. So erscheint die Tatsache, daß A in seinen Perzeptionen B klarer und deutlicher repräsentiert als C, phänomenal als die Relation räumlicher Nähe: A ist B näher als C.

c) Kehren wir zurück zu den Erhaltungssätzen. Bislang haben wir die Frage ausgespart, welches die erhaltenen Größen sind. Hier besteht eine wichtige Kontroverse zwischen Leibniz und Descartes. Descartes glaubte, das Bewegungsquantum, das sich als Produkt von Masse und Geschwindigkeit (mv) errechnet, bleibe erhalten. Damit dieser Erhaltungssatz eingehalten werde, könne der Geist, wenn er eine Körperbewegung lenkt, nur die Richtung, nicht aber die absolute Größe der Geschwindigkeit nach seinem Wunsch beeinflussen. Diese Theorie ist sicher unbefriedigend, da

Abb. 4: Zeichnung aus dem Konzept zum Discours de métaphysique §17

sie die Phänomene nicht zu erklären vermag. Nehmen wir doch in unserer Selbsterfahrung an, daß wir willentlich ebenso die Art, also Richtung unserer Bewegungen zu steuern vermögen, wie die Geschwindigkeit, in der wir sie ausführen. – Demgemäß wendet Leibniz sich sogar in zweifacher Hinsicht gegen Descartes' Bewegungslehre. Zum einen versucht er aufzuweisen, daß in einem System auch die Gesamtrichtung erhalten bleibt. Zum anderen (und noch wichtiger) zeigt er: Das, was in seiner absoluten (nicht gerichteten) Größe erhalten bleibt, ist nicht das Bewegungsquantum (mv), sondern die Kraft (mv^2). Leibniz' Veröffentlichung dieser These 1686 in „Kurzer Beweis eines bemerkenswerten Irrtums von Descartes und anderen bezüglich eines Naturgesetzes" (GM VI 117–119 / A VI 4, 2027–2030) löste eine erbitterte Diskussion unter den Cartesianern aus, die die Bewegungsgesetze ihres Meisters zu verteidigen versuchten (vgl. Papineau (XIII) 1981). Leibniz war dieser Beweis so wichtig, daß er ihn mehrfach u.a. in DM § 17 (GP IV 442f. / A VI 4, 1556–1558) wiederholte. Hierbei geht er von dem Fall aus, daß ein Körper mit einfacher Masseneinheit, der die vierfache Strecke gefallen ist, dieselbe Kraft (eine Wirkung zu verrichten, etwa einen Körper wieder emporzuheben) erworben hat wie ein Körper mit vierfacher Masse, der nur die einfache Strecke gefallen ist. Die Kraft bleibt, wie auch die Cartesianer zugeben, hierbei erhalten, nicht aber das Bewegungsquantum. Da nach Galileis Fallgesetzen die Beschleunigung proportional zum Quadrat der Strecke ist, hat sich der erste Körper auf der vierfachen Strecke nur auf die doppelte Geschwindigkeit des zweiten beschleunigt, sein Bewegungsquantum beträgt also nur die Hälfte.

So weit scheint alles bloß die Kontroverse einer mechanistischen Physik um Bewegungsgesetze zu sein. Die philosophische Bedeutung liegt darin, daß gegenüber dem Bewegungsquantum als einer rein physikalischen Größe die Kraft oder die unmittelbare Fähigkeit, eine bestimmte Wandlung zu bewirken, nicht einfach wie ein toter physikalischer Faktor behandelt zu werden braucht, sondern als Wirkkraft etwas Lebendiges ist – nicht von ungefähr spricht Leibniz von vis viva. Ja, er geht noch einen Schritt weiter: Die physikalische Kraft als Disposition zur Bewegung, die sich in mechanisch erklärbaren Naturphänomenen entfaltet, ist etwas bloß Abgeleitetes. Die ihr zugrundeliegende eigentliche Wirklichkeit, die ursprüngliche Kraft, ist metaphysisch zu begreifen als ein mentales Vermögen des Strebens: „... ihre Natur besteht in der Kraft und hieraus folgt etwas dem Empfinden und Streben Analoges." (SN, GP IV 479) Wir sehen hier, wie innig naturphilosophische und mentalistische Elemente verquickt sind.

d) Diese innige Verknüpfung liegt gerade in Leibniz' philosophischen Intentionen. Versucht er doch von der modernen mathematisierten (d.h. vor allem mit Mitteln der analytischen Geometrie beschriebenen) Physik aus zu zeigen, daß diese über sich hinaus auf eine metaphysische Grundlage verweist, sofern man sich nicht begnügt, die Einzelphänomene zu erklären, sondern danach fragt, was an ihnen wirklich ist. Leibniz geht mithin von der Bewegung aus, für die Mechanisten das Grundphänomen allen physischen Geschehens, und versucht nachzuweisen: Bewegung läßt sich nicht erschöpfend in den geometrischen Kategorien der Ausdehnung als Änderung der Lage im ausgedehnten Raum begreifen, wenn es einem auch darum geht, was an der Bewegung real ist. „... sofern die Bewegung oder vielmehr die bewegende

Kraft (force mouvante) der Körper etwas Reales sein soll (wie man wohl anerkennen muß), dann muß sie ein Subjekt haben." (an Huygens 1694, GM II 184) Hinter dieser Forderung steht die uns bereits wohlbekannte Auffassung von Leibniz: Die Wirklichkeit im eigentlichen, strengen Sinne umfaßt ausschließlich individuelle Subjekte und die aus einem Subjekt (jeweils für sich genommen) ableitbaren Eigenschaften. Etwas kann mithin nur dann real sein, falls es entweder selbst ein Einzelding ist oder aber sich eindeutig einem Einzelding als Subjekt zuschreiben läßt. Diese Bedingung erfüllt die Bewegung nicht, sofern man sie ausschließlich in den Ausdehnungskategorien der mechanistischen Philosophie als einen Wechsel der Lage im völlig homogen sich erstreckenden Raum auffaßt (vgl. etwa DM § 18, GP IV 444 / A VI 4, 1558f. oder an Arnauld GP II 98). Denn bei mehreren Körpern, die relativ zueinander ihre räumliche Lage verändern, ist es vom Standpunkt der mechanischen Bewegungsgesetze letztlich willkürlich, welchen dieser Körper man als den ruhenden Bezugspunkt ansetzt, dem gegenüber die anderen ihre Lage wechseln, sich also bewegen (vgl. Wilson (III) 1989, 205–217). Leibniz spricht hier von einer Gleichwertigkeit (aequipollentia) der Hypothesen. Damit ist gemeint: Durch keinerlei Experimente kann man aus den Phänomenen die Überlegenheit der einen Hypothese, die diesen Körper zum ruhenden Zentrum der Bewegung macht, gegenüber einer anderen erweisen, daß ein anderer Körper der Fixpunkt sei. Bei der gleichmäßig geradlinigen Bewegung ist dies leicht einzusehen. Aber Leibniz glaubte (z.B. *Dynamica* II, sec. 3, prop. 19, GM VI 507f.), dies auf die Bewegung im allgemeinen, also auch die beschleunigte und krummlinige übertragen zu können, wohl weil er annahm, diese durch Grenzwertbetrachtungen auf infinitesimale (unendlich kleine) Segmente einer gleichförmig geradlinigen Bewegung zurückführen zu können. In einer kleinen Abhandlung über die Phoronomie (Lehre von den Bewegungsgesetzen) (C 590–593) wendet Leibniz diese (für jede Bewegungsart verallgemeinerte) Auffassung von der Gleichwertigkeit der Hypothesen – weltanschaulich sehr bedeutsam – auf die Kontroverse des ptolemäischen und des kopernikanischen Weltbildes an. – Die für die Substanzproblematik wichtige Schlußfolgerung aus der völligen Relativität der rein mechanisch interpretierten Bewegungsphänomene lautet nun: Will man in der

Bewegung doch Realität sehen, so muß man auf die ihr zugrundeliegende Kraft zurückkommen, die als das bewegende Moment oder die unmittelbare Ursache von Bewegung eher dem einen Körper als Subjekt zuzuschreiben ist als dem anderen und damit die Bedingung von Realität erfüllt (DM § 18).

e) Von hier aus wird verstehbar, weshalb der Dynamik bei Leibniz eine solch wichtige Rolle zukommt: Nimmt sie oder die von ihr untersuchte Kraft doch gleichsam eine Mittelstellung ein zwischen der speziellen Erklärung physikalischer Phänomene und der allgemeinen metaphysischen Frage nach den Grundlagen der Realität. Dieser Zwischenstellung entsprechend nimmt Leibniz denn auch innerhalb der Kräfte nochmals eine Zweiteilung vor in eine ursprüngliche metaphysische Kraft (vis primitiva) und eine abgeleitete Kraft (vis derivativa), wie sie sich in physikalischen Einzelphänomenen entfaltet und zu deren Erklärung geeignet ist. Quer dazu steht die Differenzierung in eine aktive und eine passive Kraft, so daß Leibniz – etwa SD I 3 (GM VI 236f.) – insgesamt vier verschiedene Kräfte kennt. Die Passivkraft faßt er dabei nicht ausschließlich passiv auf als das Vermögen, von einem anderen eine Einwirkung zu erleiden (vis patiendi), sondern auch als das Vermögen, der Einwirkung des anderen einen Widerstand entgegenzusetzen (vis resistendi), daß ein Körper kraft seiner Undurchdringlichkeit und Trägheit dem widersteht, daß ein anderer Körper gleichzeitig seinen Platz einnimmt oder ihn in Bewegung versetzt. Wohnt nun aber einem Körper Trägheit inne, daß er von sich aus dem Bewegtwerden widersteht, dann legt es sich nahe, die entgegengesetzte aktive oder bewegende Kraft, die erforderlich ist, den Widerstand gegen Bewegung zu brechen, gleichfalls als ein der Körpersubstanz immanentes Prinzip aufzufassen.

Damit aber ist Leibniz im Ausgang von der Bewegungsproblematik der modernen mechanistischen Philosophie zu Aristoteles' Form-Materie-Unterscheidung gelangt. Bezeichnete doch bereits Aristoteles mit diesem Begriffspaar zwei zueinander komplementäre immanente Prinzipien, ein aktives formendes oder bestimmendes und ein passives, formbares oder empfängliches, die erst zusammen ein Seiendes einer bestimmten Art ausmachen. Im Sinne dieser Unterscheidung versteht Leibniz den einem Körper innewohnenden Widerstand gegen die Bewegung als materia prima oder ursprüngliche Passivkraft; das aktive, bewegende Prinzip aber, kraft dessen es niemals etwas völlig Ruhendes gibt, sondern jede Körpersubstanz sich andauernd bewegt, oder allgemeiner das Tätigkeitsprinzip, daß jede genuine Substanz andauernd tätig ist, deutet er als Form oder ursprüngliche Aktivkraft. (Aber auch umgekehrt gilt: Erst, wenn man den Begriff der substantialen Form, den die Scholastiker so abstrakt allgemein faßten, daß sie selbst kaum das Gemeinte verstanden, durch die naturphilosophische Deutung als Kraft mit konkretem Gehalt füllt, wird er sinnvoll und operabel (vgl. etwa GP IV 479).) Bei den ursprünglichen aktiven und passiven Kräften sind wir mit den metaphysischen Grundlagen oder der eigentlichen Realität befaßt. Diese ist nach Leibniz' Grundüberzeugung, der wir schon auf den vielfältigsten Gebieten begegnet sind, auf die Substanzen und das ihnen jeweils für sich genommen Zukommende beschränkt. Folglich müssen die ursprünglichen Kräfte absolut sein, d.h. einer Körpersubstanz zuzuschreiben sein, ohne daß man sie innerhalb eines Systems bewegter Körper mit anderen vergleicht. Die abgeleiteten aktiven und passiven Kräfte demgegenüber dienen gerade dazu, die Wechselwirkung zwischen verschiedenen bewegten Körpern zu erklären, die als ein physikalisches Phänomen zweifellos gegeben sind und sich empirisch feststellen lassen. Da den geometrischen Eigenschaften, (kontinuierlich) ausgedehnt und daher beliebig teilbar zu sein, stets etwas Relatives anhaftet, können sie für Leibniz nicht wie für Descartes das Wesen der Körpersubstanz darstellen; nur die dynamischen Eigenschaften einer Passivkraft (wie undurchdringlich zu sein) sind immanente, demselben Subjekt bleibend zukommende Bestimmungen und können daher als dem Körper wesentlich gelten (an Arnauld, GP II 120).

Im Hinblick auf Leibniz' Rückführung qualitativer auf graduelle Unterschiede ist beachtenswert, daß er die Passivkraft ineins als eine Kraft auffaßt, eine Einwirkung zu erleiden und im Erleiden dem Erleiden Widerstand entgegenzusetzen (vis primitiva patiendi seu resistendi). Erleiden ist damit auch eine Form der Wirksamkeit (Aktivität), nämlich eine Reaktion, ein entgegengerichtetes Wirken in Gestalt von Trägheit und Undurchdringlichkeit. Im Sinne der lex continuitatis weicht Leibniz auch hier bedeutsam von Aristoteles ab. Für diesen sind das Vermögen zu wirken und das, eine Wirkung zu rezipieren, grundsätzlich voneinander verschiedene (eines kann nicht die Rolle des anderen einnehmen), aber doch aufeinander verwiesene Momente (erst beide zusammen bringen einen Prozeß zustande). Für Leibniz demgegenüber gibt es strenggenommen ausschließlich in unterschiedlichem Grad aktive Kräfte. Das mit höherer Intensität Wirkende setzt sich mit seiner Wirksamkeit durch, so aber, daß das andere nicht bloß erleidet, sondern durch seinen Widerstand gegen das Erleiden oder durch seine Gegenwirksamkeit (Reaktion) das Wirken des anderen hemmt und modifiziert. Hierin liegt zugleich eine Autarkie. Eine Entität bedarf prinzipiell keines äußeren Verwirklichenden (II 1), sondern jede hat in sich selbst eine Wirkkraft und kann daher aus sich heraus wirksam werden, sofern sie nicht durch ein stärkeres Wirkendes gehemmt wird.

f) Dieses jedem Ding innewohnende Streben nach Aktivität erörtert Leibniz als conatus. Übernommen ist dieser Begriff von Hobbes und meint zunächst das infinitesimale Bewegungsmoment im ausdehnungslosen Augenblick (Beeley (XIII) 1996, 313–325). Diese punktuelle Elementarbewegung kommt Leibniz' Bestreben entgegen, den Potenz-Akt-Gegensatz zu überwinden. Sie ist noch keine aktuelle Bewegung, die Erstreckung verlangt, aber auch keine bloße Potenz, weil ein solcher Bewegungsansatz von sich aus ohne äußere Hindernisse in den Akt übergeht. Leibniz denkt den Begriff des conatus aber weiter, transformiert ihn von der Minimalbewegung zum Streben. So wendet er sich SD I 10 (GM VI 240f.) in einer selbstkritischen Betrachtung seiner frühen Bewegungslehre dagegen, den conatus im Sinne der mechanistischen Philosophie allein in geometrischen Kategorien durch die Begrenzungen der Ausdehnung (Größe, Figur, Ort) und deren Änderung zu begreifen. Bei dieser abstrahierenden Betrachtungsweise wären die Dinge von sich aus gegenüber Bewegung und Ruhe gleichgültig (indifferent) ohne ein inneres, aktives Streben nach Bewegung und ohne innere, die Bewegung behindernde Trägheit, und so wäre der Bewegungsansatz (mutandi conatus) etwas ihnen Äußerliches, das sie mit sich herumtragen und das beim Stoß von einem Bewegten an ein anderes weitergegeben werden könnte. Diese phoronomische Betrachtungsweise, die auch zu falschen Bewegungsgesetzen führen kann, fordert Leibniz durch die Dynamik zu ersetzen, die ihren Zentralbegriff der Kraft auch metaphysisch fundiert und sie so als ein dem jeweiligen Gegenstand selbst innewohnendes Streben versteht. Dieser als

Streben verstandene conatus aber führt dazu, daß jede Einzelsubstanz andauernd tätig ist. Denn eine reale kausale Interaktion, in der ein anderes verhindern könnte, daß das Streben zu einer Wirkung führt, verwirft Leibniz ja. Im Sinne der prästabilierten Harmonie können die Monaden ihr Wirken nur ideal, indem sie einander angepaßt sind, modifizieren, nicht vereiteln. Diese These von einer dauernden, wesensmäßigen Tätigkeit entspricht Leibniz' Überzeugung, daß es in der unendlich subtil untergliederten Wirklichkeit in keiner Beziehung einen völligen Gleichgewichtszustand (Indifferenz) zwischen entgegengerichteten Kräften und Tendenzen und damit eine gänzliche Ruhe geben kann. Die metaphysische Grundüberzeugung, die bereits der ganz junge Leibniz (in einer theologischen Studie ca. 1670, A VI 1, 534) äußerte: „Selbständiges Bestehen (per se subsistere) heißt soviel wie ein Tätigkeitsprinzip (principium agendi) in sich haben", läuft mithin darauf hinaus, daß substantielles Existieren wesentlich Tätigsein oder aktiver Vollzug und niemals ein bloßes Vorhandensein ist. Denn das Tätigkeitsprinzip, das die selbständige, substantielle Existenz ausmacht, kann für Leibniz weder von sich aus ein bloß ruhendes Vermögen sein, noch kann es durch entgegengerichtete Kräfte im ruhenden Gleichgewichtszustand gehalten werden, führt so zu steter Tätigkeit.

Dieser Begriff der dauernden Tätigkeit einer Substanz gestattet es Leibniz auch, der von den Atomisten (Demokrit, Epikur und – in der Neuzeit – Gassendi) aufgegriffenen Vorstellung eines Atoms eine ganz eigene Deutung zu verleihen. Bekanntlich bezeichnet Leibniz im SN die einfachen Substanzen als metaphysische Punkte und Substanzatome (GP IV 482, vgl. ferner für atomes de substances oder atomi substantiae GP IV 478, 561 u. 511). Beide Ausdrücke sollen die völlige Teillosigkeit der Monaden anschaulich und verständlich machen, haben aber sonst auch unpassende Konnotationen, wie es bei räumlich-materiellen Äquivalenten einer geistigen Wirklichkeit zu erwarten ist. Innerhalb des Ausgedehnten ist der Punkt das einzige Teillose, er kann es aber nur in der Weise eines Grenzwertes sein, während die Monaden nicht Begrenzungen, sondern aufbauende (konstitutive) Elemente der Wirklichkeit sein sollen (478). Desgleichen kann Leibniz Atome im ursprünglichen Sinne nicht anerkennen, deren Teillosigkeit rein mechanisch und statisch dadurch erklärt wird, daß sie in sich keinerlei Vakuum enthalten, dadurch unüberbietbar hart und kompakt sind, sich mithin in keiner Weise in Teile aufspalten lassen. Die Teillosigkeit der Monaden hängt für ihn vielmehr dynamisch damit zusammen, daß sie autark aus einem inneren Prinzip heraus dauernd tätig sind (s. *Mon.* §§ 10f.). Als etwas Geschaffenes befindet sich eine jede Monade in einem kontinuierlichen Wandel. Angesichts der völligen Teillosigkeit kann dieser Wandel kein von außen verursachter Austausch von Teilen sein, daß bisherige Teile genommen werden und neue hinzutreten. Vielmehr ist es ein rein interner Wandel, der allein die interne Struktur betrifft, daher auch einem inneren Prinzip entspringen muß und damit kein außenverursachtes Leiden, sondern eine kontinuierliche, spontane Tätigkeit ist.

3. Der mentale Zugang zur Substanz

Zwei zentrale Aspekte des Substanzbegriffs hängen innig zusammen, der eher naturphilosophische, Kraft oder Tätigkeitsprinzip zu sein, und der metaphysische, Prinzip einer wahrhaften Einheit zu sein, wie Leibniz sie etwa SN (GP IV 478f.) entwickelt. Ihre Zusammengehörigkeit ergibt sich zunächst daraus, daß Leibniz sie in letzter Konsequenz denkt und sie so beide zur vollständigen Selbstgenügsamkeit (Autarkie) oder Geschlossenheit in sich selbst führen. Die Tätigkeit spitzt er zu einem Tun zu, das ohne ein reales Erleiden von außen völlig spontan allein einer inneren Quelle entspringt. Die vollkommene Einheit aber bedeutet für ihn, daß die Substanz ohne reale Beziehungen nach außen und ohne Teile eine in sich geschlossene Einheit ist. (Reale Beziehungen in Form einer realen wechselseitigen Einwirkung setzen Teile voraus, denn eine Einwirkung, die die Sache als ganze betreffen sollte, könnte nur darin bestehen, sie gänzlich aufzuheben.)

Der Zusammenhang von Tätigkeit und Einheit geht weiter: Die Materie als das bloß Passive stellte von sich lediglich eine Ansammlung beliebig vieler Teile dar (478). Eine wirkliche Einheit kann offenbar nur die Tätigkeit stiften, die an die voraufliegende Tätigkeit anknüpft und sie zur Grundlage macht und die neu zu setzende Tätigkeit so zur Einheit mit ihr verbindet. Zumal die mentalen Tätigkeiten erfüllen diese Aufgabe, Einheit zu schaffen:

die des Denkens, indem es erinnernd das Vergangene gegenwärtig bewahrt und erwartend das Künftige vorwegnimmt; die des Wollens, indem das Streben nach immer neuen, besseren Zuständen bewirkt, daß die verschiedenen Zustände aufeinander und auseinander folgen und so miteinander zusammenhängen. Es ist daher kein Zufall, wenn Leibniz im SN, nachdem er die Forderung einer wahrhaften Einheit gestellt hat, die es beim kontinuierlich Ausgedehnten nicht geben kann und die daher metaphysisch durch etwas Formales oder Aktives zu begründen ist (478), die substantialen Formen, durch eine mental verstandene Kraft expliziert: „Ich fand, daß die Natur ⟨der substantialen Formen⟩ in der Kraft besteht und daß daraus etwas dem Empfinden und Streben Analoges folgt, daß man sie mithin entsprechend dem Begriff, den wir von den Seelen haben, begreifen muß." (479) Hier interpretiert Leibniz die ursprüngliche aktive oder bewegende Kraft weitergehend als in SD I 3 mental als eine Strebekraft. Dabei beschränkt er das Mentale aber nicht wie Descartes auf das bewußte Denken, sondern zählt auch das Empfinden dazu, so daß er auch den Tieren Seelen zuschreiben kann. Indes erwägt Leibniz dem Cartesianer Arnauld gegenüber, ob vielleicht nur die mentalen Fähigkeiten im engeren Sinne, also das menschliche Bewußtsein allein es ist, das nicht bloß seinen unmittelbaren Träger, die substantiale Form oder (später) die Geistmonade, sondern die gesamte Körpersubstanz einschließlich des organisches Leibes zu einer wahrhaften substantiellen Einheit zu gestalten vermag. Dann gäbe es im sichtbaren Körperbereich außer dem Menschen nichts Substantielles, die Tiere wären bloße Maschinen und damit Aggregate mehrerer Substanzen (GP II 77). Diese cartesische Auffassung von den Tieren als bloßen biologischen Maschinen ist in späteren Schriften (SN, GP IV 478; *Mon.* §§ 25ff.) klar überwunden.

Ausgehend von einer Eigentümlichkeit des Mentalen, nämlich der intentionalen Struktur des Bewußtseins, gelangt Leibniz zu ganz ähnlichen Resultaten, wie er sie im DM begriffslogisch durch den vollständigen Individualbegriff gerechtfertigt hat, daß nämlich in der Seele eines Individuums „Spuren (restes) all dessen sind, was ihm widerfahren ist, und Anzeichen (marques) all dessen, was ihm widerfahren wird" (DM § 8, GP IV 433 / A VI 4, 1541). Im DM ist diese These eine Konsequenz dessen, daß die

Individualität in einem Begriff begründet liegt, der vollständig genug ist, um daraus alle wahrheitsgemäß vom Subjekt des Begriffes aussagbaren Prädikate zu gewinnen. Ein Begriff ist nun aber wesentlich zeitlos. Er kann mithin eine zeitliche Aufeinanderfolge von Ereignissen nicht als zeitliches Nacheinander repräsentieren, sondern nur als eine logische Abfolge einander inhaltlich bedingender Momente. V.a. repräsentiert der Begriff angesichts seiner Zeitlosigkeit nicht bloß zeitliche Abschnitte des Lebens, sondern notwendigerweise die gesamte Lebensgeschichte. Indem ein solcher Begriff einem in der Zeit erscheindenden Individuum beiwohnt und seine Individualität ausmacht, muß dem Individuum in jedem Augenblick seine ganze Lebensgeschichte, vergangen wie künftig, gegenwärtig sein.

Dasselbe Resultat läßt sich nun aber auch mental aus der Gerichtetheit oder Intentionalität des Bewußtseins heraus begründen, das sämtliche Zeitstufen in die Gegenwart des Ich hineinzuholen vermag. Indem das Bewußtsein einmal rückwärts gerichtet ist, hält es das im realen Geschehensablauf bereits Vergangene durch Erinnerungen oder Retentionen (wie es in Husserls Phänomenologie heißt) noch zurück, so daß es im Bewußtsein noch gegenwärtig bleibt. Durch sein Vorwärtsgerichtetsein andererseits nimmt es das noch Ausstehende, Künftige in Erwartungen oder Protentionen bereits vorweg, macht es im Geist schon gegenwärtig und (z.B. in Zukunftsängsten) sogar wirksam und handlungsbestimmend. In einer kleinen Studie vom April 1676 über das Individuationsprinzip (A VI 3, 490f.) spricht Leibniz diese Eigentümlichkeit des Mentalen aus, in der Gegenwart die Wirkung des voraufliegenden Zustandes in sich selbst als eine Qualität und damit als etwas nicht gänzlich Relatives, sondern als wenigstens teilweise absolute Bestimmung zurückzuhalten (retinere: also eine Retention). Leibniz will die Individuation gemäß dem Indiszernibilitätsprinzip bekräftigen, daß es nicht zwei verschiedene, qualitativ aber nicht zu unterscheidende Individuen geben kann. Dies ist dann gewährleistet, wenn in der Wirkung als bleibende, intrinsische Eigenschaft die Art und Weise der Entstehung (Ursache) noch gegenwärtig ist. Denn bei der Vielgestaltigkeit der Wirklichkeit kann es keine zwei völlig gleichartigen Lebensgeschichten geben. Daher hätten zwei verschiedene Individuen zwingend auch verschiedene Qualitäten, in denen ihre unterschiedliche bisherige Entwicklung gleichsam zurückgehalten und aufbewahrt ist. – Aber lassen sich nicht Gegenbeispiele finden, in denen auf verschiedene Weise ein qualitativ identisches Resultat entstanden ist? Leibniz erwidert: Das ist nur im Bereich von Abstraktion, z.B. der Geometrie, möglich, nicht in der Wirklichkeit, da die Materie erst durch den Geist Bestand haben kann, die Eigentümlichkeit des Geistigen aber ist, kraft seiner Intentionalität das Vergangene gegenwärtig zu halten. – Daß der Geist auch das Künftige erwartend in die Gegenwart hereinholt, ist hier (bedingt durch den Argumentationskontext) nicht bedacht. Aber da Leibniz bei seinem Determinismus eine Symmetrie von Künftigem und Vergangenem annimmt (beides ist gleichermaßen unverbrüchlich feststehend), läßt sich das erwartende Gegenwärtigmachen des Künftigen analog zum erinnernden Gegenwärtighalten des Vergangenen als Eigentümlichkeit des Mentalen erweisen. Sofern Bestehen (Subsistieren) voraussetzt, daß etwas als eine Einheit besteht, sagt Leibniz DM § 12 (GP IV 436 / A VI 4, 1545), ein Körper für sich betrachtet könnte nicht länger als einen Moment bestehen. Denn als bloß Passives zerfiele er von sich aus in eine zusammenhanglose Vielheit. Einheit zu stiften vermag nur das Aktive, zumal die mentale Tätigkeit: Indem sie an erinnerte Voraussetzungen in der Vergangenheit anknüpft und auf ihrer Basis das Künftige zu planen und zu gestalten versucht, vereinigt sie die verschiedenen Zeitstufen.

4. Versuch einer Synthese zwischen mechanistischer Erklärung der Einzelphänomene und ontologischer Grundlegung durch substantiale Formen

Leibniz war seit seinen Anfängen darum bemüht, den traditionellen Aristotelismus mit der modernen mechanistischen Philosophie zu versöhnen. In seiner reifen Phase beansprucht er vielfach (z.B. DM §§ 10 u. 18; SN, GP IV 478; SD I 3, GM VI 236), ihm sei diese Synthese in der Form gelungen, daß er den beiden Ansätzen einen je unterschiedlichen Geltungs- und Anwendungsbereich zuweist. Die naturwissenschaftlichen Einzelerklärungen sollen sich ausschließlich der mechanisch-mathematischen Kategorien der modernen Philosophie bedienen. Dort freilich, wo es um Grundlagenfragen geht zu erklären, warum gerade diese Bewegungsgesetze gelten, und vor allem, wenn gefragt wird, was den Naturvorgängen Realität verleiht, muß man auf die von den Neuerern verschrieenen substantialen Formen der aristotelisch-scholastischen Tradition zurückgreifen, muß sie freilich, um sie wirksam rehabilitieren zu können, naturwissenschaftlich fundiert als Kräfte verstehen. Damit hofft Leibniz, ohne die traditionelle Metaphysik opfern zu müssen, die unkörperliche Substanzen anzunehmen erlaubt, doch die Erklärungsvorteile eines mechanistischen und zugleich mathematischen Zugangs nützen zu können. Leibniz nennt beide Aspekte oft in einem Atemzug. Denn die mechanistischen Erklärungskategorien beschränken sich auf die Begrenzungen oder Modi des Körperattributs der Ausdehnung, zumal Größe, Gestalt (Figur) und Lage (Ort), sowie deren Änderung in der Bewegung, die nicht mehr im umfassenden aristotelischen Sinne etwa auch die qualitative Änderung einschließt, sondern auf den Ortswechsel eingeengt ist. Indem die Naturphänomene so auf rein Quantitatives zurückgeführt werden, lassen sie sich mit Mitteln der Mathematik, zumal der von Descartes entwickelten analytischen Geometrie, begreifen. Dieses Vorgehen, das sich auf beobachtbare und meßbare Größen beschränkt, zeichnet sich ebenso durch empirische Überprüfbarkeit wie durch mathematische Exaktheit aus. In der Erklärung der Körperbewegungen (einschließlich derjenigen der Tiere und des menschlichen Leibes) versucht Leibniz, hundertprozentiger Mechanist zu sein, also jegliche Qualitäten auszuschalten. Die qualitative Naturerklärung der Scholastiker, die zu jeder natürlichen Wirkung eigens eine Fähigkeit postulierten, die just diese Wirkung hervorzubringen vermag, sieht er als methodisch verfehlt an. Hier wird ad hoc eine Erklärung angenommen, die bei Licht besehen ebenso erklärungsbedürftig ist wie das, was sie erklären soll. Hingegen ist bei der mechanistischen Reduktion auf Größe, Gestalt, Bewegung, wobei jede Bewegungsänderung mechanisch durch Stoß zu erklären ist, offenbar die Bedingung einer gelungenen Erklärung erfüllt, sie müsse das zu Erklärende auf allgemeinere und jedermann einleuchtende Zusammenhänge zurückführen.

Leibniz widerspricht Descartes jedoch in den metaphysischen Schlußfolgerungen, die dieser aus diesem methodischen Vorgehen zieht. Daß sich die Naturvorgänge auf Quantitatives reduzieren und so mathematisch erfassen lassen, bedeutet für Descartes, daß die entsprechenden Ideen klar und deutlich sind. Klarheit und Deutlichkeit aber garantieren nach Descartes' Wahrheitskriterium, daß den Ideen in der extramentalen Wirklichkeit etwas mit eben diesen Strukturen entspricht. Die Verworrenheit unserer Ideen von den unmittelbaren Sinnesqualitäten (Farben, Töne, Gerüche) demgegenüber erweist diese Vorstellungen als nicht real: Ihnen entspricht in der Realität nichts mit eben der Beschaffenheit, wie wir sie vorstellen. Zwar betont auch Leibniz: Um Sinnesqualitäten distinkt zu explizieren, muß man sie auf mathematische Ideen zurückführen, die ein kontinuierliches oder diskretes Quantum (Größe oder Vielheit) einschließen (GP VI 501). Er bestreitet aber Descartes' Annahme, eine klare und deutliche Erfaßbarkeit der Ausdehnung und ihrer Modi garantiere ihre substantielle Realität. Ausdehnung sei gar nicht einfach und ursprünglich, sondern analysierbar (resolubilis) und damit definierbar (an de Volder, GP II 169). Die Definition als simultanea continuitas (170), d.h. als ein gleichzeitiges Vorliegen kontinuierlich sich aneinander fügender Teile, aber erweise, daß Ausdehnung keine substantielle Realität besitze. Kontinuität verlangt zum einen ein Subjekt oder eine Natur, die sich kontinuierlich ausbreitet oder wiederholt wird, ist damit nichts Substantielles, für sich selbst Seiendes (GP II 269). Vor allem aber verlangt die eigentliche Realität nach Leibniz eine unbedingte Einheit und Einfachheit. „Was nicht wahrhaft *ein* Seiendes ist, ist auch nicht wahrhaft ein *Seiendes.*“ (GP II 97) Daher muß etwas entweder selbst eine schlechthin unteilbare Einheit sein (wie die Monaden) oder sich zumindest aus solchen Einheiten aufbauen. Nicht einmal dieses ist bei der Materie gewährleistet, sofern man sie bloß als kontinuierlich ausgedehnt auffaßt. Soweit man sie auch teilt, nie wird man zu einer Einheit gelangen, die als Grundlage jeder genuinen Wirklichkeit unabdingbar ist. Sowie also ontologisch danach gefragt ist, was die Realität ausmacht, auch die der Körperphänomene (daß sie kein bloßer Schein, sondern zumindest in der Sache wohlbegründete Erscheinungen, phaenomena bene fundata, sind), muß die quantifizierend-mathematische Betrachtung verlassen werden, und man muß auf metaphysische Entitäten wie die substantialen Formen zurückgreifen.

Ist Leibniz eine echte Synthese von mechanistischer Naturphilosophie und aristotelischer Metaphysik gelungen oder ist ihre Versöhnung nicht vielmehr rein formal und durch eine andere, viel gravierendere Zweiteilung erkauft? Auf der einen Seite stehen die erscheinenden (phänomenalen) Wechselwirkungen der ausgedehnten Körperwelt, die rein mechanisch erklärbar sein sollen. Scharf davon geschieden ist die eigentliche Wirklichkeit, die rein geistig ist und in unausgedehnten, unzeitlichen, vorstellenden und strebenden Einheiten ohne reale Beziehungen zueinander besteht. Sie zu postulieren dient nur der allgemeinen ontologischen Grundlegung und ist für die Einzelerklärung ohne Belang. Sicher hat Leibniz recht, daß man Leistungen in der physischen Welt nicht erklären kann, indem man obskure Qualitäten, die ihr Subjekt dazu disponieren sollen, wie die Fähigkeit der Uhr zur Zeitanzeige, postuliert; sie machen gar nichts verständlich. Vielmehr muß man die mechanischen Funktionszusammenhänge erläutern, die diese Leistungen ermöglichen. Aber heißt dies, daß man sämtliche Qualitäten eliminieren kann, weil die gesamte Natur mechanisch wie ein Uhrwerk funktioniert? Muß man nicht vielmehr zumindest bei den Tieren auch Qualitäten wie das Empfinden berücksichtigen, wenn es ihre Verhaltensweisen zu erklären gilt, die sich nicht zum Funktionieren eines mechanischen Systems verkürzen lassen? Eine echte Synthese verlangt offenbar den Aufweis, wie eine mechanistische Einzelerklärung eines beobachtbaren Verhaltens durch qualitative Gesichtspunkte zu ergänzen ist. Es nützt wenig, ihr eine völlig andersartige, rein intelligible Schicht unverbunden zur Seite zu stellen.

Indes stehen bei Leibniz die physikalische und metaphysische Betrachtungsweise nicht völlig unverbunden nebeneinander; vielmehr vermag er beide zumal in der Dynamik fruchtbar miteinander zu verbinden. Wenden wir uns hierzu noch einmal dem Begriff der Kraft zu. Hier gelingt es Leibniz durchaus, im Ausgang von beobachtbaren physikalischen Zusammenhängen den metaphysischen Substanzbegriff mit Gehalt zu füllen. Eines der hervorstechendsten Merkmale einer Substanz seit Aristoteles ist, das Beharrende im Wandel zu sein. In diesem Sinne faßt auch Leibniz die metaphysische oder substantielle ursprüngliche Kraft als etwas Bleibendes auf gegenüber den abgeleiteten physikalischen Kräften, die flüchtige, vorübergehende Erscheinungsformen (Modifikationen) der ursprünglichen sind (an de Volder, GP II

251). Bei dieser Antithese bleibt es aber nicht. Wir haben bereits gesehen, daß Leibniz das Grundmerkmal der Substanz, im Wechsel ihrer verschiedenen Zustände Zusammenhang und Einheit zu stiften, in der spezifischen Weise versteht, daß einer Substanz jeden Augenblick in zeitloser Gegenwart all ihre vergangenen wie künftigen Zustände präsent sind. Inwiefern ein solcher Zusammenhang möglich wird, zeigen nach GP II 262 bereits die abgeleiteten Kräfte, also beobachtbare, meßbare physikalische Größen. Auch hier faßt Leibniz die abgeleitete Kraft punktuell (vgl. terminus) als den jeweils gegenwärtigen Zustand in der Abfolge der Zustände. Soweit betrachtet wäre die Kraft statisch; was sie genuin zur Kraft macht, ist, daß sie zum jeweils künftigen Zustand hinstrebt (tendere), damit in der Gegenwart das Künftige bereits einschließt und so die verschiedenen Zeitstufen einer Substanz vereinigt. Die ursprüngliche Kraft ist die bleibende Gesetzmäßigkeit der Abfolge (lex seriei), die alle einzelnen Zustände regelt, sie so verbindet und in sich einschließt. Diese ursprüngliche Kraft ist keineswegs etwas ganz anderes als die abgeleitete. Beide können als ein Streben aufgefaßt werden, einmal als mentales, einmal als physikalisch-kinetisches. Während die abgeleitete Kraft lediglich als punktuelles Streben zum jeweils nächsten Zustand hinführt, ist die ursprüngliche Kraft gleichsam die für ein Individuum charakteristische Grundtendenz, die Richtung seines Strebens, die die gesamte Abfolge der Zustände herbeiführt, bestimmt und so in sich einschließt, also die Funktion des Individualbegriffs hat.

Noch in anderer Hinsicht versucht Leibniz eine Synthese, indem er eine Harmonie zwischen den Kausalerklärungen (aus dem jeweils voraufliegenden Bewegungszustand des Systems), die der Mechanist allein gelten läßt, und den Finalerklärungen im Hinblick auf das angestrebte Ziel, wie sie für die aristotelische Tradition charakteristisch sind, behauptet (zu Leibniz' Rehabilitierung der Finalursachen vgl. Allen (VII. 1) 1983, 7–20). Diese Harmonie dünkt einen aber oft eher ein frommer Wunsch zu sein, als daß Leibniz genau ausführt, inwiefern sie möglich ist. Vieles bleibt hier offen und zweideutig. In *Mon.* § 87 (GP VI 622) nimmt er neben der vollkommenen Harmonie zwischen zwei Naturreichen, dem der Wirkursachen und dem der Zweckursachen, noch eine weitere Harmonie zwischen dem physikalischen Reich der

Natur und dem moralischen der Gnade an. In SD I 14 (GM VI 243) faßt er nur das Reich der Kraft oder der Wirkursachen als Naturreich auf, wo Gott als Konstrukteur der Weltmaschine die Körper nach quantitativ-mathematischen Gesetzen regelt, und stellt ihm das Reich der Weisheit oder der Finalursachen gegenüber, wo Gott als Fürst vernünftiger Wesen die Seelen nach moralischen Gesetzen lenkt, eine Kennzeichnung, die in *Mon.* dem Reich der Gnade vorbehalten ist. Hiernach gehörten die Finalursachen nicht wie in *Mon.* einem natürlichen, sondern einem übernatürlichen Reich an. In dieser unterschiedlichen Einordnung der Finalerklärung spiegelt sich die Schwierigkeit, auf die wir bereits gestoßen sind: Wenn die Natur durchgängig mechanisch-mathematisch erklärbar ist, ist es dann überhaupt noch möglich, bestimmte Einzelvorgänge der natürlichen Körperwelt auch final zu erklären, oder muß man die Zweckkategorie in den ganz anderen Bereich des Übernatürlichen verbannen? Offen bleibt auch, worin die Harmonie bestehen soll. Ist sie als Komplementarität zu verstehen, daß die eine Welt zwei verschiedene Faktoren umfaßt, die aber so vereinbar sind, daß sie zusammenwirken und sich ergänzen können, etwa die körperlichen Erscheinungen und ihre metaphysische Tiefendimension? Oder ist an einen Parallelismus gedacht, daß es zwei verschiedene Beschreibungsarten der (gesamten) Welt gibt, die sich aber isomorph nach ganz bestimmten Abbildungsgesetzen ineinander überführen lassen? Hier stellt sich freilich die Schwierigkeit: Wie ist genuine Zielstrebigkeit möglich, wenn sich eine finale Beschreibung im Sinne einer exakten Entsprechung (Isomorphie) in die Beschreibung lückenloser kausalmechanischer Determinationszusammenhänge übersetzen lassen soll?

Wie ist Leibniz' Anspruch zu beurteilen, den Aristotelismus unverkürzt zu wahren und als mit der modernen Philosophie vereinbar zu erweisen? Unbestreitbar hat Leibniz nicht wenige aristotelische Elemente aufgegriffen; er hat sie aber bedeutsam umgeformt, um sie in sein System integrieren zu können. Die wohl bemerkenswerteste Transformation ist die, daß er Aristoteles' Auffassung vom ontologischen Vorrang einer Substanz zur These von der völligen Autarkie der Monade zugespitzt hat. Der ontologische Vorrang der Substanz besagt vor allem zweierlei: zum einen, daß die Einzelsubstanz der einzige genuine Träger von Eigenschaften ist. Es gibt kein Akzidens eines Akzidens (*Met.* Γ 4, 1007b 2f.). Akzidenzien sind stets als Bestimmungen auf einen substantiellen Träger zurückzuführen. Eng damit verbunden ist zweitens, daß nichtsubstantielle Eigenschaften von der Natur der Substanz abhängen können, niemals aber umgekehrt. Diese These, daß eine Substanz von keinem Nichtsubstantiellen abhängen darf, impliziert noch lange nicht die von Leibniz behauptete absolute Selbstgenügsamkeit, daß eine Substanz auch von keiner anderen Substanz real zu beeinflussen ist. Und wenn die Substanz einziger Träger von Eigenschaften ist, brauchen sich deshalb nicht alle Eigenschaften aus ihrer Natur ableiten zu lassen, wie Leibniz annimmt. Nur die an sich zukommenden Eigenschaften hängen für Aristoteles mit der substantiellen Natur zusammen, während die Akzidenzien bloß faktisch bei diesem Subjekt auftreten.

5. Aristotelischer Hylemorphismus und Leibniz' Phänomenalismus

In der aristotelisch-scholastischen Tradition galten zumal lebendige Individuen als die hervorstechendsten Beispiele von Substanzen. Wie aber konnten sie als ursprüngliche und echte Einheiten (unum per se) betrachtet werden, obgleich sie doch als konkrete Entitäten galten, die aus Leib und Seele, also aus Materie und Form zusammengesetzt (concrescere) sind? Eine Antwort hierauf liegt im sogenannten Hylemorphismus. Dieser sieht zwar in Materie und Form eine unreduzierbare Zweiheit von Prinzipien, die sich weder aufeinander noch auf ein gemeinsames Höheres zurückführen lassen (im Unterschied zum materialistischen wie zum spiritualistischen Monismus, die beide glauben, die gesamte Wirklichkeit entweder auf die Materie oder auf den Geist reduzieren zu können). Dennoch ist er anders als der Cartesianismus nicht dualistisch, weil Materie und Form (Seele, Geist) für ihn keine zwei unabhängig voneinander existenzfähigen Substanzen sind, sondern zwei aufeinander verwiesene, komplementäre Momente des konkreten Wirklichen. – Leibniz hat in seinem uns bereits wohlbekannten Bemühen um eine größtmögliche Einheitlichkeit in den Grundprinzipien und entsprechend den voneinander unabhängigen Grundtypen an Entitäten in den Monaden allein spirituelle (geistige) Entitäten, die durch die beiden mentalen Aktivitäten des Vorstellens und Strebens (Wollens) gekennzeichnet sind, als eigentlich wirklich anerkannt. Mit diesem spirituellen Monismus unlösbar verknüpft ist ein Phänomenalismus bezüglich der Materie. Das sichtbare Körperliche wird nicht mehr als ein dem Formalen, Geistigen gleichberechtigtes, komplementäres Prinzip anerkannt, sondern als ein im allein wirklichen Geistigen gegründetes und aus ihm resultierendes Phänomen gewertet. Ist aber der organische Leib ein bloßes Phänomen, dann kann offenbar auch das Lebewesen, das einen solchen Leib hat, keine eigentliche Substanz sein.

a) Wir werden noch auf Versuche zu sprechen kommen, dennoch genuine Körpersubstanzen aufrechtzuerhalten. Zunächst aber wollen wir den Phänomenalismus studieren, der in der Korrespondenz von 1698 bis 1706 mit de Volder, einem holländischen Philosophen, Physiker und Mathematiker (anfangs) cartesischer Ausrichtung, vielleicht seinen sprechendsten Ausdruck gefunden hat. Hat Leibniz wirklich einen spirituellen Monismus vertreten, wo er doch mit Aristoteles von der Dualität einer Form als bewegender, gestaltender Aktivkraft und einer Materie als der Passivkraft, bestimmt zu werden, ausgegangen ist? Nun hat Leibniz beide aber nicht als wesentlich oder qualitativ unterschiedene Zweiheit, sondern (wie vielerorts sonst schon beachtet) als graduell differenzierte Einheit verstanden; er hat sie auf die rein geistige Monade selbst bezogen, genauer darauf, in welchem Grade die mentale Aktivität des Strebens nach klareren und deutlicheren Perzeptionen gelingt. Sofern der Übergang zu klareren Perzeptionen gelingt, entfaltet sich darin die Aktivkraft oder die Entelechie (Prinzip der Zielstrebigkeit) oder Seele, die die erste im Schema der fünf ontologischen Stufen (an de Volder 1703, GP II 252) ausmacht. Die der Monade selbst immanente materia prima oder ursprüngliche Passivkraft (2. Stufe) demgegenüber ist ein der Monadenaktivität Widerstand entgegensetzendes Prinzip, das verhindert, daß alle Perzeptionen der Monade zu Klarheit und Deutlichkeit gelangen. Aus beiden zusammen ergibt sich die vollständige Monade (3. Stufe). Nur so weit reicht die eigentliche Wirklichkeit. Die nächsten beiden Stufen umfassen bereits Phänomene. Wenn zahllose untergeordnete Monaden, die wegen der ursprünglichen Passivkraft keiner klaren und deutlichen Perzeptionen fähig sind, zu einem Aggregat zusammenkommen, so resultiert daraus als Phänomen eine körperliche Masse oder die materia secunda, d.h. der sichtbare Stoff als Träger der abgeleiteten, sich in physikalischen Bewegungen entfaltenden Kräfte. Beim Lebewesen wäre dies der Leib oder (wie Leibniz hier mechanistisch sagt) die organische Maschine (4. Stufe). Werden diese untergeordneten Körpermonaden schließlich von einer beherrschenden Seelenmonade zu einer Art Einheit zusammengefaßt, so ergibt sich daraus das Lebewesen oder die Körpersubstanz (5. Stufe).

Leibniz' Phänomenalismus hängt innig mit der These vom unendlichen Geteiltsein der Materie zusammen. Bei unserer sinnlichen Wahrnehmung sind wir nämlich mit dem Aufbau des Kontinuums konfrontiert – nach Leibniz eines der beiden großen Rätsel der Philosophie: Raum und Zeit, in denen wir wahrnehmen, ebenso wie die in ihnen wahrgenommene Materie, sind wegen ihrer Homogenität beliebig teilbar. Nun glaubt Leibniz aber im Sinne des Atomismus, es müsse letzte, unteilbare Aufbauelemente der Wirklichkeit geben. Weil diese in der Materie unmöglich zu finden seien, glaubt er spirituelle Entitäten als die Letztbausteine der Wirklichkeit im eigentlichen, metaphysischen Sinne postulieren zu müssen. Damit ist das wahrgenommene Körperliche nur Phänomen, bloß Erscheinung einer ganz anderen Wirklichkeit. Vielleicht unter dem Einfluß der neuplatonischen negativen Theologie nimmt Leibniz an: Der Letztgrund (= die Monaden) hat nicht die Eigenschaften des von ihm Begründeten (der Körperphänomene).

Leibniz vertritt nicht bloß die These, die Materie sei beliebig teilbar, sondern weitergehend, sie sei aktuell unendlich geteilt. Sogar der kleinste Teil der Materie enthalte eine ganze Welt unzähliger Lebewesen. Weil die Materie nicht aus sich heraus bestehen kann, sondern es eines formalen, aktiven Prinzips bedarf, schafft dieses stets tätige Prinzip durch seine teilende, strukturierende Bewegung aktuell unendliche Teile. Weil bis ins Kleinste sowohl (geteilte) Materie wie das (teilende) geistige Prinzip auftritt, gibt es bis ins unendlich Kleine Leib-Seele-Einheiten oder Kreaturen (vgl. eine Studie um 1670, GP VII 259f. / A VI 2, 279f.). Auch in späteren Schriften (A VI 3, 474 von 1676; *Mon.* §§ 65ff.) bringt Leibniz das aktuell unendliche Geteiltsein der Materie damit zusammen, daß es unendlich viele formale Prinzipien, d.h. geistige Spiegel des Universums oder Wiedergaben der Welt von einem je eigenen Gesichtspunkt aus gibt. Die unendliche Phänomenfülle, daß die Materie unendlich in kleinste Teile mit je eigener Bewegung aufgeteilt ist, hat metaphysisch folglich ihren Grund in einer unendlichen Inhaltsfülle der Perzeptionen, daß das Universum auf unendlich viele verschiedene Arten gesehen wird. Diese Inhaltsfülle aber erhöht nach Leibniz' Kriterien die Vollkommenheit. (Fülle und Vollkommenheit stellen sich für Leibniz nie bloß extensiv dar, daß es kein Vakuum, keinen ungenutzten Punkt im Raum gibt, sondern auch intensiv, daß jeder Punkt durch ein unendliches Ineinandergeschachteltsein von immer kleineren Lebewesen optimal genutzt ist.)

Was bedeutet dies genau für Leibniz' (phänomenalistisches) Verständnis der Materie? Am klarsten artikuliert dies vielleicht eine Briefstelle an de Volder (GP II 268). Ausdehnung kann nicht (wie Descartes glaubt) den Körper als etwas Substantielles begründen (269). Denn der durch Ausdehnung definierbare mathematische Körper ist bloße Möglichkeit, beliebig Teile zu bilden, ohne reale erste Konstituentien, ist damit eine rein mentale Abstraktion. In realen Körpern müssen dagegen unendlich vielfältige Bewegungen durch aktuell unendliche Unterteilungen tatsächliche Teile schaffen. Wie kann es dann aber die für etwas Reales unerläßlichen ersten Konstituentien geben? Dies versucht Leibniz durch eine Differenzierung zu klären. Die Körper sind nicht eigentlich Ansammlungen (Aggregate), die sich aus den ersten Konstituentien als ihren Teilen aufbauen. Denn die ersten Aufbauelemente der Wirklichkeit müssen (wie wir gesehen haben) geistig sein. Ein Ganzes, das sie zu konstituierenden Teilen hätte, wäre damit auch mental. Körper konstituieren sich daher nicht aus einer Ansammlung untergeordneter Monaden, sind folglich nicht so wirklich wie ihre Teile, die Monaden, sondern resultieren daraus als ein Phänomen, also die Art und Weise, wie uns dieses Monadenaggregat erscheint. Freilich sind sie kein bloßes Phänomen, sondern ein in der Wirklichkeit wohlbegründetes (phaenomenon bene fundatum in rebus), weil sie in den geistigen Atomen eine reale Grundlage haben. Real sind die Körper also, sofern sie substantielle Einheiten zu ihrer Grundlage (nicht den sie konstituierenden Teilen) haben; das eigentlich Körperliche hingegen, was wir beobachten können, nämlich eine beliebig teilbare ausgedehnte Masse zu sein, die sich bewegen läßt, ist Erscheinung. Der Begriff des Aggregats selbst weist diese Zwiespältigkeit auf. Einerseits ist ein Aggregat ein bloßes Gedankenprodukt (ens rationis). Denn zumal bei den Voraussetzungen der Leibnizschen Philosophie ist es keine reale Beziehung zwischen den Teilen, die sie zu diesem Ganzen vereinigt. Vielmehr schafft der Verstand (häufig aus pragmatischen Erwägungen einer vorteilhaften Verständigung heraus, um zusammenfassend über viele reden zu können) eine solche kollektive Entität, indem er die einzelnen Elemente unter einem gemeinsamen Gesichtspunkt betrachtet. Dennoch ist diese einheitsstiftende Beziehung, die z.B. Soldaten zu einer Armee oder Einzelteile zu einer Maschine zusammenfaßt, keine reine Erfindung des Geistes, sondern sie beruht auf der Substanz der vereinigten Teile, d.h. der ihnen einzeln zukommenden Beschaffenheit (vgl. an Arnauld, GP II 96f.). Insoweit ist das Aggregat etwas Reales, ein sachlich wohlbegründetes Phänomen (vgl. aber Jolley (VI) 1986).

Aus dem Charakter eines Aggregats wird auch erklärlich, inwiefern es das Phänomen toter Materie geben kann, obgleich die einfachen Substanzen als ihre Elemente für Leibniz durchweg belebte, ja denkende und strebende Wesen sind. Hier kommt es zu einer Art umgekehrter Emergenz. Unter Emergenz versteht man (zumal in der Philosophie des Geistes), daß ein System als ganzes höhere Systemeigenschaften aufweisen kann, die keiner seiner Teile hat. (Wenn einzeln unbelebte Materieteile sich in einer bestimmten Struktur vereinigen, so ermöglicht diese Organisationsform Leben, ohne daß es eines eigenen Lebensprinzips bedürfte.) Leibniz nimmt umgekehrt an: Einer unstrukturierten Ansammlung mentaler Entitäten kommen als ganzer nicht die mentalen Fähigkeiten der Teile zu. Eine Menge von Menschen, deren jeder einen Willen hat, braucht ja auch keinen gemeinsamen Willen zu haben. Erst wenn das Aggregat der untergeordneten Körpermonaden von einer beherrschenden Seelenmonade zusammengefaßt ist, werden die für ein Lebendes charakteristischen Tätigkeitsweisen möglich.

Nach dem Erörterten können wir wohl auch die These verstehen: Daß die Seele als lebendiger Spiegel das gesamte Universum gemäß ihrem eigenen Gesichtpunkt repräsentiert, heißt soviel wie:

Sie stellt sich alles übrige dar gemäß den Relationen ihres Körpers zu diesen anderen Gegenständen. Denn der Körper registriere jede noch so entfernte und noch so feine Veränderung (Bewegung) im Universum und stehe so zu jedem Teil des Universums in Beziehung, weil alle Körper des Universums (da es kein Vakuum gibt) einander indirekt berühren und wegen des aktuell unendlichen Geteiltseins der Materie unendlich fein auf die kleinste Veränderung im Universum reagieren (C 15). Impliziert dies nicht, daß der universale Zusammenhang, daß alles mit allem zusammenhängt, und so auch das durch ihn ermöglichte universale Repräsentieren, daß die Seele in ihren Bewußtseinszuständen alles andere wiedergibt, bloßes Phänomen ist? In gewissem Sinne ja (vgl. Furth (VI) 1994, bes. 11–16). Da die individuelle Substanz für Leibniz keinerlei reale Beziehung hat, ist im strengen Sinne wirklich nur, daß sie es bei ihren Perzeptionen, die sie spontan aus dem eigenen Inneren hervorbringt, mit ihren eigenen Vorstellungen und Bewußtseinszuständen zu tun hat – ein reiner Solipsismus. Aus der relationalen und damit nicht ursprünglich realen Tatsache, daß die Perzeptionen aller Monaden miteinander übereinstimmen, ergibt sich der Schein (das Phänomen), als stünden die Einzelsubstanzen miteinander in Beziehung und könnten kraft dieser Beziehungen alles in den anderen Substanzen Vorgehende in den eigenen Vorstellungen wiedergeben. Diesem phänomenalen Charakter des Repräsentierens anderer Dinge entspricht, daß der Standpunkt dieser Repräsentation durch den Leib, also gleichfalls ein Phänomen, bestimmt ist. Kraft ihres organischen Leibes wird die Seele zu einem Teil der raumzeitlichen Welt. Damit können die selbst nicht ausgedehnten Monaden doch in räumliche Lagebeziehungen treten, d.h. eine Koexistenzrelation zu gleichzeitig existierenden Dingen eingehen (Ausdehnung als Ordnung der Koexistenz) (GP II 253) oder sie können in Bewegungsphänomenen mit anderen interagieren, sie affizieren oder von ihnen affiziert werden. Auf solchen räumlichen Relationen oder Interaktionen aber beruht, wie die anderen Dinge einer Monade erscheinen, unter welcher Perspektive sie diese repräsentiert – ein insgesamt nur phänomenales Geschehen.

b) Hat Leibniz immer schon einen Phänomenalismus vertreten oder wenigstens in der Arnauldkorrespondenz Körperliches (wie Lebewesen, zumindest den Menschen, GP II 77) als genuine substantielle Einheiten betrachtet (vgl. die Kontroverse von Garber, in: Okruhlik/Brown (XIII) 1985, und Sleigh (VI) 1990, bes. 95–115)? Das bedeutet: Vermag die substantiale Form oder Seele der ausgedehnten Körpermasse, indem sie sie inhaltlich bestimmt und zu einer charakteristischen Tätigkeitsweise disponiert, auch die grundlegende ontologische Bestimmtheit zu verleihen, die sie selbst besitzt, eine aus sich heraus bestehende und ursprüngliche Einheit zu sein, die sich nicht auf eine Vielheit anderer zurückführen läßt? Wir können die interpretatorische Frage offen lassen, ob Leibniz hier genuine Körpersubstanzen anerkannt hat. Eindeutig ist nicht bloß, daß er später (SN, an de Volder, *Mon.*) nur rein geistige Entitäten als grundlegende individuelle Substanzen wertete. Genauso klar sollte sein, daß diese Entwicklung bei seinem Grundansatz folgerichtig ist. Grundmerkmal einer Substanz für Leibniz ist, eine wahrhafte Einheit in einer Vielheit verschiedener Zustände darzustellen (an Arnauld, GP II 101). Dieses Kriterium unbedingter Einheit vermag strenggenommen nur der reine Geist zu erfüllen, indem er eine Vielheit vorgestellter, perzipierter Inhalte auf die Einheit eines vorstellenden Subjekts bezieht. Ferner: Wenn Form und Materie wie bei Aristoteles als qualitativ unterschiedene Momente gedacht werden, die aufeinander verwiesen sind, weil jedes für sich genommen noch kein vollständiges Seiendes ist (die Form als Bestimmendes kann nicht ohne etwas sein, das durch sie bestimmt wird), dann kann schlüssig gedacht werden, daß sie einander zu einer genuinen Einheit ergänzen. Wenn sie dagegen wie bei Leibniz als prinzipiell gleichartig und nur graduell unterschieden gedacht sind: beherrschende Seelenmonade – Aggregat untergeordneter Körpermonaden, dann läßt sich kaum denken, wie diese Monaden, deren jede bereits eine in sich abgeschlossene Einheit darstellt, zusammen eine ursprüngliche Einheit bilden können.

Selbst wenn Leibniz in der Arnauldkorrespondenz den beseelten Leib als genuine Einheit betrachtet haben sollte, so ist dies nur ein Durchgangsstadium in seiner gedanklichen Entwicklung, das sich als nicht aufrechtzuerhalten erwies. Leibniz versteht seine Philosophie nicht unzutreffend als eine Synthese zwischen Platon und Demokrit (GP III 217). Wie Platon nimmt er selbständige spirituelle Entitäten als die eigentliche Wirklichkeit im metaphysischen Sinne an und versucht dies mit einer mechanistischen Interpretation der Körperphänomene zu verbinden (Demokrit). Damit entfernt Leibniz sich klar von Aristoteles' Hylemorphismus, der die Seele gerade nicht auf die mehr oder minder entwikkelten mentalen Aktivitäten des Vorstellens und Strebens einschränkt, sondern als umfassendes Lebensprinzip versteht und Denken als höchste Lebenstätigkeit auffaßt. Lebenstätigkeiten sind aber auf einen Körper verwiesen, den die Seele dazu disponiert, so daß für Aristoteles anders als für Leibniz Körpersubstanzen die ursprünglichen Einheiten sind.

c) Wenn die Körperdinge nach Leibniz bloße Phänomene sind, dann gilt dies erst recht für Raum und Zeit als die wohl umfassendsten Bezugssysteme der raumzeitlichen Körperwelt, über die wir verfügen. Innerhalb seiner Philosophie, in der eigentlich wirklich nur mentale (vorstellende und strebende) Entitäten sind, die ihrerseits aus der Verwirklichung begrifflicher Möglichkeiten (möglicher Individuen) hervorgegangen sind, stellt der Raum (und entsprechend die Zeit) ein System rein gedanklicher Ordnungsbeziehungen (rapports d'ordre) dar, das sich gleichermaßen auf das aktuell Existierende wie auf das zugrundeliegende Mögliche anwenden läßt (GP IV 491). So definiert Leibniz die räumliche Ausdehnung als Ordnung möglicher Koexistenzen und die Zeit als Ordnung inkonsistenter Möglichkeiten (an de Volder GP II 253). Das bedeutet: Der Raum ist ein Ordnungssystem solcher begrifflicher Möglichkeiten, die widerspruchsfrei miteinander vereinbar (konsistent) sind und daher zugleich im selben System (derselben möglichen Welt) koexistieren können, und weist ihnen so die Lage im Zusammenvorkommen zu. Zeit demgegenüber bezieht sich auf unvereinbare (inkonsistente) Möglichkeiten, die nur nacheinander vorkommen können, und weist ihnen so als Ordnung der Sukzession ihre sukzessive Position zu. Mit dieser Argumentation entgegnet Leibniz in § 41 des 4. Schreibens (GP VII 376f.) einem Vorwurf von Clarke, der stellvertretend für Newton dessen Konzeption verteidigt, daß Raum und Zeit absolut seien, d.h. für sich unabhängig von der Existenz räumlicher und zeitlicher Dinge existierten. Clarkes Vorwurf, Leibniz mache Raum und Zeit von der Existenz der Dinge und ihrer (zufälligen) Lage abhängig, kann Leibniz entgegnen: Indem er sie nur auf mögliche Entitäten bezieht, können Raum und Zeit auch ohne jede Existenz geschaffener Dinge in den Ideen Gottes vorkommen, in denen nach Leibniz' konzeptualistischem Ansatz (IV 7) die möglichen Entitäten gegeben sind. Die Folge dieser Konzeption ist freilich, daß Raum und Zeit zu rein gedanklich-begrifflichen Ordnungsfaktoren werden, die auf Vereinbarkeit und Unvereinbarkeit von Begriffen beruhen. Die intuitiv naheliegende Bedeutung: Raum und Zeit als Bezugssysteme der raumzeitlich existierenden Körperdinge, wird zur bloß phänomenalen Außenseite: Raumzeitliche Beziehungen von Körpern sind die Art und Weise, wie uns die begrifflichen Beziehungen der allein realen geistigen Entitäten erscheinen. Die einzige Beziehung (wenngleich nur idealer Natur) zwischen den Monaden ist für Leibniz, daß sie einander perzipieren. Der Grad, in dem sie einander mehr oder minder deutlich perzipieren, erscheint phänomenal als räumliche Nähe oder Ferne. Was ich deutlich erfasse, scheint mir räumlich nahe zu sein.

Aus Leibniz' System läßt sich demnach zwingend ableiten, daß Raum und Zeit keine eigenständige Wirklichkeit haben können, sondern nur gedachte (ideale) Ordnungsbeziehungen oder Phänomene darstellen. Im Sinne seines dialogischen Philosophierens argumentiert Leibniz indes Clarke gegenüber zuallermeist nicht von den besonderen Prämissen seiner Substanzmetaphysik aus. Vielmehr geht er im wesentlichen vom Satz des Grundes aus, der ihm zumindest in seiner populären Version, daß nichts ohne einen Grund ist, als ein allgemein anerkanntes, jedem einleuchtendes Axiom gilt, das er folglich auch bei seinem Gesprächspartner Clarke unterstellen darf. In einer für sein dialogisches Vorgehen charakteristischen Weise führt er aber diesen Grundsatz des gesunden Menschenverstandes in einer Form weiter, daß er doch zu Thesen gelangt, die für seine Metaphysik spezifisch sind: Da alles Wirkliche individuell ist, die Individualität aber in einer restlosen begrifflichen Festlegung und damit einem unendlich fein differenzierten Inhalt begründet liegt, ist ein Grund nicht zureichend, wenn er nur allgemein eine bestimmte Art des Handelns begründet, vielmehr muß er die Handlung in allen ihren individuellen Umständen erklärbar machen. Eine solche zureichende Begründung, zumal für das göttliche Schöpfungshandeln, die zugleich eine sinnhafte Erklärung sein muß, aber vereitelten ein absoluter Raum und eine absolute Zeit in ihrer gänzlichen Homogenität, wo kein Teil vor dem anderen ausgezeichnet ist (II 3).

6. Kennt Leibniz echte Körpersubstanzen? – Die Theorie des vinculum substantiale

Wenn Leibniz seinen Phänomenalismus streng durchhält, dann kann er genausowenig wie den Körper oder organischen Leib – für ihn ein bloßes Monadenaggregat – das Lebewesen oder den beseelten Leib, in dem dieser Haufen von Körpermonaden einer beherrschenden Seelenmonade untergeordnet ist, als genuine und ursprüngliche substantielle Einheit betrachten. Und doch scheint er gegen Ende seines Lebens bereit, zwischen beiden zu differenzieren. In einem Brief an Remond (Nov. 1715, GP III 657) betrachtet er die materia secunda (den sichtbaren Stoff wie z.B. den Leib) zwar als einen bloßen Haufen aus mehreren Substanzen und damit als ein unum per accidens, eine Einheit also, die nicht wesentlich in der Sache selbst begründet liegt, sondern von außen durch den betrachtenden Geist an sie herangetragen ist. Das Lebewesen, das aus immaterieller Seele und organischem (d.h. ihr angepaßtem und ihr daher als Werkzeug dienendem) Leib zusammengesetzt ist, betrachtet er demgegenüber als wahrhafte Substanz mit einem inneren Prinzip der Einheit (unum per se). Diese innere Einheit verlangt offenkundig nicht nur, daß Leib und Seele eine genuine Verbindung eingehen, sondern auch, daß die einzelnen Körpermonaden, die für sich ein bloßer Haufen sind, durch die Seele untereinander vereinigt werden, etwa dadurch, daß die Seele sie in bestimmter Weise strukturiert oder zu einer gemeinsamen, für das jeweilige Lebewesen charakteristischen Tätigkeit disponiert (versteht doch Leibniz die Substanz zentral von einem Tätigkeitsprinzip her). Wie dies bei Leibnizschen Prämissen, die jede reale Interaktion zwischen Monaden ausschließen, zu denken ist, bleibt offen.

In der Korrespondenz von 1706 bis 1716 mit des Bosses hat er zwar einen Namen für diese zusätzliche Einheit: vinculum substantiale, aber auch keine wirklich befriedigende Detailerläuterung. Der Dialogkontext ist, daß Leibniz dem Jesuitenpater des Bosses aufzuweisen versucht: Bei den Grundannahmen seiner Metaphysik läßt sich auch die katholische Lehre von der Transsubstantiation erklären, die voraussetzt, daß es Körpersubstanzen gibt. Zunächst (Januar 1710, GP II 399) betont Leibniz deutlich, daß solche Körpersubstanzen wie Brot und Wein im Unterschied zu den Monaden keine ursprünglichen und schlechthin einfachen sustantiellen Einheiten sind, sondern nur etwas abgeleitet Substantielles (substantiatum), das entsteht, wenn einem Aggregatseienden aus unzähligen Monaden eine zusätzliche (superaddita) Einheit verliehen wird, die sekundär seine Substantialität ausmacht. Später scheint er diese Einheit etwas weitergehend zu fassen, ohne sie jedoch definitiv zu behaupten. Vielmehr erwägt er sie bloß in einer Disjunktion als Denkmöglichkeit: „Eines von beiden muß man also behaupten: Entweder sind Körper bloße Phänomene und so ist auch die Ausdehnung ein bloßes Phänomen und allein die Monaden sind real, die Einheit aber wird nachgeliefert durch die Wirksamkeit der wahrnehmenden Seele und ist so ein bloßes Phänomen. Oder wenn der Glaube uns zur Annahme von Körpersubstanzen anhält, so besteht jene Substanz in jener einheitsstiftenden Realität, die den zu Vereinigenden etwas Absolutes (und daher Substantielles), wenngleich bloß Fließendes hinzufügt.“ (435, von 1712)

Interpretieren wir diese Stelle im Lichte einer späteren (517, von 1716), wo Leibniz das hier Angesprochene noch weiter ausführt. Auch hier arbeitet Leibniz mit einer ähnlichen Disjunktion: Wenn die Einheit der einzelnen Teile eines Körpers nicht bloß ideal oder gedacht sein soll, dann muß ein metaphysischer Faktor wie das substantiale Band sie innerhalb einer Körpersubstanz zu einer realen Einheit verbinden. Dies erschöpft nicht die Denkmöglichkeiten. Eine dritte Denkmöglichkeit ist, daß die Monaden kraft physischer Wechselwirkungen eine reale physische Einheit eingehen. Da Leibniz diese Alternative aber bei seinen Prämissen ausschließt, bleibt für ihn nur eine Dichotomie. Ihre erste Alternative lautet: Es gibt außer isolierten Monaden nichts Reales. Alles übrige, zumal daß sie einen einheitlichen Körper bilden, ist bloß erscheinend (phänomenal) oder gedacht (ideal). Die hinzugedachte Einheit des Körpers beruht bloß darauf, daß die isolierten Monaden auf einmal perzipiert werden (517). Diese Auffassung hätte nicht bloß die der aristotelischen Tradition widersprechende Konsequenz, daß die zusammengesetzten Körpersubstanzen lediglich Phänomene wären, es müßte auch gegen Descartes angenommen werden, daß die Ausdehnung ein bloßes Phänomen ist. Denn den Monaden entspricht vom Standpunkt extensiver Quanta ein Punkt (III 2 f). Aus Punkten aber entsteht unmöglich eine kontinuierliche Ausdehnung. Ausdehnung käme dann allein im Perzipieren zustande, indem in der Erscheinung Gleichzeitiges einander zugeordnet wird (517). Gewiß, Leibniz teilt nicht die Auffassung, daß Ausdehnung das Wesen des Körpers sei und den Körper als etwas Substantielles begründe. Aber eine reale Körpersubstanz schließt er zumindest nicht aus, deren Teile durch ein substantiales Band real miteinander verbunden sind. Real wäre damit auch, daß sie sich kontinuierlich aneinanderfügen, so daß die kontinuierliche Ausdehnung eine reale Eigenschaft eines Körpers sein könnte, für Leibniz freilich nicht wie für Descartes die allein konstitutive, sondern nur eine neben anderen (wie Undurchdringlichkeit). (Dies ist nicht zu verwechseln mit dem von Leibniz verworfenen absoluten Raum, der unabhängig von allen Dingen sein soll.)

Die hierzu erforderliche reale Verknüpfung der Monaden müßte metaphysischer Natur sein (zweite Alternative). Ein solcher metaphysischer Zusammenhang durch ein substantiales Band ist, auch wenn es keine physischen Wechselbeziehungen geben kann, sicher nicht unmöglich. Worin er bestehen soll, bleibt aber völlig unbestimmt. Die Aussagen, die Leibniz darüber macht, beziehen sich durchweg auf seine Stellung in Leibniz' ontologischem System. So sagt er (implizit), daß diese metaphysische Einheit zwar real, nicht aber ursprünglich ist, da sie etwas, das von sich aus bloß ein Phänomen wäre, nachträglich real und damit substantiell macht (495). – Ferner soll dieses Band der dominierenden Monade anhängen (496). Hieraus wird verständlich, inwiefern diese Einheit etwas Fließendes bedeutet (vgl. unser Zitat 435). Da die Körper sich in dauerndem Fluß befinden, indem ihre Teile ausgetauscht werden (*Mon.* § 71), beherrscht und repräsentiert die dominierende Seelenmonade und vereinigt das ihr anhängende substantiale Band je eine andere Körpermasse und hat so etwas Fließendes. – Eine wichtige Aussage zur logischen Stellung des vinculum substantiale findet sich auf S. 517. Nach Leibniz' logisch-metaphysischer Grundüberzeugung muß jedes Prädikat und jede Modifikation (vorübergehende, wechselnde Eigenschaft), soll sie etwas Reales sein, ein bestimmtes, einzelnes Subjekt haben. Sofern eine Relation gleichermaßen zwei Subjekten zukommt und sich nicht auf absolute Eigenschaften des einen oder des anderen der bezogenen Subjekte zurückführen läßt, also gleichsam frei in der Luft mitten zwischen beiden schwebt, ist sie tatsächlich ohne ein Subjekt und damit etwas bloß Gedachtes, dem vergleichenden Verstand Entspringendes und nichts Reales (III 1c). Sollen die einzelnen Monaden eines Körpers nun aber eine reale Einheit eingehen, dann müssen ihre gemeinsamen relationalen Prädikate oder die sie verbindenden Modifikationen etwas Reales sein. Das Subjekt der gemeinsamen Modifikationen, das für ihre Realität unerläßlich ist, stellt das vinculum substantiale dar. Die Modifikationen des verbindenden Subjekts sind von den Modifikationen der einzelnen verbundenen Monaden, d.h. ihren (wechselnden) Perzeptionszuständen abhängig. Umgekehrt vermag das vinculum substantiale die Monaden nicht zu modifizieren, d.h. ihre Perzeptionen zu ändern (495).

Ist die Lehre vom vinculum substantiale eine ernstgemeinte Erweiterung von Leibniz' Metaphysik? Im Rahmen seiner metaphysischen Grundannahmen ist sie kein notwendiger Bestandteil, ja sie folgt nicht einmal notwendig aus ihnen, sondern ist allenfalls eine mit ihnen konsistente Denkmöglichkeit. Sicherlich ist sie eine Dialogposition, indem Leibniz seiner harmonisierenden Tendenz folgend dem Dialogpartner zu zeigen bemüht ist: Sein System zwingt bei all den ungewohnten Wegen, die es in der Grundlegung beschreitet, in den Resultaten keine der gewohnten Überzeugungen des gesunden Menschenverstandes aufzugeben (wie hier die von der substantiellen Realität und inneren Einheit der Körpersubstanzen, zumal der Lebewesen). Ja, es erlaubt sogar, spezielle Auffassungen des Gegenübers wie die Transsubstantiation zu erklären. Dazu muß Leibniz freilich manchmal wie hier sein System durch Zusatzannahmen erweitern. Leibniz läßt offen, wie weit er diese möglichen Erweiterungen seines Systems selbst unterschreibt. Indes war es ihm vielleicht ein Anliegen, auch im Körperbereich genuine Substanzen erklärbar zu machen. Denn die phänomenalistische Spaltung in körperliche Erscheinungen und eigentliche geistige Wirklichkeit widerstrebt seinem Einheitsbemühen. (Einen Gesamtüberblick über Leibniz' Sichtweisen der Körpersubstanzen gibt Adams (III) 1994, 262–307.)

IV. Determinismus

1. Leibniz' Determinismus und die Theorie des vollständigen Individualbegriffs

Um die Eigenart von Leibniz' Determinismus zu verstehen, knüpfen wir am besten an sein begriffslogisches Verständnis der Substanz durch den vollständigen Individualbegriff an (III 1) und verfolgen die Abhandlung C 518ff. /A VI 4, 1643ff. weiter: „Der vollständige oder vollkommene Begriff einer Einzelsubstanz schließt alle ihre vergangenen, gegenwärtigen und zukünftigen Bestimmungen ein. Durchaus nämlich ist es jetzt schon wahr, daß eine künftige Bestimmung sich künftig einstellen wird; daher ist sie im Begriff der Sache enthalten." (C 520 / A 1646) Der zweite Satz spricht die für einen Deterministen charakteristische These der futuritio (vgl. *Theod.* I §§ 36f.) aus: Von dem, was künftig tatsächlich der Fall sein wird, ist es immer schon und so denn auch jetzt wahr, daß es der Fall sein werde. Dies impliziert weiterhin bei der (von Leibniz sicher anerkannten) Voraussetzung, das logische Prädikat der Wahrheit müsse ontologisch begründet sein: Was künftig geschehen wird, ist im voraufliegenden Geschehen zu jedem Zeitpunkt schon unverbrüchlich angelegt gewesen. Nur was sachlich definitiv feststeht, erlaubt eine Aussage, der definitiv bereits ein Wahrheitswert eignet. Diese deterministische Auffassung wird hier nicht zufällig an die These vom vollständigen Individualbegriff angeschlossen. Sie ist nämlich eine unmittelbare Konsequenz aus Leibniz' Auffassung, die er C 520 / A 1646 gleich darauf entfaltet: Daß Gott Petrus erschafft, heißt nichts anderes, als daß er seinen möglichen Begriff, der all das einschließt, was Petrus je tun wird, wirklich werden läßt. Hierdurch ist Leibniz aber die für einen Indeterminismus konstitutive Annahme einer zeitlichen Asymmetrie verschlossen: Da das Geschehene nicht ungeschehen gemacht werden kann, ist beim Vergangenen das tatsächlich Geschehene irreversibel festgelegt (determiniert), alle alternativen Ereignisabläufe sind ausgeschlossen worden. So ist das Vergangene als unveränderlich bleibende Grundlage dessen, was ich bin und hinfort tue, in der Gegenwart eingeschlossen. Auch das Künftige ist für den Indeterministen in gewisser Weise bereits im gegenwärtigen Zustand angelegt und somit eingeschlossen, da das Gegenwärtige die Voraussetzung jeder möglichen kommenden Entwicklung bildet, aber nur als eine unerläßliche Vorbedingung, die die Möglichkeit alternativer Entwicklungen offenläßt und nicht im Sinne von Leibniz als ein zureichender Grund, der den Ereignisverlauf unverbrüchlich und alternativlos festschreibt. Eine solche Asymmetrie von determinierter Vergangenheit und offener Zukunft läßt sich konsistent nur annehmen, wenn der zeitliche Ereignisablauf ursprünglich ist und nicht wie bei Leibniz die Verwirklichung eines Begriffs darstellt, der wesentlich zeitlos ist. In der begrifflichen Repräsentation wird aus der zeitlichen Ereignisabfolge eine begriffliche Abfolge einander inhaltlich bedingender Momente. Wenn wir die Frage zunächst ausklammern, ob ein begriffliches Bedingungsverhältnis in jedem Falle notwendig sein muß oder ob Leibniz überzeugend machen kann, daß es auch kontingente Begriffszusammenhänge gibt, jedenfalls gilt wegen der Unzeitlichkeit des Begriffs: Alle Momente der Abfolge müssen jederzeit gleichermaßen präsent sein. Die zukunftsbezogenen Bestimmungen des vollständigen Begriffs sind somit ebenso unverbrüchlich festgelegt wie die vergangenen – eine durchgängige Determination also.

Diese These hat bereits der junge Leibniz (1676) in aller Klarheit ausgesprochen, indem er eine Äquipollenz von unverkürzter Wirkung und voller Ursache behauptete, die es erlaubt, von der gegebenen Wirkung auf diese bestimmte zu ihr erforderliche Ursache zu schließen und umgekehrt aus der Ursache die zwingend eintretende Wirkung abzuleiten (z.B. Grua 263 / A VI 3, 584). Dieses Schließenkönnen nach vorwärts wie rückwärts beruht auf der Symmetrie der zeitlichen Richtungen, wie sie der Determinist charakteristisch annimmt. Es verlangt freilich, daß etwas immer nur auf eine Weise zustandekommen kann, eine Voraussetzung, die Leibniz bei den vollständigen Seienden oder Einzelsubstanzen erfüllt sieht. Daß umgekehrt dieselbe geometrische Figur auf verschiedene Weise zustandekommen kann, ist für ihn ein hinreichendes Indiz dafür, daß sie kein vollständiges, substantielles Seiendes, sondern bloß eine gedankliche Abstraktion darstellt (Grua 266 / A 400; vgl. auch A 490). Grundlage ist die Gleichsetzung der vollen Ursache (causa plena) mit der Summe aller notwendigen Einzelbedingungen (aggregatum omnium requisitorum; Grua 267 / A 587). Hier liegt eine entscheidende Wurzel des Determinismus. Etwas kommt selbstverständlich nur dann zustande, wenn sämtliche notwendigen Einzelbedingungen erfüllt sind. Aber ein Indeterminist könnte noch immer annehmen: Im Bereich des kontingenten Geschehens können die vollzähligen ermöglichenden Einzelfaktoren, je nachdem in welcher Konstellation sie auftreten, eine Wirkung entweder herbeiführen oder nicht herbeiführen. Leibniz demgegenüber erblickt atomistisch in der Summe der erforderlichen Einzelmomente bereits die hinreichende Ursache, durch die zumindest faktisch unverbrüchlich festgelegt ist, daß eine bestimmte Wirkung zustandekommt. Die vollständigen Einzelbedingungen, die in jedem Fall gegeben sein müssen, bewirken so in jedem Falle auch eine unausweichliche Determination.

Der Determinismus empfahl sich dem neuzeitlichen Philosophen nicht zum wenigsten aus Gesichtspunkten der Wissenschaftlichkeit, weil ein unverbrüchlich determiniertes Geschehen sich wissenschaftlich vorherbestimmen läßt. Indes ist die Annahme einer solchen durchgängigen und lückenlosen Determination letztlich eine sehr starke metaphysische Behauptung. Dies zeigt sich namentlich daran, daß es hiernach keinerlei wirklichen Zufall oder kein wenigstens teilweise unverursachtes Eintreten geben kann, daß Zufall vielmehr nur ein Schein ist, weil unserem Geist die tatsächlichen determinierenden Kausalzusammenhänge verborgen bleiben (z.B. *Theod.* III § 303). Zweifellos gibt es ebenso im Bereich unserer alltäglichen Erfahrung wie der wissenschaftlichen Forschung zahlreiche determinierende Zusammenhänge. Aber daß damit noch nicht jeder Zufall ausgeschlossen ist, können wir uns an einem von Aristoteles erörterten Fall klarmachen, daß zwei in sich jeweils kausal bestimmte Ereignisreihen zufällig zusammentreffen. Das Handeln zweier Menschen mag einzeln betrachtet von Gründen bestimmt sein. Daß sie aber an einem Platz zusammentreffen – seinerseits die Ursache weitreichender Folgen – ist Zufall, weil es weder in den Gründen der einen, noch denen der anderen Handlungsreihe angelegt ist, z.B. von keinem der beiden beabsichtigt war. Ein solcher Zufall ist offenbar nur auszuschließen, wenn es sehr weitreichende, übergreifende Kausalzusammenhänge gibt, so daß die scheinbar nicht miteinander zusammenhängenden Handlungsmotive beider doch verknüpft sind, in einer Weise freilich, die den Betroffenen selbst verborgen bleibt. Nun sind solche linearen Kausalreihen, daß eine einzige Ursache zu je einer Wirkung führt wohl eine bloße Abstraktion. Tatsächlich ist meist ein ganzes Geflecht ursächlicher Faktoren an einer Wirkung beteiligt. Aber solange derartige Kausalnetze auf endlich viele Momente beschränkt sind, ist ein zufälliges Zusammenkommen zweier zunächst unabhängig verlaufender Kausalzusammenhänge noch immer möglich. Ausgeschlossen sind sie erst, wenn die kausalen Determinationszusammenhänge die ganze Welt umfassen, wenn alles mit allem zusammenhängt. Leibniz hat diese Voraussetzung seines Determinismus klar gesehen. So hat er Hippokrates' These, daß alle Kräfte des Körpers zusammenwirken, gleichsam konspirieren (*sympnoia panta*), auf das gesamte Universum ausgeweitet (z.B. C 14f.). Nun ist die Auffassung, alles hänge mit allem zusammen, aber sicher keine überprüfbare wissenschaftliche Hypothese, sondern eine metaphysische Annahme über die Welt als ganze mit geistigen Wurzeln sogar in der Mystik. Ungeachtet seines aufklärerischen Rationalismus bekannte Leibniz denn auch tatsächlich eine gewisse Affinität zur Mystik.

In mehrfacher Hinsicht führt Leibniz' Auffassung von einem vollständigen Individualbegriff mithin zu einem Determinismus. Zum einen, weil der zeitlose Begriff die Gleichwertigkeit der Zeitstufen erforderlich macht: Es ist im voraus ebenso gewiß gewesen, daß ein Ereignis geschehen wird, wie es nachher gewiß sein wird, daß es geschehen ist (*Theod.* I § 36). Zum anderen bedeutet die Vollständigkeit, daß dieses Individuum durch diesen Begriff in den universalen Kontext der (jeweiligen möglichen) Welt eingeordnet wird, im Begriff mithin seine Beziehungen zu allen mit ihm koexistierenden Individuen sowie der sie betreffenden Sachverhalte impliziert sind. Damit drückt sich aber in diesem Begriff der universale Zusammenhang aus, daß alles mit allem zusammenhängt, der dazu erforderlich ist, daß jeder akausale Zufall ausgeschlossen ist. Nicht von ungefähr entzündete sich die Korrespondenz mit Arnauld daran, daß Arnauld Leibniz vorwarf, seine Auffassung vom vollständigen Individualbegriff (wie sie in der thesenartigen Zusammenfassung von DM § 13 artikuliert ist) impliziere schlimmste Schicksalsnotwendigkeit. „Da der Individualbegriff jeder Person ein und für allemal einschließt, was ihr jemals geschehen wird, sieht man hier die Erweise a priori oder die Gründe der Wahrheit eines jeden Ereignisses oder weshalb das eine vielmehr als das andere geschehen ist." (GP II 12, vgl. auch 15, 27ff. / A VI 4, 1546) Wenn der Begriff einer Person alles, was diese Person tun und was ihr widerfahren wird, so einschließt, daß man unabhängig von der Beobachtung des wirklichen Geschehens a priori allein aus dem Begriff die unbedeutendsten Einzelheiten ihres Tuns und Erleidens ableiten und – gemäß der Forderung des logischen principium rationis – begründen kann, dann wäre der Begriff ein anderer, hätte diese Person auch im kleinsten anders gehandelt; da aber der Begriff die Individualität ausmacht, wäre es ein anderes Individuum gewesen. Hiernach scheint die Konsequenz unausweichlich: Das gesamte Verhalten einer Person ist notwendig determiniert und sie ist nicht frei, sich so oder anders zu entscheiden, denn bei einem anderen Verhalten verlöre sie ihre Identität als diese Person.

Dennoch versucht Leibniz die Freiheit z.B. C 520 / A VI 4, 1646 durch die Unterscheidung von gewiß (certo) und notwendig (necessario) zu wahren. Daraus, daß sich alles Tun und Erleiden aus dem Begriff einer Person ableiten läßt und daher voraussagen läßt, ist es gewiß, daß sie so handeln wird. Ohne gewisse Determination wäre eine Voraussage unmöglich, die verlangt, daß etwas jetzt schon wahr ist, mithin immer schon definitiv feststeht. Diese Determination betreffe aber nur die Außenseite der Handlung, daß sie unverbrüchlich in den kausalen Determinationszusammenhang eingefügt sein muß. Der innere Charakter, ob eine Handlung frei oder notwendig ist, ob ein bestimmtes Ereignis durch göttliche Gnade ermöglicht wird usw., bleibe davon unberührt. Denn der Begriff enthalte das mögliche Tun, Erleiden etc. in eben der inneren Charakteristik, die es bei der Verwirklichung haben wird, z.B. schließe der Begriff Petri sein Verleugnen als eine dem freien Willensentschluß entspringende Tat ein. Es ist keineswegs von vornherein ersichtlich, in welcher Form Leibniz glaubt, diese These einlösen zu können. Verstünde er Freiheit lediglich im Sinne von Spinoza als ein inneres Bejahen dessen, was mit eherner Schicksalsnotwendigkeit geschieht, so wäre die Vereinbarkeit sogleich gewährleistet. Nun beansprucht Leibniz aber gerade über Spinoza hinausgehend die Freiheit im unverkürzten alltäglichen Verständnis aufrechtzuerhalten, wonach sie voraussetzt, daß der frei Handelnde sich auch anders hätte verhalten können. Freiheit beruht damit auf Kontingenz, daß etwas anders hätte sein können, als es tatsächlich ist. Mit welchen logischen Mitteln gelingt es Leibniz, diese Kontingenz mit der Determination zu vereinbaren, die den Ereignisablauf ohne Alternativen auf das eine faktische Geschehen festlegt? Dies werden wir erst etwas später untersuchen (IV 5), weil wir diese Frage in den soeben bereits angeklungenen größeren Zusammenhang einordnen wollen: Stellt Leibniz' Determinismus oder generell seine Philosophie eine echte sachliche Alternative zu Spinozas nezessitaristischem System dar, wie er selbst es beansprucht, oder sind die von ihm angeführten Unterschiede nur scheinbar und äußerlich?

2. Sachliche Parallelen zwischen Leibniz und Spinoza

Unbestreitbar ist zweierlei: Einerseits versucht Leibniz sich in seinen Äußerungen scharf, ja oft sogar polemisch von Spinoza abzusetzen und beansprucht, seine Philosophie leiste Entscheidendes zur Überwindung des Spinozismus. Unverkennbar besteht andererseits aber eine sachliche Nähe, so daß sich den Leibnizlesern und seinen Auslegern immer wieder vornehmlich zwei Fragen stellen: Mündet Leibniz' Determinismus nicht zuletzt in Spinozas Nezessitarismus, daß alle Alternativen zu der mit eherner Notwendigkeit sich vollziehenden Wirklichkeit von vornherein als unmöglich auszuschließen sind? Und hat Leibniz' Bemühen, alle erscheinende Vielheit auf eine Einheit in den Grundlagen zurückzuführen, nicht letztlich einen spinozistischen Holismus zur Folge? Hiernach gibt es nur eine eigenständige, substantielle Wirklichkeit, das Gesamtsystem (griech. *holon*), das entweder als Gott, d.h. als Inbegriff aller schöpferischen Kräfte (natura naturans, oder als Welt, d.h. als das Gesamt des daraus resultierenden Geschaffenen (natura naturata), bezeichnet werden kann (*Eth.* I, prop. 29, schol.). Geist und Körper sind hiernach bloß Attribute dieses einen Ganzen. Attribute (im Unterschied zu den Modi als den vorübergehenden Zuständen) sind zwar bleibende Grundbestimmungen, die nicht ineinander überführt werden können. Dennoch sind sie für Spinoza nur Ausprägungen des einen Ganzen und daher genau parallel. Und was der Alltagsverstand als eigenständige Einzeldinge (individuelle Substanzen) begreift wie namentlich die Einzelpersonen, sind für Spinoza nur Modi, wechselnde Erscheinungsformen, die allein aus dem Ganzen heraus zu verstehen sind. – Ist es Leibniz gelungen, eine grundlegend andere Philosophie als Spinoza zu entwickeln oder muß sein System doch nur als eine zugegeben sehr eigenständige und schöpferische Variante eines Spinozismus gelten? Im letzteren Falle stehen wiederum zwei Deutungsmöglichkeiten offen. Entweder ist Leibniz' Philosophie ein ungewollter Spinozismus, indem ihm selbst nicht ganz bewußt war, daß seine Grundannahmen keinen prinzipiellen Unterschied zu Spinoza erlauben, obgleich er ehrlich bestrebt war, spinozistische Konsequenzen zu vermeiden. Oder sie ist ein verhehlter Spinozismus, indem Leibniz durch heftige verbale Attacken auf Spinoza die ihm selbst sehr wohl bewußten spinozistischen Konsequenzen zu verbergen versuchte, um bei den „Rechtgläubigen" keinen Anstoß zu erregen, da Spinozas Pantheismus eines Atheismus verdächtigt wurde. Eine letzte Entscheidung über diese Deutungsalternativen müssen wir dem Leser überlassen und wollen uns auf eine Erörterung der hierzu wichtigen Theorien konzentrieren, zunächst der Gemeinsamkeiten.

Spinoza und Leibniz begreifen beide, dem Neuplatonismus verpflichtet, die endlichen Dinge als Emanationen aus dem einen Göttlichen. Spinoza denkt diese Auffassung bis in ihre radikalsten Konsequenzen zu Ende. Aus Gottes Macht (oder seinem Vermögen) ist alles in ihr Beschlossene mit Notwendigkeit ausgeflossen oder entströmt (necessario effluxisse, *Eth.* I, prop. 17, schol.). Wenn so alles, was Gott nur möglich ist, wirklich werden muß, dann ist nicht bloß jede göttliche Wahl, sondern auch jede Zielstrebigkeit und Zweckmäßigkeit (Teleologie) ausgeschlossen. Für die teleologische Sicht steht nämlich das Vollkommenste als das zu erstrebende Ziel erst am Ende. Nach dem neuplatonischen Emanationsverständnis demgegenüber ist das unmittelbar aus Gott Ausgeflossene das Vollkommenste; je weiter sich eine Wirkung (über Zwischenstufen) vom göttlichen Ursprung entfernt hat, desto unvollkommener ist sie (*Eth.* I, app.). Finalerkärungen waren bei neuzeitlichen Philosophen allgemein verpönt. Während Descartes (z.B. *Principia* I 28) sie aber bloß als methodisch verfehlt ansah, weil wir unsere Erkenntniskompetenzen überschreiten, wenn wir die Natur aus gemutmaßten vernünftigen Zwecken

Gottes erklären wollen, verwarf Spinoza sie aus prinzipiellen metaphysischen Erwägungen: Nur dann kann man sinnvoll annehmen, ein vernünftiges Wesen habe die Natur planvoll nach Zwecken gestaltet, wenn sie nicht der zwangsläufige Ausfluß aus Gottes Wesen ist. – Leibniz demgegenüber ist in den Konsequenzen bemüht, der aristotelischen Tradition treu zu bleiben und sogar ihre Finalerklärungen zu rehabilitieren (III 4), obgleich er sich in den Grundlagen bedeutsam von ihr entfernt und wie Spinoza eine Art Emanationstheorie vertritt, sie aber sogleich wieder in ihren Folgerungen abzumildern bemüht ist. So nimmt er *Theod.* III § 385 an, ein jedes Geschöpf sei nicht bloß im Ursprung seiner Existenz von Gott abhängig, auch sein Fortexistieren sei (im Sinne einer creatio continua) das Ergebnis eines steten göttlichen Wirkens. Obwohl es so gleichsam ein steter Ausfluß Gottes ist, bestreitet er, daß hier eine notwendige Emanation vorliege.

Ob abgemildert oder nicht, die Emanationslehre bringt Leibniz jedenfalls nahe an einen spinozistischen Holismus heran. So sagt er in *Mon.* § 47 recht klar, daß Gott die einzige ursprüngliche Einheit oder einfache Substanz ist. Damit ist sie die einzige Substanz im Vollsinne, weil allein sie wirklich unabhängig ist. Die geschaffenen oder abgeleiteten Monaden hingegen entstehen jeden Moment neu in einer dauernden Emanation (DM § 14, GP IV 439f. / A VI 4, 1549–1551; vgl. auch continue promanare, ROR, GP VII 305) oder (mit dem in *Mon.* § 47 verwendeten Bild) in fortwährenden Ausblitzungen aus der Gottheit. Von ihr sind sie mithin real in ihrer Existenz abhängig, voneinander hingegen nur ideal, indem ihre Zustände (Perzeptionen) als Spiegelungen desselben Ganzen einander kraft prästabilierter Harmonie durchgängig angepaßt sind. Genau dies besagt aber auch Spinozas These, die endlichen Dinge seien bloß Modi der einen, allumfassenden göttlichen Substanz: Unmittelbar sind sie von Gott oder dem Ganzen abhängig, indem sie bloß besondere Gegebenheitsweisen dieses Ganzen sind, mittelbar aber voneinander, indem sie durchgängig einander angepaßt sind und so jede Änderung im kleinsten Teil eine Änderung aller anderen verlangt – eine Auffassung, die Leibniz zu dem zentralen Grundsatz macht, alles sei verbunden (tout est lié). Dies geht etwa aus *Eth.* I, prop. 15, schol. hervor. Hier begründet Spinoza seine These der endlichen Körperdinge als bloßer Modi damit, daß sonst, wären sie real voneinander geschiedene Teile des Universums (unter dem Attribut der Ausdehnung), ein einzelnes Körperding vergehen könnte, ohne daß dies Auswirkungen für die anderen hätte. So könnte es ein Vakuum geben – eine von Spinoza scharf abgelehnte Konzeption –, weil ohne Anpassung der Platz eines vernichteten Körpers nicht von anderen aufgefüllt zu werden bräuchte. Die These vom endlichen Körperding als Modus besagt folglich im Gegenzug: Es ist nur eine besondere, endlich beschränkte Weise, wie das Ganze an dieser Stelle in Raum und Zeit gegenwärtig ist.

Bei dieser Affinität ist es nicht verwunderlich, wenn Leibniz die (nur idealen) Wechselbeziehungen der Monaden im Sinne von Spinozas Affektenlehre erklärt, der z.B. *Eth.* III, prop. 1 annimmt: Sofern unser Geist adäquate Ideen hat, ist er wirksam, aktiv (worin Vollkommenheit und Freiheit liegen); sofern er dagegen inadäquate Ideen hat, ist er leidend, passiv (was seine Unvollkommenheit oder Knechtschaft bedeutet). Mit dieser Theorie gelingt es Leibniz (z.B. in *Mon.* §§ 49 ff., GP VI 615), die natürlichen Verursachungszusammenhänge, die ihm bloßes Phänomen sind, auf begriffliche Erklärungszusammenhänge als das eigentliche Wirkliche zurückzuführen. In jeder gelungenen Erklärung muß nämlich ein Erklärungsgefälle bestehen: Der jeweilige Zusammenhang muß im Explanans deutlicher gegeben sein als im Explanandum. Demgemäß postuliert Leibniz: Die Monade, die kraft ihrer distinkten Perzeptionen geeignet ist, das Geschehen in einer anderen begrifflich oder a priori erklärbar zu machen, wirkt aktiv als Ursache auf die andere ein. Wenn ein Inhalt in einer Monade hingegen nur konfus repräsentiert und daher nicht aus sich heraus erklärbar ist, erleidet diese Monade eine Einwirkung von einer anderen, wo das in ihr erst Angelegte bereits entfaltet ist. Indem Leibniz so den Ursache-Wirkung-Gegensatz auf die Grade reduziert, in denen etwas klar und deutlich perzipiert wird, realisiert er zugleich zwei für ihn charakteristische Anliegen: Physisches auf Mentales zurückzuführen und einen qualitativen Gegensatz als bloß graduell zu erweisen. Diese Konzeption ist zunächst durchaus intuitiv einleuchtend: Wer zu klaren und deutlichen Vorstellungen über etwas durchgedrungen ist, der beherrscht es geistig und kann so kraft dieser Einsicht bewußt gestaltend auf anderes einwirken. Die geistig noch nicht bewältigten Gehalte konfuser Perzeptionen demgegenüber manifestieren sich etwa in Leidenschaften, die einen Menschen dazu disponieren, sich in seinem Handeln mitreißen und so von Fremdem beherrschen zu lassen. Geistiger Austausch, also mentale Wechselwirkungen, beruhen darauf. Wer einen Gehalt selbst in Form klarer und deutlicher Begriffe bereits beherrscht, kann (etwa durch Fragen und Erklärungen) in anderen, die noch konfuse Vorstellungen haben, einen Veränderungsprozeß des Lernens und Verstehens bewirken. Freilich sind solche rationalen Erklärungszusammenhänge, die auf dem Gefälle unterschiedlich deutlicher Perzeptionen beruhen, von sich aus bloß ideal und können daher nicht von selbst real oder physisch wirksam werden. Eine generelle Erklärung des Tuns und Erleidens auf dieser Basis verlangt offenbar ein holistisches System mit den beiden soeben herausgestellten Grundannahmen: Die sogenannten Einzeldinge sind durchgängig ideal aufeinander abgestimmt; real aber sind sie vom Ganzen oder von Gott als dessen Inbegriff abhängig. Dieser richtet (im voraus) jeweils die unklar oder konfus vorstellende passive Monade nach der zugehörigen aktiven ein, die die relevante Zustandsänderung klarer und deutlicher repräsentiert und daher erklärbar macht (*Mon.* §§ 51f.). Gott ist es also, der die durchgängigen begrifflichen Erklärungszusammenhänge ontologisch wirksam macht, so daß sie sich als ein weltumgreifendes Determinationsgeschehen darstellen, das auf kausalen Wechselwirkungen zu beruhen scheint.

3. Überwindet die Annahme einer Pluralität möglicher Welten Spinozas Nezessitarismus?

Um Leibniz gerecht zu werden, dürfen wir es nicht mit diesen unbestreitbaren Parallelen zu Spinoza bewenden lassen, sondern müssen uns auch auf die Gegenseite einlassen und ausführlich jene drei Punkte erörtern, in denen Leibniz glaubt, sich mit seiner Philosophie entschieden vom Spinozismus abgesetzt zu haben. 1.) Gegen Spinozas Nezessitarismus, daß es mit unausweichlicher Notwendigkeit zu diesem Weltverlauf gekommen ist, stellt Leibniz die Annahme, alternative Ereignisabläufe seien logisch gleich möglich wie der wirkliche; es gebe eine Vielheit möglicher Welten, d.h. Weisen, wie das Weltganze hätte sein können (IV 3).

2.) Spinozas These, es gebe nur eine einzige, allumfassende göttliche Substanz, an der die endlichen Dinge bloß vorübergehende, unselbständige Zustände (Modifikationen) seien, setzt Leibniz seine Monadologie entgegen: Auch außerhalb der göttlichen Substanz gibt es zahllose Einheiten, die die Bedingungen genuiner Substantialität erfüllen, indem sie unvergänglich sind und kraft einer je eigenen Perspektive individuelle und selbständige lebendige Spiegel des Universums darstellen. Gäbe es keine Monaden, dann hätte Spinoza recht (vgl. an Bourguet 1714, GP III 575) (IV 4).
3.) Freiheit ist nicht bloß mit Spinoza als willentliches Bejahen einer unverbrüchlichen Schicksalsnotwendigkeit zu verstehen, sondern beruht auf Kontingenz und kann daher im Vollsinne als die Freiheit, zwischen Alternativen zu entscheiden, aufgefaßt werden (IV 5 ff.).

In der ersten Frage, ob Alternativen zum wirklichen Universum möglich sind, spricht Spinoza unverblümt aus: Das Wesen Gottes besteht nicht in Intellekt und Willen, die ihm eine Entscheidungsfreiheit möglich machen (daß er wählt, welche Welt er erschaffen möchte), sondern in seiner Macht (potentia), die alles verwirklicht, was sie vermag. Die Welt ergibt sich daher mit Notwendigkeit aus Gottes Wesen; er hätte keine anderen Dinge oder diese in keiner anderen Ordnung hervorbringen können, als er es wirklich getan hat (*Eth.* I, prop. 32–35). Leibniz' Metaphysik (etwa der *Theodizee*) nimmt dagegen an: Es gibt unendlich viele mögliche Welten und zwar in Gottes Intellekt als dem Ort der Möglichkeiten. Ihm schweben sie gleichsam als alternative Modelle vor, wie Gott die Welt hätte erschaffen können. Unter ihnen hat er sich kraft seines uneingeschränkt guten Willens entschieden, der bestmöglichen wirkliche Existenz zu verleihen. Die zentrale Voraussetzung, daß es unverwirklichte Möglichkeiten gibt, behauptet Leibniz nicht bloß, sondern ist bemüht, sie zu begründen. So verweist er darauf, daß zahlreiche Geschehnisse (wie sie uns etwa in dichterischen Erzählungen berichtet werden) zweifellos möglich sind, sich aber kaum in irgendwelchen fernen räumlichen oder zeitlichen Dimensionen des wirklichen Universums (mag man es auch noch so ausgedehnt annehmen) zutragen (A VI 4, 1653 f.). Wichtiger noch ist die Unterscheidung dessen, was in sich selbst möglich ist (possibilis), und dessen, was auch zusammen mit anderen möglich ist (com-possibilis) oder was widerspruchsfrei mit anderen vereinbar ist (compatibilis; vgl. Poser (VII. 1) 1969, 67–75). Denn aus der Annahme von Inkompatibilität und Inkompossibilität, daß nicht alles für sich genommen Mögliche auch zusammen (vereint) vorkommen kann, folgt sofort: Nicht alles Mögliche kann wirklich sein, d.h. demselben System angehören, das dann (von Gott) verwirklicht wird, vielmehr muß die Gesamtheit der Möglichen auf mehrere Systeme verteilt werden, die das jeweils miteinander Vereinbare zusammenfassen, sich aber gegenseitig ausschließen. ‚Inkompatibel' ist hier nämlich nicht bloß im schwachen Sinne verstanden, daß etwas sich zwar zum gleichen Zeitpunkt ausschließt, aber sehr wohl im zeitlichen Nacheinander vorkommen kann. Da bei Leibniz die Zeitstufen letztlich ohnehin unbedeutend sind und alle in der unzeitlichen Gegenwart eingeschlossen sind, kennt er das schlechthin Unvereinbare, das grundsätzlich nicht, auch nicht nacheinander im selben Gesamtsystem (derselben Welt), auftreten kann (vgl. GP VII 289, § 8). Daraus ergibt sich sogleich Leibniz' Verständnis einer möglichen Welt. Eine Welt ist die Ansammlung (collection) jeweils aller miteinander Kompossibler (an Bourguet, GP III 573), oder eine maximal konsistente Menge von Individuen, die jeweils alle möglichen Individuen umfaßt, die widerspruchsfrei im selben System zusammenexistieren können (vgl. *Theod.* I § 8: „... die gesamte Abfolge und Ansammlung aller existierenden Dinge"; in dieser generellen Definition einer Welt (auch einer möglichen) ist nicht an aktuelle, sondern an hypothetische Existenz gedacht: aller Dinge, die zusammen existieren würden, falls Gott diese Abfolge verwirklichen sollte). Eine jede dieser verschiedenen Kombinationen von Möglichen ist insofern maximal, als sie nicht mehr ohne Widerspruch um ein neues Mögliches erweitert werden kann. (Erst recht können nicht an verschiedenen Stellen des Raumes oder zu verschiedenen Zeiten mehrere Welten existieren. Sie alle zusammen machten nur eine Welt aus.) Untereinander verglichen aber sind sie verschieden inhaltsreich; die beste oder inhaltsreichste ist von Gott zur Verwirklichung erwählt worden (GP III 573).

So weit betrachtet kann Leibniz logisch gut fundiert eine Vielfalt unverwirklichter Möglichkeiten, alternativ zur wirklichen Welt, behaupten. Nun läßt sich aber auch begründet bezweifeln, ob bei Leibniz' Prämissen die nie verwirklichten Welten echte

Möglichkeiten sind. Der eine Grund ergibt sich aus der Metaphysik der *Theodizee*, der andere daraus, daß Leibniz den für die Weltenpluralität zentralen Begriff der Inkompossibilität nicht befriedigend zu fassen vermag. Die erste Schwierigkeit erwächst aus Leibniz' Auffassung der attributa Dei. Bei seiner Allwissenheit habe Gott sich nicht darüber täuschen können, welches die bestmögliche Welt sei; da ihn seine vollkommene Güte auf die Entscheidung für das Beste festgelegt habe, sei es moralisch notwendig, daß Gott diejenige Welt erwählt und in seiner Allmacht unausweichlich verwirklicht habe, die tatsächlich die wirkliche Welt ist. Leibniz betont zwar eindringlich, die wirkliche Welt sei darum nicht logisch oder metaphysisch notwendig; denn die unverwirklichten alternativen Weltverläufe seien logisch genauso möglich wie sie, d.h. in sich widerspruchsfrei. In sich möglich sind die Alternativen aber nur insofern, als man von Gott absieht. Relativ auf Gottes Wesen sind sie nicht möglich, da Gottes Wesenseigenschaften ausschließen, daß er sie erwählt und verwirklicht. Leibniz hat klar gesehen, daß man bei dem, was wegen seiner Unvollkommenheit von Gott nicht verwirklicht worden ist, so differenzieren muß: Als in sich widerspruchsfrei ist es zwar für sich genommen möglich; weil seine Koexistenz mit Gott (angesichts der göttlichen Wesenseigenschaften) in gewisser Weise widersprüchlich ist, ist es aber nicht bezüglich des göttlichen Willens möglich, d.h. es kann nicht vom göttlichen Willen verwirklicht werden (A VI 4, 1447). Ist man indes legitimiert, bei der Frage nach der Möglichkeit einer Welt von Gott zu abstrahieren? Denn Gottes Existenz ist für Leibniz zweifellos eine notwendige Wahrheit, die in allen möglichen Welten gilt. Das aber heißt: Wie immer die Welt hätte anders sein können, jedenfalls hätte es keine Welt ohne Gott sein können. Ist man dennoch dazu berechtigt, die Welt als die Gesamtheit der kontingenten endlichen Dinge (*Theod.* I § 7; ROR, GP VII 302) einem außerweltlichen Gott gegenüberzustellen und ihre Möglichkeit so unabhängig von Gott zu prüfen? Oder umfaßt die Welt als Gesamtheit aller jeweils Koexistierender (*Theod.* I § 8) in jedem Falle auch Gott, so daß ihre Möglichkeit im Hinblick auf Gott zu prüfen ist? (Zu Leibniz' Versuch, durch den Optimismus der Theodizee, d.h. den Begriff von Gottes Wahl des Besten, gegen Spinoza die Kontingenz zu wahren, vgl. Lorenz (XIV) 1997, 47–78.)

Die zweite Schwierigkeit erhebt sich im Zusammenhang mit dem ontologischen Gottesbeweis. Ist der zugrundegelegte Begriff von Gott als einem Wesen, das alle Vollkommenheiten in sich vereint, überhaupt widerspruchsfrei (VIII 1)? Um die Antwort jetzt schon kurz zu skizzieren: Vollkommenheit bedeutet für Leibniz eine rein positive Realität; genauer entsprechen die Attribute Gottes den nur positiven Urbegriffen. Da ein Widerspruch aber nur durch negierte Begriffe (Begriffsnegationen) zustandekommt, daß ein Begriff (insgesamt oder einer seiner Teilbegriffe) die Negation eines anderen (oder seines Teilbegriffs) darstellt, ist die Widerspruchsfreiheit des Begriffs, der alle Vollkommenheiten umfaßt, von vornherein garantiert. Die hieraus erwachsende Schwierigkeit hat Leibniz klar ausgesprochen: „Das ist den Menschen freilich noch unbekannt, woher die Unvereinbarkeit (incompossibilitas) Verschiedener entspringt oder wie es zustandekommen kann, daß verschiedene Essenzen einander widerstreiten, wo doch alle rein positiven Termini unter sich vereinbar zu sein scheinen.“ (GP VII 195 / A VI 4, 1443) Leibniz sieht keine andere Möglichkeit, als daß eine Abgrenzung durch Begriffsnegationen zustandekommt. Wenn nun aber die Attribute Gottes als Urbegriffe keinerlei Begriffsnegation enthalten, so kann Gott offenbar von nichts abgegrenzt sein und muß daher im Sinne von Spinozas Pantheismus als allumfassende Realität aufgefaßt werden. Ähnlich: Wenn sich das Begriffssystem kombinatorisch durch Begriffsaddition (Kombination) rein positiver und daher miteinander vereinbarer Urbegriffe aufbaut, eine mögliche Welt aber den Begriff einer Welt oder eine maximale Begriffskombination darstellt, wie kann es dann verschiedene miteinander unvereinbare Weltsysteme und nicht bloß eine einzige allumfassende und alternativlose Wirklichkeit geben? Nach GP VII 310 / A VI 4, 1618 lassen sich alle Dinge auf die ipso facto miteinander vereinbaren Attribute Gottes als ihre letzten Ursachen (oder die Elemente der gesamten Wirklichkeit) zurückführen – eine Auffassung, die sich bedenklich Spinozas Gleichsetzung von Gott mit der einen, alles umgreifenden Welt annähert.

4. Monadenvielfalt und spinozistischer Holismus

Ein Urbegriff (conceptus primitivus) ist jedenfalls einer, der aus sich heraus zu verstehen ist. Daher kann es ihn nur von solchen Entitäten geben, die aus sich heraus begreifbar sind, also der höchsten Substanz, Gott. Da wir die abgeleiteten Begriffe nur mittels des Urbegriffs gewinnen können, können wir nichts denken außer mittels der Idee Gottes, und kann es in der Wirklichkeit nichts außer durch Gottes Einfluß geben, auch wenn uns die genaue Form dieser seins- und erkenntnismäßigen Abhängigkeit nicht bekannt ist. Impliziert diese Stelle aus *Introductio ad encyclopaediam arcanam* (C 513 / A VI 4, 528f., ca. 1683–1685), daß allein Gott eine Substanz ist, weil er allein die Kriterien erfüllt, aus sich heraus zu bestehen und aus sich heraus begreifbar zu sein (per se concipi), durch die Spinoza (*Eth.* I, def. 3) die Substanz bestimmt? Eine solche völlige seins- und erkenntnismäßige Autarkie hat sicher auch Leibniz zur Bedingung der Substantialität gemacht. Anders als Spinoza hat er aber in seiner reifen Monadenlehre angenommen, es gebe eine Vielzahl solcher völlig selbstgenügsamer individueller Einheiten, die ohne reale Abhängigkeit von außen die ganze Abfolge ihrer wechselnden (Perzeptions-) Zustände aus dem eigenen Inneren hervorbringen. Ein Einzelnes wie ein Mensch oder wenigstens sein Geist ist für Leibniz aber auch nach dem traditionellen aristotelischen Kriterium, ein Identisches im Wechsel seiner verschiedenen Zustände zu sein, eine Substanz. Diese Identität, die verlangt, daß der Wechsel der verschiedenen Zustände sich aus der bleibenden substantiellen Natur ergibt, ist für ihn dadurch gewährleistet, daß einer Person die gesamte Lebensgeschichte in den vergangenen wie künftigen Momenten stets in zeitloser Gegenwart präsent ist (vgl. *Notationes generales*, A VI 4, 556). Hierdurch wird eine Pluralität eigenständiger Substanzen sehr nahegelegt: Die eigene Lebensgeschichte macht einen die einzelne Substanz unterscheidenden Inhalt aus, der dank seiner steten Präsenz in einer Weise gegeben ist, wie sie der bleibenden Identität einer Substanz entspricht. Nun erweitert Leibniz diese Auffassung aber dadurch, daß das einzelne Subjekt auch Spuren von allem im Universum Geschehenden enthalte (DM § 8) oder er bezieht die Gegenwart aller Zeitstufen von vornherein auf das gesamte Universum (C 521 / A VI 4, 1646).

Führt diese Wendung nicht doch zu einem Holismus? Denn hiernach haben die einzelnen perzipierenden Subjekte nicht eigentlich einen eigenen Inhalt, sondern sie sind alle Repräsentationen desselben Ganzen. Impliziert das nicht im Sinne eines Holismus, daß sie bloß unselbständige Modifikationen eines einheitlichen Ganzen sind, dem allein genuine Substantialität zukommt?

Gewiß, Leibniz betont immer wieder, daß jede Monade dieses Ganze von einem je eigenen Standpunkt aus repräsentiere, der ihre Individualität ausmache. Aber diese Individualperspektive bedeutet nicht wirklich einen – gegenüber den anderen Subjekten – eigenständigen, neuen Inhalt. Vielmehr beruht sie darauf, daß jede Monade von dem gemeinsamen repräsentierten Inhalt, dem Universum, einen verschiedenen Ausschnitt klar und deutlich erfaßt und daß dieser Ausschnitt den besonderen Standpunkt ausmacht, von dem aus sie alles übrige betrachtet. Offenkundig kann nur ein ganz eigener Inhalt, den andere nicht repräsentieren, eine eigene Substantialität begründen. Wenn die Besonderheit (Individualität) hingegen nur darin liegt, daß verschiedene Subjekte beim Repräsentieren desselben Inhalts verschiedene Schwerpunkte haben, verweist dies eher darauf, daß sie verschiedene Modifikationen eines einheitlichen Ganzen sind. Aristoteles hat (*Met.* Γ 4, 1006a 28ff.) klar gesehen: Mag ein Mensch akzidentell auch zahllose andere Bestimmungen (als ‚Mensch‘) haben, also Nicht-Mensch sein, wesentlich ist er ausschließlich Mensch (oder das, worin das Menschsein definitorisch besteht) und nichts anderes. Das bedeutet: Die Substantialität liegt darin begründet, daß etwas wesentlich einen endlichen Inhalt darstellt, der nichts anderes ist, also aus sich heraus unmittelbar von jedem anderen endlichen Inhalt abgegrenzt ist. Diese Vielheit endlicher Wesensgehalte, die ursprünglich voneinander verschieden oder aus sich heraus gegeneinander abgegrenzt sind, ermöglicht eine genuine Vielheit von Substanzen. Leibniz ist diese Konzeption gerade darum verschlossen, weil er mit Spinoza die Autarkie der Substanz (daß sie aus sich heraus besteht und begriffen werden kann) absolut auffaßt und die Monaden so zu Einheiten macht, die ohne reale Beziehungen zueinander sind. Damit gilt es aber zu erklären, wie das unbestreitbare Phänomen zustandekommt, daß diese isolierten Einheiten in ihren Perzeptionen doch aufeinander abgestimmt sind. Eine solche Übereinstimmung völlig autarker Substanzen bliebe unerklärbar, wenn eine Substanz einen je verschiedenen endlichen Inhalt hätte, und ist wohl nur verstehbar, wenn jede Substanz denselben allumfassenden und unendlichen Inhalt repräsentiert, also eine individuell modifizierte Repräsentation des Ganzen ist.

Indem Leibniz eine reale Einwirkung geschaffener Substanzen aufeinander ablehnt, ist er, um ihre Übereinstimmung zu erklären, auf einen Holismus verwiesen. In DM § 14 sieht er klar: Bei seinen Voraussetzungen ist eine Verbindung zwischen Individuen nur möglich, wenn er diese neuplatonisch-spinozistisch als Emanationen aus Gott begreift, der insofern das Ganze ist, als er alle speziellen Perspektiven der Einzelmonaden (die je ihre Individualität ausmachen sollen) einnimmt und zugleich in einer übergreifenden Perspektive zusammenfaßt. Und in SN (GP IV 483) zieht er aus dem fehlenden physischen Einfluß die Schlußfolgerung: Alle Dinge in all ihren Realitäten, d.h. all ihren inhaltlichen Bestimmtheiten sind kontinuierlich durch die Kraft Gottes hervorgebracht, sind also Ergebnisse des Gesamten, dessen Inbegriff Gott ist. Zwar ist er bemüht, im Sinne der scholastischen Tradition auf eine Eigenwirksamkeit der geschöpflichen Zweitursachen (der endlichen Einzelsubstanzen) zu verweisen. Da ihr Wirken jedoch nicht darin besteht, von sich aus einen eigenen Inhalt beizutragen, sondern den vorgegebenen Inhalt des Gesamten oder die göttliche Wirksamkeit in einer durch ihre je eigene Perspektive limitierten Weise zu rezipieren, also nur zu modifizieren, begründen sie keine eigene Substantialität. Nicht zufällig finden sich bei Leibniz Stellen, wie die eingangs referierte (C 513 / A VI 4, 528f.), nach denen allein Gott eigentlich Substanz ist. Primär ist für Leibniz also nicht mehr wie für Aristoteles die endliche Einheit, die in sich bestimmt und aus einem inneren Prinzip heraus begrenzt ist, so daß es zum Unterscheiden verschiedener solcher Einheiten nicht der Negation bedarf, weil sie bereits von sich aus durch ihren jeweils endlichen Inhalt gegeneinander abgegrenzt sind. Ursprünglich für ihn ist wie für Spinoza und bereits Descartes das aktuell Unendliche; erst durch Beschränkung (Limitation) als eine partielle Negation entsteht daraus Endliches, bei Leibniz durch die begrenzte Individualperspektive. Damit kann Leibniz nicht wie Aristoteles das Kriterium der Substantialität darin sehen, daß etwas aus dem eigenen Inneren heraus bestimmt und abgegrenzt ist, ein Kriterium, das die kausale Interaktion von Substanzen nicht ausschließt. Vielmehr legt er wie Spinoza die völlige Unabhängigkeit zugrunde. Durch die prästabilierte Harmonie vermag er zwar die Übereinstimmung der Monaden ohne ihre gegenseitige Beeinflussung zu erklären. Indem er sie aber real von Gott abhängen läßt, dürfte er sie gerade nach dem zugrundegelegten Kriterium der Unabhängigkeit Gott gegenüber nicht als eigene Substanzen, sondern nur als dessen Modi betrachten (näheres in Liske (VI) 2000).

In Schriften aus der Pariser Umbruchsperiode spricht Leibniz ganz explizit aus: Eine je unterschiedene Individualperspektive, wenn ein identischer Gegenstand von einem je anderen Standpunkt aus gesehen und repräsentiert ist, begründet keinen Unterschied im Wesen, sondern bloß im Modus, so daß daraus keine verschiedenen Einzelsubstanzen, sondern nur verschiedene Modi desselben Ganzen hervorgehen können. So geht er in A VI 3, 573 davon aus, daß der letzte Grund (= Gott) als einziger das Aggregat aller notwendigen Bedingungen enthalte, so daß diese für alle Dinge dieselben seien. Da man das Wesen als Aggregat aller ursprünglichen notwendigen Bedingungen ansehen könne, gelte: „Das Wesen aller Dinge ist dasselbe, nur im Modus unterscheiden sie sich, so wie eine Stadt sich unterscheidet, wenn sie vom höchsten Punkt und wenn sie aus der Ebene gesehen wird." Hier haben wir es keineswegs mit einer später überwundenen Position zu tun. Lebenslang setzt Leibniz die Attribute Gottes mit den unanalysierbaren Urbegriffen (oder, wie er hier sagt, den ursprünglichen notwendigen Bedingungen) gleich (z.B. GP IV 425 / A VI 4, 590 (1684); GP VI 578 (nach 1706)). Diese Urbegriffe ihrerseits sind die Elemente (causae primae, GP IV 425) der gesamten Wirklichkeit, die für Leibniz ja aus einem Begriff einer Welt (oder einer möglichen Welt) hervorgegangen ist, so daß Begriffe ihre grundlegenden Elemente sind. Damit gilt für Leibniz lebenslang die in A VI 3, 573 ausgesprochene spinozistisch-pantheistische Gleichung: Gott = Summe (Aggregat) aller Urbegriffe = das gesamte Universum in seinem Wesen. Unser Bewußtsein ist nur ein Modus dieses Ganzen, Gottes Geist die Gesamtheit der unendlich vielen Modi, also die Gesamtwirklichkeit. So sagt Leibniz es in einer Notiz ebenfalls von 1676, wo er denselben Vergleich gebraucht, daß man eine Stadt auf viele Arten repräsentieren könne.

Der einzige Unterschied zwischen dem sehr ähnlichen göttlichen und menschlichen Intellekt sei, „daß Er die Dinge zugleich auch auf unzählige andere Weisen (modi) einsieht, wir auf nur eine“ (Grua 266 / A VI 3, 400). Da eine Monade wesentlich eine Entität ist, deren Sein darin besteht, einzusehen und in ihren Vorstellungen zu repräsentieren, läßt sich das vom Einsehen Gesagte auf das Sein übertragen: Die endlichen Wesen sind nur je ein Modus, Gott die Gesamtheit aller Modi oder die Gesamtwirklichkeit. – Noch eine andere Pariser Stelle von 1676 sei angeführt, wo Leibniz gleichfalls deutlich sagt: Die Dinge sind nur Eigenschaften (= Modi), die aus Gott als dem gemeinsamen Wesen (oder der allumfassenden Substanz) hervorgegangen sind: „Mir scheint der Ursprung der Dinge aus Gott so zu sein, wie der Ursprung der Eigenschaften (proprietates) aus dem Wesen.“ (A VI 3, 518) Es gibt nur ein Wesen oder eine Substanz: Gott, aus dem sich die endlichen Dinge als (limitierte) Manifestationen oder Modifikationen dieses einen eigenständigen oder wesentlichen Inhalts ergeben, so wie sich aus dem Wesen der Sechszahl, eine Menge von sechs Einheiten zu sein, die vielen anderen Weisen gewinnen lassen, diese Entität durch andere Operationen wie Multiplikation (2·3) etc. darzustellen (518f.).

Die historische Untersuchung, ob Leibniz diese Gedanken herausbildete, bereits bevor er Spinozas *Ethik* genauer kennenlernte, führte uns zu weit. Ziemlich eindeutig liegt ihnen ein holistischer Denkansatz zugrunde (daß nur das Ganze eine substantielle Wirklichkeit ist), ob er nun unmittelbar von Spinoza beeinflußt war, oder ob solche Gedanken beim damaligen intellektuellen Klima in der Luft lagen. – Wichtiger ist, hieraus eine Konsequenz für den Phänomenalismus (III 5) zu ziehen. Bislang schien es uns so, als vertrete Leibniz nicht den starken Phänomenalismus, daß das Bewußtsein es bei seinen Vorstellungen der körperlichen Außenwelt letztlich nur mit sich selbst und seinen eigenen Inhalten zu tun habe, sondern einen schwachen: Körper sind zwar Phänomene, aber keine bloßen, sondern sachlich wohlbegründete, in denen uns eine (freilich ganz anders geartete) bewußtseinstranszendente Wirklichkeit erscheint. Diese das eigene Bewußtsein übersteigende Wirklichkeit wären die anderen Einzelsubstanzen. Die hiesigen Überlegungen lassen Zweifel aufkommen, ob sie wirklich eine von unserem Bewußtsein genuin verschiedene

Wirklichkeit sind, oder nur andere Manifestationen derselben Wirklichkeit, von der auch das Bewußtsein ein Modus ist.

5. Kontingenz und Freiheit

a) Spinoza verwirft ausdrücklich eine Wahl- oder Entscheidungsfreiheit bei Gott und den Menschen (z.B. *Eth.* I, prop. 17, schol.). Leibniz ist demgegenüber bemüht, den unverkürzten traditionellen Freiheitsbegriff aufrechtzuerhalten, den er durch drei Bedingungen definiert sieht: „ ... die Freiheit, so wie man sie in den theologischen Schulen fordert, besteht in der *Vernunfteinsicht*, die eine distinkte Erkenntnis des Gegenstandes der Entscheidung einschließt, in der *Spontaneität*, kraft deren wir uns selbst bestimmen, und in der *Kontingenz*, d.h. dem Ausschluß der logischen oder metaphysischen Notwendigkeit." (*Theod.* III § 288, GP VI 288) Die beiden ersten Freiheitsbedingungen können auch auf der Grundlage eines spinozistischen Nezessitarismus aufrechterhalten werden. Leibniz bekennt später selbst, daß er zunächst dieser Auffassung nahegestanden habe, alles geschehe mit unbedingter (absoluter) Notwendigkeit; für die Freiheit reiche, wenn sie dem Zwang enthoben ist (A VI 4, 1653). Eines der Zeugnisse dieser frühen nezessitaristischen Position ist der Wedderkopfbrief, wo Leibniz erklärt, alles je Geschehende sei schlichtweg notwendig, weil es auf das Optimum festgelegt sei; diese Notwendigkeit schmälere aber nicht die Freiheit, weil sie Willen und Verstandesgebrauch nicht beeinträchtige (A II 1, 117). Hier geht es um die erste der im Zitat angesprochenen drei Freiheitsbedingungen, die Vernunfteinsicht (intelligence). Auch wenn alles mit eherner Notwendigkeit geschieht, ist damit der Gebrauch mentaler Vermögen nicht ausgeschlossen. Kraft meiner rationalen Fähigkeiten vermag ich die notwendig determinierenden Gesetzmäßigkeiten zu begreifen und kann mich willentlich in das Unvermeidliche fügen. Auch ist im Sinne von Spinoza *Eth.* V Freiheit als Herrschaft der Vernunfteinsicht über die Affekte möglich. Sofern ich das mit mir Geschehende willentlich bejahe und meine Handlungen selbst gemäß der eigenen Vernunfteinsicht bestimme (mag dieses Vernunfturteil auch durch psychologische Determinationsmechanismen notwendig festgelegt werden), ist mein Verhalten innen-

oder selbstbestimmt. Somit ist die zweite Freiheitsbedingung der Spontaneität erfüllt, daß mein Handeln von mir selbst ausgeht. Ihr Gegenteil, der willenswidrige Zwang, ist vermieden, durch den das Handeln außen- oder fremdbestimmt wäre, wenn äußere Kräfte ein mir unerwünschtes Verhalten erzwingen. Die entscheidende Fortentwicklung der reifen Freiheitskonzeption liegt folglich in dem Anspruch, in ihr auch die dritte Freiheitsbedingung der Kontingenz wahren zu können, daß das tatsächlich Geschehende nicht schlechthin notwendig ist, sondern Alternativen zu ihm grundsätzlich möglich sind, so daß es mir frei steht, zwischen verschiedenen Handlungsmöglichkeiten zu wählen.

Leibniz stellt sich damit die schwierige Aufgabe zu zeigen, inwiefern eine lückenlose Determination mit einer solchen Nichtnotwendigkeit vereinbar ist. Die Annahme, Determination bedeute Notwendigkeit, ist nicht bloß intuitiv naheliegend; der frühe Leibniz hat sie selbst vertreten: „Denn gewiß besteht eine notwendige Verknüpfung zwischen vollständiger Ursache und Wirkung." (1676, A VI 3, 490) Diese Stelle ist deshalb so bemerkenswert, weil hier der Begriff des Vollständigen (integer) auftritt, der geradezu als die Wurzel von Leibniz' Determinismus angesehen werden kann. Ein Grund ist gemäß der Forderung des principium rationis nicht schon dann zureichend, wenn er begründet, warum ein Ereignis, eine Handlung etc. einer bestimmten Art stattfinden soll, warum z.B. in einer solchen Situation wie einer Feuersbrunst eine Flucht aus dem Haus angemessen ist; vielmehr muß es einen (freilich unendlich vielfältigen) Komplex von Gründen geben, der die Einzelhandlung in allen besonderen Umständen ihrer Ausführung (warum ich z.B. die Flucht eher mit dem rechten als dem linken Fuß beginnen soll) erklärbar macht (vgl. etwa *Theod.* I § 46). Logisch gesprochen: Die Begründung darf sich nicht auf eine generelle Aussage über einen bestimmten Typ von Sachverhalt beziehen, sondern muß eine Singuläraussage über diese Einzeltatsache begründen, letztlich also eine Aussage über eine Einzelsubstanz als Subjekt, da sich für Leibniz alle Aussagen auf Subjekt-Prädikat-Aussagen als den Grundtypus zurückführen lassen müssen. Hier sehen wir den Zusammenhang zwischen den beiden zentralen Annahmen von Leibniz, die den Determinismus unausweichlich machen, seiner Forderung nach restlos determinierenden Gründen und seiner These, jede Eigenschaft, die einem

Individuum wahrheitsgemäß zugeschrieben werden könne, müsse sich aus dem vollständigen Begriff dieses singulären Subjekts heraus begründen lassen, der Beziehungen zum ganzen Universum einschließt. Das Individuelle, ob nun als Einzelsubstanz oder Einzeltatsache, ist durch unendlich mannigfaltige Verknüpfungen zu allen koexistierenden Individuen bis ins Letzte festgelegt. Diese Verknüpfungen sind beim Begründen zu berücksichtigen.

Im Sinne von Kants berühmter Unterscheidung (die sicher auch von Leibniz' begriffsanalytischer Wahrheitstheorie beeinflußt ist) sind bei Leibniz alle wahren Aussagen analytische Urteile, in denen das Prädikat lediglich das im Subjekt bereits Implizierte erläutert oder ausdrücklich ausspricht; synthetische Urteile, deren Prädikat eine erweiternde, über das Subjekt hinausgehende Aussage bedeutet, kennt Leibniz nicht. Sind damit aber nicht alle Aussagen bei Leibniz notwendig? Denn nach Kant KrV B 191 ist der Satz des Widerspruchs das Prinzip, das zur Begründung aller analytischen Erkenntnisse völlig hinreicht. Als ein notwendiges logisches Gesetz aber macht dieses Prinzip die allein von ihm bestimmten analytischen Aussagen wohl gleichfalls zu notwendigen Wahrheiten. Wenn im Begriff, der die Individualität von Cäsar begründet, eingeschlossen ist, daß er den Rubikon überschreitet (vgl. DM § 13), dann kann man wohl nicht ohne Widerspruch behaupten, eben dieses Individuum habe den Rubikon nicht überschritten. Eine Eigenschaft, die man unmöglich, weil nur unter Widerspruch, bestreiten kann, muß ihrem Subjekt notwendig zukommen.

b) In einer kleinen Abhandlung über die Freiheit (von 1689, A VI 4, 1653–1659) glaubt Leibniz, beide Labyrinthe der Philosophie, dasjenige des Aufbaus des Kontinuums (III 5 a) und das soeben skizzierte der Freiheit durch ein angemessenes Verständnis des Unendlichen lösen zu können (1654). Genauer gesagt hofft er, mit den Mitteln der von ihm entwickelten Infinitesimalrechnung, also in den von ihm favorisierten graduell-quantitativen Differenzierungen, das Kontingente vom Notwendigen abgrenzen zu können. Notwendige Wahrheiten sind zum einen die ursprünglichen, d.h. die identischen oder unmittelbaren (immediatae), wo unmittelbar an der gegebenen Form der Aussage erkennbar wird, daß das Prädikat im Subjekt enthalten und die Aussage somit notwendig wahr ist. Alle abgeleiteten Aussagen demgegenüber müssen durch Analyse begründet werden. Notwendig sind unter ihnen diejenigen, die sich durch Analyse auf ursprüngliche Aussagen zurückführen und somit im strengen Sinne beweisen (demonstrare) lassen. In ihnen ist also eine Identität nach endlich vielen Schritten einer Analyse erreicht, die einen Begriff (nämlich den Subjekt- und gegebenenfalls den Prädikatbegriff) als das zu Definierende durch die ihn definierenden Begriffsmerkmale ersetzt und für diese Begriffsmerkmale wiederum ihre Definition substituiert (1655 f.). Kontingent sind demgegenüber Wahrheiten, wo eine derartige Analyse niemals endet, sondern ins Unendliche fortschreitet (resolutio procedit in infinitum, 1656). Sie lassen sich daher nicht im strengen Sinne beweisen. Erweisen (probare) aber läßt sich das Enthaltensein des Prädikats im Subjekt sehr wohl und damit die Wahrheit, die auch bei einer kontingenten Aussage durch Begriffsinklusion gewährleistet ist. „Eine wahre kontingente Aussage kann nicht auf identische zurückgeführt werden, wird aber dennoch erwiesen, indem man aufzeigt, daß sie sich bei einer mehr und mehr fortgesetzten Analyse identischen Aussagen zwar ständig annähert, niemals aber zu ihnen gelangt. Daher ist es Sache allein von Gott, der das gesamte Unendliche in seinem Geist umgreift, Gewißheit (certitudo) über alle kontingenten Wahrheiten zu erlangen." (GI § 134, C 388 / A VI 4, 776)

Die Rückführbarkeit notwendiger Aussagen auf identische und die nie abzuschließende Rückführung bei kontingenten vergleicht Leibniz (GP VII 200 / A VI 4, 912) auch damit, daß sich kommensurable Zahlen auf ein gemeinsames Maß zurückführen lassen, nicht aber inkommensurable, wo sich die Analyse nur beliebig einem gemeinsamen Maß nähert. Zu einem solchen unendlichen Begründungsregreß komme es bei Kontingentem, wenn man den nachfolgenden Zustand jeweils aus dem voraufliegenden erklären wolle, der als kontingent seinerseits aus dem voraufliegenden erklärt werden müsse usw. (VIII 2). Diese Analogie mathematischer Reihen (die sich unendlich fortsetzen lassen, sich dabei einem Grenzwert beliebig annähern, so daß der Unterschied kleiner als jeder gegebene wird, ihn jedoch nie erreichen) zu den Analysereihen kontingenter Wahrheiten, die sich einer Koinzidenz ihrer beiden Termini (Subjekt und Prädikat) auch nur asymptotisch annähern, wirft zahlreiche Probleme auf. Warum kann Gott allein a priori aus der Begriffsanalyse Gewißheit über eine kontingente

Wahrheit erlangen (GP VII 200 /A VI 4, 912; GI § 134; A VI 4, 1656)? Sicher, unser endlicher Geist vermag nicht wie der göttliche unendlich viele Glieder zu überblicken. Aber die mathematische Analogie legt nahe, daß es auch für die Analysereihen des Kontingenten eine Fortschreitensregel (regula progressionis, GI § 66) gibt, aus der wir, ohne die unendliche Folge im einzelnen durchgehen zu müssen, ablesen können, welchem Grenzwert sie zustrebt. Die Antwort mag wohl darin liegen, daß die Unendlichkeit mathematischer Reihen nur formal ist, d.h. aus einer beliebigen Wiederholung formaler Operationen erwächst (etwa einem fortgesetzten Halbieren) und sich daher auf ein endliches Bildungsgesetz reduzieren läßt. Die Unendlichkeit der Analyse, die eine kontingente Einzeltatsache begründen soll, beruht laut *Mon.* § 36 darauf, daß diese Tatsache einem Universum von unendlicher Mannigfaltigkeit und unendlich feiner Aufgliederung angehört. Eine solche Unendlichkeit des Inhalts ist nicht in einem endlichen Gesetz des Fortschreitens einer Reihe einzufangen. GI § 74 begründet ausdrücklich die Unbeweisbarkeit existentialer Aussagen (über irgendeine Einzeltatsache der wirklichen Welt) damit, daß hier der Erweis vom vollständigen Individualbegriff auszugehen habe, der eine unendliche Inhaltsfülle einschließe (infinita existentia involvit) und darum keinen eigentlichen Beweis in endlich vielen Operationen zulasse, sondern nur eine Approximation an ein Resultat, indem die Differenz kleiner als jede gegebene werde (C 376 f / A VI 4, 763; ähnlich C 18 / A VI 4, 1516).

Leibniz schätzt diese Unterscheidung des Notwendigen und des Kontingenten mittels Grenzwertbetrachtungen des Infinitesimalkalküls sehr hoch ein und bezeichnet sie als den innersten Unterschied (A VI 4, 1655). Ihrem esoterischen Charakter gemäß trägt er sie denn auch in den populäreren Darstellungen seiner Philosophie für eine größere Öffentlichkeit nicht vor. Als die eigentliche Unterscheidung muß sie indes (wie wir gleich sehen werden) auch bei den anderen Formen der Differenzierung vorausgesetzt werden, von ihr hängt mithin die Tragfähigkeit von Leibniz' Konzept ab. Offenbar glaubte Leibniz so die Vereinbarkeit von faktisch unfehlbarer Determination und prinzipieller Offenheit für Anderssein erklären zu können: Daß sich die Analysereihen einer Koinzidenz des Prädikats mit dem Subjekt (oder einem begrifflichen Bestandteil des Subjekts) beliebig annähern, legt den Sachverhalt, der in der Verknüpfung dieser beiden Termini besteht, unfehlbar fest. Dadurch aber, daß diese Koinzidenz nie erreicht wird, soll die Offenheit erhalten bleiben: es hätte auch nicht so sein können. Interpreten haben freilich immer wieder kritisiert, die Vorstellung einer unendlichen Begriffsanalyse bleibe viel zu vage und sei durch die mathematische Analogie unterbestimmt (vgl. z.B. Kaehler (III) 1989, 223–245, weitere Literatur Anm. 241). – Wenn wir bedenken, daß die Analysereihen darum unendlich sind, weil die zu begründende kontingente Tatsache mit allen weiteren Bestimmungen ihres Subjekts, ja mit dem gesamten Universum zusammenhängt und ihre Begründung so einen unendlich vielfältigen Inhalt einschließt, dann läßt sich die Kontingenz auch mit der Weltgebundenheit dieser Wahrheit zusammenbringen. Der endlich komplexe Begründungszusammenhang, der eine notwendige Wahrheit beweist, kann im Kontext mehrerer, ja aller möglichen Welten auftreten, gemäß dem Kriterium, eine notwendige Wahrheit sei eine, die in allen möglichen Welten gilt. Die unendlich komplexen Begründungszusammenhänge, in denen sich die unendlich mannigfaltigen Beziehungen des jeweiligen Sachverhalts zu allen anderen desselben Universums spiegeln, binden demgegenüber diesen Sachverhalt an diese Welt: Eine kontingente Einzeltatsache ist durch das unendlich komplexe Determinationsgeschehen unfehlbar in seinem Platz im jeweiligen Universum festgelegt und kann sich in keiner anderen Welt zutragen (vgl. bes. C 18f. / A VI 4, 1517). Kontingent ist sie insofern, als nicht notwendig dieser Weltverlauf hätte wirklich zu werden brauchen, sondern es auch eine andere mögliche Welt mit ganz anderen Sachverhalten hätte geben können. Die Tragfähigkeit von Leibniz' Kontingenzbegriff hängt somit wesentlich daran, ob alternative Weltverläufe genuin möglich sind (IV 3) (zu Leibniz' Kontingenzbegriff vgl. u.a. Adams (III) 1994 ch. 1, bes. S. 22–46).

c) Diese Infinitesimalbetrachtungen etablieren das Kontingente nicht als qualitativ vom Notwendigen unterschieden. Alles ist nach Leibniz durch begrifflich erfaßbare Determinationszusammenhänge unausweichlich festgelegt. Kontingenz ist jener Grenzfall, wenn diese Zusammenhänge wegen ihrer unendlichen Komplexität prinzipiell unabgeschlossen (offen) bleiben und sich einem bestimmten Resultat nur beliebig annähern. Eine alternative, offenbar qualitative Unterscheidung des Notwendigen und Kontingenten als essentielle und existentielle Wahrheiten (zur Terminologie vgl. etwa C 18), findet sich z.B. DM § 13: „... die notwendigen Wahrheiten gründen sich auf das Prinzip des Widerspruchs und auf die Möglichkeit oder Unmöglichkeit der Essenzen selber." (GP IV 438f. / A VI 4, 1549) Die notwendigen Wahrheiten sind also rein begriffliche Wahrheiten; denn die Essenzen (Wesenheiten) der Dinge sind sozusagen die begrifflichen Modelle der Dinge im Stadium der reinen Möglichkeit. Für begriffliche Verhältnisse aber sind die logischen Gesetze, namentlich das Prinzip des Widerspruchs maßgeblich, nach dem sich entscheidet, welche Essenzen oder Begriffe in sich möglich und welche darüber hinaus auch miteinander vereinbar sind. Im Bereich dieser ewigen oder essentiellen Wahrheiten sind die Verknüpfungen (einzelner Ideen zu einer Aussage: connexion) und die Abfolgeverhältnisse (zwischen Aussagen: consecution) in sich selbst oder absolut notwendig (437 / 1546f.). Weil hier die Verknüpfungen auf reinen Ideen oder Begriffen beruhen, sind sie Sache ausschließlich des göttlichen Verstandes als des Ortes der begrifflichen Modelle der Dinge (Essenzen) sowie ihrer Verknüpfungen zu ewigen Wahrheiten.Von den existentiellen oder kontingenten Tatsachenwahrheiten bestreitet Leibniz dies (437 / 1547): Sie beruhen auch auf dem göttlichen Willen als dem Vermögen, Existenz zu setzen, und sind daher nur hypothetisch notwendig, d.h., auch sie sind unfehlbar determiniert, aber nur unter der selbst nicht notwendigen Voraussetzung, daß Gottes Wille frei das Beste erwählt hat. Erst aus dieser Hypothese von Gottes freien Entscheidungen für das Optimum lassen sich auch die Tatsachenwahrheiten grundsätzlich a priori ableiten. Die Synthese von faktisch unfehlbarer Festlegung und prinzipiellem Andersseinkönnen versucht Leibniz auch in der Differenzierung auszudrükken: Kontingente Wahrheiten sind gewiß (certain), aber nicht notwendig. Die Gewißheit ergibt sich aus der hypothetischen Notwendigkeit, die seit Aristoteles (*phys.* II 9, 200a 10–14) eine Mittel-Ziel-Relation charakterisiert, im vorliegenden Falle: Die kontingenten Fakten der wirklichen Welt sind gewiß, weil sie das unerläßliche Mittel sind, um das göttliche Ziel einer größtmöglichen Vollkommenheit zu verwirklichen, das seinerseits zwar nicht notwendig, sondern frei erwählt worden ist, auf das Gott sich aber in einer endgültigen Entscheidung ein und für allemal festgelegt hat. Diese Gewißheit beruht mithin auf dem Entschluß, eine bestimmte Welt zu verwirklichen, und betrifft daher nicht die begrifflichen Möglichkeiten als solche: Die von Gott nicht erwählten Welten bleiben in sich selbst möglich (d.h. widerspruchsfreie Modelle einer Welt), auch wenn sie nicht den Kriterien genügen, um zur Verwirklichung erwählt zu werden (vgl. 438 / 1548). Daher ist das Wirkliche oder kontingent Faktische nicht notwendig, weil alternative Welten nicht unmöglich sind.

Leibniz faßt diese Gedanken in der Inhaltsangabe zu DM § 13 so zusammen: „Diese Wahrheiten, obgleich sie gewiß sind, bleiben nichtsdestoweniger kontingent, da sie auf der freien Entscheidung (libre arbitre) Gottes und der Geschöpfe gegründet sind. Gewiß, ihre Wahl hat stets ihre Gründe; aber diese machen ⟨nur⟩ geneigt, ohne zu nötigen." (GP II 12 / A VI 4, 1546) Auch hier versucht Leibniz wieder, die Doppelheit von Festlegung und Offenheit zu wahren. Die Entscheidung Gottes, eine bestimmte Welt zu erschaffen, ist frei, ebenso die Entscheidungen der vernünftigen Geschöpfe, die den Weltlauf mitbestimmen und die Gott als reine Möglichkeiten mit bedacht hat, als er die Inhalte (begrifflichen Modelle) der Welten im Hinblick auf die Wahl gegeneinander abwog. Als frei sind diese Entscheidungen ebenso wie die aus ihnen resultierenden Tatsachen kontingent. Dennoch sind die Resultate dieser Entscheidungen gewiß und daher voraussehbar, da sie vom Prinzip des Besten bestimmt sind: Gott erwählt, was er unfehlbar als das objektiv Beste erkennt. Die vernünftigen Kreaturen entscheiden sich für das, was ihnen als das Beste erscheint (438 / 1548). Damit stellt sich aber die Frage: Erweisen sich die existentiellen nicht letztlich doch als essentielle, begriffliche Wahrheiten, wenn sie auf einer Wahl gründen, die vom Besten bestimmt ist? Denn was das Beste oder Vollkommenste oder das mit dem reichsten begrifflichen Inhalt (bei gegebenen Voraussetzungen) ist, läßt sich laut Leibniz nach streng objektiven, begrifflichen Kriterien bestimmen. Leibniz' Ausweg liegt in der von ihm häufig wiederholten Formel, daß diese Gründe nur geneigt machen, ohne eine Notwendigkeit aufzuerlegen (incliner sans nécessiter). Das kann wohl nur heißen: Das von Gott unfehlbar als das Beste Erkannte ist ein Grund, der zwar faktisch unvermeidlich die Entscheidung determiniert, nicht aber eine Notwendigkeit im eigentlichen Sinne schafft. Soll ‚incliner sans nécessiter' keine leere Floskel sein, ist folglich bereits vorauszusetzen, daß man die faktisch unverbrüchliche Festlegung sinnvoll von der eigentlichen Notwendigkeit unterscheiden kann. Diese Unterscheidung läßt sich mithin nicht durch den Gegensatz von ‚nötigen' und ‚geneigt machen' begründen, ebensowenig wie durch die Zweiteilung von essentiellen, begrifflichen und existentiellen, auf freiem Willensentschluß beruhenden Wahrheiten, die diesen Gegensatz von ‚nécessiter' und ‚incliner' voraussetzen. Damit sind die unendlichen, sich der Identität nur asymptotisch nähernden Analysereihen die einzige Möglichkeit, den Kollaps von Leibniz' Determinismus in einen blanken Nezessitarismus zu vermeiden. Von ihr hängt die Tragfähigkeit von Leibniz' Entwurf ab.

Kontingent (im Sinne einer hypothetischen Notwendigkeit) sind nicht bloß Einzeltatsachen, sondern sogar die allgemeinsten, in der wirklichen Welt ausnahmslos geltenden Gesetze, sozusagen die Grundgesetze der von Gott erwählten Abfolge, mit denen diese Abfolge steht und fällt und die daher, soll diese Welt existieren, nicht einmal durch Wunder verletzt werden dürfen. Bezeichnenderweise bringt Leibniz die beiden Extreme, die allgemeinsten Gesetze und die Erkenntnis des Einzelnen insofern zusammen, als hier die vollkommene, d.h. begründende Erkenntnis a priori Gott vorbehalten ist (C 19f. / A VI 4, 1518). Der Grund läßt sich eindeutig erschließen: Die Begriffsanalyse ist in beiden Fällen unendlich komplex, weil beide gleichermaßen weltgebunden sind, d.h. das Universum in seiner ganzen Inhaltsfülle voraussetzen und umgekehrt von diesem impliziert sind: die allgemeinsten Gesetze, weil sie der jeweiligen Abfolge (Welt) wesentlich sind (C 20 / A 1518) und deren Existenz von ihrer Geltung abhängt; das Einzelne, weil es wegen seines universellen Zusammenhangs mit allen anderen Einzeldingen und -tatsachen nur in dieser Welt wirklich werden kann. Die Kontingenz erschöpft sich bei beiden darin, daß Gott in seiner Entscheidungsfreiheit eine andere Welt hätte erschaffen können; sowie diese Welt gesetzt ist, sind sie aber notwendig: hypothetische Notwendigkeit. (Von den Gesetzen sagt es Leibniz C 20 / A 1518 explizit; damit läßt es sich auch auf die mit ihnen parallelisierten Einzeltatsachen übertragen; dies bestätigt unsere Deutung, das kontingente Einzelne sei weltgebunden.) Hypothetisch notwendig sind damit nicht nur Einzelaussagen, die im Nachsatz eines hypothetischen Wenn-dann-Gefüges von einer Bedingung abhängig gemacht werden, sondern auch Gesetze, die selbst die Form eines hypothetischen Folgeverhältnisses haben. Denn sie hängen ihrerseits von der Voraussetzung von Gottes Wahl des Besten ab (zu Leibniz' Begriff hypothetischer Wahrheiten vgl. Ishiguro (IX) 1990, 154–170). Für uns begrifflich erfaßbar ist nur das Kontingente im Sinne des intermediären Allgemeinen (C 19 / A 1518), d.h. der Gesetze, die auf der Allgemeinheitsskala inmitten der Einzelfakten und der allgemeinsten Gesetze stehen, also das auf Abstraktion beruhende Allgemeine: zum einen die meistenteils geltenden induktiven Verallgemeinerungen, zum anderen die physisch notwendigen Naturgesetze, die im Rahmen der Naturordnung ausnahmslos gelten, von Gott aber in einem Wunder aufgehoben werden können.

Für die Freiheit erwächst eine besondere Schwierigkeit daraus, daß kontingente Sachverhalte weltgebunden sind: Unlösbar sind sie in die Determinationszusammenhänge der wirklichen Welt eingebunden, so daß sie im Kontext keiner anderen Welt geschehen könnten, und sind daher nur insofern kontingent, als nicht diese Welt hätte wirklich zu werden brauchen. Entsprechend dazu sind auch die Individuen weltgebunden. Sicher, ein individuum vagum (III 1b) kann in mehreren Welten vorkommen; auch in anderen möglichen Welten könnte es eine Person geben, die dort eine ganz analoge Rolle spielt wie in der wirklichen Adam, die entsprechende charakteristische Merkmale aufweist etc. Aber im Sinne einer strengen Identität kann es in keiner Welt dasselbe, durch denselben Individualbegriff festgelegte Individuum wie Adam geben. Wahlfreiheit, daß Adam sich kraft der Kontingenz zu einem anderen Handeln hätte entschließen können, kann angesichts seiner Weltgebundenheit nur heißen: Es hätte eine andere Welt geben können, wo ein Adam analoges Individuum sich in einer solchen Lage anders verhalten hätte. Ist das Entscheidungsfreiheit, wenn das Individuum selbst unfehlbar auf sein tatsächliches Handeln festgelegt ist, und es nur möglich ist, daß sein Gegenstück (counterpart im Sinne von Lewis (2) 1973) in einer entsprechenden Situation anders gehandelt hätte? (Zu Leibniz' Überessentialismus, nach dem jede Eigenschaft einem Individuum wesentlich oder für seine Identität konstitutiv ist, so daß es keine Identität über verschiedene mögliche Welten hin (transworld identity) geben kann, vgl. u.a. Mondadori (VII. 1) 1973 und 1975, Blumenfeld (VII. 1) 1982 und Adams (III) 1994, ch. 2.)

Was die Freiheitsbedingung der Spontaneität anbetrifft, so rühmt sich Leibniz: Sein Begriff der Spontaneität, nach der alle Zustände einer Substanz dem eigenen Inneren entspringen, garantiere, wenn sie sich bei vernünftigen Geschöpfen mit der weiteren Freiheitsbedingung der Intelligenz paare, bereits die Freiheit (z.B. DM § 32; *Theod.* I § 65; vgl. auch die Definition der Freiheit als spontaneitas intelligentis, z.B. GP VII 108). Spontaneität meint hier aber bloß die kausale Geschlossenheit eines Systems, daß eine einfache Substanz keine realen Einwirkungen von außen erleidet, daß ihr Erleiden in Wahrheit ein spontanes Tun aus dem eigenen Inneren ist, das nur idealiter in etwas Äußerem seinen Anlaß hat (SD II 5, GM VI 251), auf den das Subjekt mit einem spontanen Tun antwortet. Eine solche kausale Selbstgenügsamkeit schließt aber keineswegs eine schöpferische Spontaneität im üblichen Verständnis ein, daß ein Subjekt von sich aus Neues entwerfen und schaffen kann, ja schließt sie sogar aus. Denn damit die Übereinstimmung dieser kausal geschlossenen Systeme garantiert ist, müssen sie ein Programm abspielen, das Gott ein und für allemal im voraus für sie festgelegt hat (prästabilierte Harmonie).

6. Läßt sich etwas anderes als das Vollkommenste begründen?

Unsere kritische Untersuchung, ob es Leibniz gelungen ist, einen genuinen Begriff der Kontingenz zu etablieren, können wir auch am Prinzip der Vollkommenheit, der Angemessenheit (convenance) oder (der Wahl) des Besten als dem Prinzip für das Kontingente festmachen (vgl. z.B. *Mon.* § 46). Aufschlußreich für die Frage, in welchem Verhältnis dieses Prinzip zum Prinzip des zureichenden Grundes steht, ist das 5. Schreiben an Clarke §§ 9f. (GP VII 390f.). Zunächst sagt Leibniz, das Kontingente, das existiert (das also, was an sich sowohl sein als auch nicht sein kann, faktisch aber ist), verdanke seine Existenz dem Prinzip des Besten, dem hinreichenden Grund der Dinge (§ 9; zum Kontingenten als dem bloß Faktischen gegenüber dem (irrealen) Möglichen

s. Schepers (VII. 1) 1988). In § 10 kennt er als das große Prinzip der Existenzen nur noch das Prinzip, daß ein zureichender Grund erforderlich ist. Wenn wir bedenken, daß das principium rationis selbst ein notwendiges und damit schlechthin allgemeingültiges Prinzip ist, das gleichermaßen für Notwendiges wie für Kontingentes gilt (II 2 u. 3), dann legt sich die Deutung nahe: Das Vollkommenheitsprinzip ist eine Anwendung der universalen, gleichermaßen für alle möglichen Welten geltenden Begründungsforderung auf das faktisch Existierende. Weil die wirkliche Welt nach Leibniz die vollkommenste oder bestmögliche ist, wird die vom principium rationis geforderte zureichende Begründung beim aktuell Existierenden dadurch geleistet, daß man aufzeigt, inwiefern es das Vollkommenste ist. (Das besagt nicht, daß ein Einzelding, um verwirklicht zu werden, für sich genommen das Beste sein müßte, sondern nur, daß es sich in das bestmögliche Gesamtsystem fügt, während ein für sich betrachtet vollkommeneres Einzelnes, das an seine Stelle treten könnte, mit der besten Welt inkompatibel ist und daher nicht realisiert wird.) Oder vielmehr umgekehrt: Unter zahlreichen Alternativen, die rein begrifflich gleich möglich sind, läßt sich keine andere Auszeichnung finden, die zureichend begründet, weshalb etwas zur Existenz gelangen sollte, als daß man es als das Vollkommenste erweist (vgl. DM § 13, GP IV 438 / A VI 4, 1549). Wenn nun freilich der Aufweis, etwas sei das Vollkommenste, nicht bloß eine unter vielen Möglichkeiten ist, die unbedingt gültige Begründungsforderung zu erfüllen, und zwar die Möglichkeit, die kraft freien göttlichen Entschlusses als die für die wirkliche Welt maßgebliche eingesetzt worden ist, wenn sich vielmehr allein das Vollkommenste als ein Extrem (Maximum oder Minimum) innerhalb von kontinuierlich ineinander übergehenden Alternativen auszeichnen und damit begründen läßt, so wird dadurch die Kontingenz fraglich.

Dies wird in Leibniz' Erörterung der Extremalgesetze deutlich, die sich vor allem unter den optischen Gesetzen finden. Beim Herleiten und Begründen von Naturgesetzen läßt sich das metaphysische Prinzip der (größtmöglichen) Vollkommenheit nämlich praktisch anwenden, da die Naturgesetze kontingent sind (IV 5c) und so zum Anwendungsbereich dieses Prinzips gehören. Zwar müssen die Naturgesetze die Naturphänomene ausschließlich in solchen Kategorien beschreiben und erklären, die ein Mechanist anerkennt. Aber Leibniz gestattet (z.B. nach *Theod.* III § 345) nicht bloß empirische Verfahren, sie zu gewinnen und zu begründen (wie induktiv verallgemeinern, am Einzelfall auf Falsifizierbarkeit überprüfen), sondern er legitimiert auch rationale Mittel ihrer Herleitung: Unter der metaphysischen Voraussetzung, ein intelligentes Wesen habe die Welt zielbewußt und zweckmäßig eingerichtet, sucht Leibniz nach den Gesetzmäßigkeiten, durch die der zu erklärende Zusammenhang am einfachsten und somit optimal geordnet ist. Im *Tentamen anagogicum* (GP VII bes. 272–279) wendet Leibniz diese finalen Grundsätze, daß die Natur stets die am meisten festgelegten Wege beschreitet, die je nachdem das maximale oder minimale Quantum ergeben, erfolgreich auf die Entdeckung und Rechtfertigung optischer Gesetze an: Das Licht verbreitet sich stets in der Weise, daß es den leichtesten Weg einschlägt, auf dem es in kürzester Zeit vom Ausgangs- zum Endpunkt gelangt. Ohne Widerspruch wäre natürlich möglich, daß das Licht jeden anderen Weg nimmt; dieser ließe sich stets als durch ein Gesetz geregelt begreifen. Auch hier gibt es im Sinne der lex continuitatis nicht das absolute Chaos als den qualitativen Gegensatz zur Ordnung, sondern nur mehr oder minder hohe Grade der Ordnung. DM § 6 (ähnlich GP VII 312 / A VI 4, 1619) veranschaulicht Leibniz dies daran, daß man beliebig Punkte auf einem Papier zeichnen und durch eine Linie verbinden kann. Immer läßt sich ein (wenngleich oft sehr komplexes) Gesetz formulieren, das die Linie genau in der gezogenen Reihenfolge festlegt. Ordnung ebenso wie Harmonie kommt für Leibniz dadurch zustande, daß man in einer Vielheit Zusammenhänge aufweist und sie so auf eine Einheit zurückführt. Eine Ordnung überhaupt in diesem Sinne läßt sich immer nachweisen, da sich stets eine Regel formulieren läßt, die ein der gegebenen Vielheit (hier den Punkten einer Linie) gemeinsamer Begriff (notion commune) ist, der bei der gesamten Abfolge gleichbleibt (constante) und insofern in der Vielheit Einheit stiftet (uniforme), wenn auch eine verwirrend vielfältige Regel uns als Unordnung erscheint. Eine solche Ordnung überhaupt oder eine Gesetzmäßigkeit der Weltentwicklung (progressionis leges, GP VII 312 / A VI 4, 1619), die von vornherein garantiert ist, wie immer Gott die Welt erschaffen hätte, können ebensowenig wie die kontinuierlich ineinander übergehenden

Grade dieser Ordnung, unter denen keiner ausgezeichnet ist, für Gott einen Grund darstellen, eine bestimmte Welt zu erwählen. Ein solcher Grund findet sich offenbar nur in der vollkommensten Welt, die in einer maximalen Vielfalt von Phänomenen größtmögliche Einheit stiftet.

Dies stellt nun aber eine ernstliche Gefährdung der Kontingenz dar. Denn es sind wohl notwendige Vernunftwahrheiten und keine bloß kontingenten Fakten, daß sich zum einen innerhalb eines Kontinuums von Möglichkeiten nur der Grenzwert auszeichnen läßt und daß zum anderen nur das begründet werden kann, was sich vor seinen Alternativen durch spezifizierbare Merkmale auszeichnet. Nun ist aber das principium rationis in seiner allgmeinen Fassung, wie wir uns aufzuweisen bemüht haben, gleichfalls ein absolut notwendiger Grundsatz, d.h., es ist für Leibniz unbedingt notwendig, daß sich für alles, was existiert oder der Fall ist, eine zureichende Begründung geben läßt. Notwendig ist zunächst nur ein Grund überhaupt, keine besondere Form der Begründung. Weil es nun aber offenbar unmöglich ist, innerhalb eines Kontinuums etwas anderes als den Grenzwert auszuzeichnen, mithin allein das Vollkommenste begründet ausgewählt werden kann, scheint Gott keine andere als die vollkommenste Welt erschaffen zu können, weil sich allein deren Existenz begründen läßt.

Leibniz selbst hat das recht klar gesehen, wenn er sagt: Das Prinzip, um zu einer Festlegung oder Bestimmtheit zu gelangen (principium determinationis) muß von einem Maximum oder Minimum gewonnen werden, daß mit minimalem Aufwand ein maximaler Effekt erzielt wird (GP VII 303). Daher existiert der Weltverlauf (series rerum), durch den ein Maximum zur Existenz gelangt, weil allein er bestimmt (determiniert) ist (These 9f., GP VII 290). Dieser Gedanke durchzieht alle Schaffensperioden: Gott wirkt auf die vollkommenste Weise, d.h. die einfachste und zugleich leistungsfähigste, weil es keinen Grund gibt, der auf eine andere festlegt (1676, Grua 267 / A VI 3, 587f.). Und die *Theodizee* endet mit dem Gedanken: Unter unzähligen möglichen Welten muß es eine Spitze der Pyramide, eine allerbeste geben; sonst hätte sich Gott nicht dazu bestimmt, eine zu erschaffen (III § 416, GP VI 364).

7. Kommt das Vollkommenste in einer freien Entscheidung Gottes oder durch einen metaphysischen Mechanismus zustande?

Leibniz beschreibt das Festgelegtsein Gottes auf das Vollkommenste in einer noch zugespitzteren Form, wenn er in *De rerum originatione radicali* (ROR; Nov. 1697, GP VII 302ff.) von einem metaphysischen Mechanismus spricht, aus dem die wirkliche Welt hervorgeht als diejenige, durch die ein Maximum an möglichem Sachgehalt zur aktuellen Existenz gelangt (304). Ausgangspunkt ist, daß in den möglichen Dingen oder der Möglichkeit eine Forderung nach Existenz (exigentia existentiae) oder eine Anwartschaft auf Existenz liegt (praetensio ad existendum). Statt von Möglichkeit spricht Leibniz auch von Wesenheit (essentia). Wesenheit heißt für Leibniz soviel wie eine spezielle Möglichkeit (A VI 3, 583), d.h. sie ist nicht irgendein möglicher (konsistenter) Begriffsinhalt, sondern einer, der den Begriff eines möglichen Dinges in seiner wesentlichen Eigenart ausmacht. Damit kann Leibniz in ROR den Anspruch der möglichen Dinge auf Existenz zu der Formulierung zuspitzen: Die Essenz strebt von sich aus (per se tendere) zur Existenz. Alle möglichen Entitäten haben grundsätzlich den gleichen Anspruch auf Existenz. Da sich aber der Anspruch auf Existenz auf den positiven Begriffsinhalt oder Sachgehalt (realitas) gründet, den eine mögliche Entität ausdrückt, ist die Intensität ihres Strebens nach Existenz proportional zur Quantität an positivem Sachgehalt oder (gleichbedeutend) zum Grad ihrer Vollkommenheit (Paraphrase einer Passage von ROR 303). Den nächsten Gedankenschritt haben wir in der vorigen Sektion schon besprochen: Unter zahllosen Alternativen, wie eine bestimmte Entität (z.B. ein Dreieck) konstruiert, eine bestimmte Operation (Verbinden zweier Punkte) vollzogen werden kann etc., ist ohne zusätzliche Spezifikation allein der Grenzwert ausgezeichnet und daher begründet erwählbar (303f.). Auf den vorliegenden Fall angewandt bedeutet das: Aus der a posteriori festzustellenden Tatsache, daß überhaupt etwas existiert, läßt sich erschließen, daß es einen Grund geben muß für einen Übergang vom Nichtsein oder der bloßen Möglichkeit zum Dasein oder zur Wirklichkeit in der Form, daß in den Möglichen eine Tendenz zum Sein liegt. Sofern nichts zusätzlich bestimmt wird (determinari), muß die Tendenz in einem metaphysischen Mechanismus ein Maximum zur Existenz bringen, soviel nur die gegebene Kapazität der möglichen Seinsordnung zuläßt (304).

Nicht erst die Zwangsläufigkeit, mit der in einem metaphysischen Mechanismus die maximale Möglichkeit realisiert wird, droht zu einem Nezessitarismus zu führen, sondern bereits die Annahme, in jedem Möglichen liege eine Tendenz, die von sich aus zur Wirklichkeit führt, sofern keine konkurrierende Möglichkeit dies verhindert, die mehr positiven Gehalt in sich befaßt und daher einen stärkeren Existenzanspruch hat. Leibniz betont im Zusammenhang mit dem ontologischen Gottesbeweis an zahlreichen Stellen (z.B. DM § 23), darin bestehe das Vorrecht der göttlichen Natur, daß man bei ihr nur die Möglichkeit des Begriffs zu erweisen habe und daß dann mit der Möglichkeit oder gleichbedeutend der Essenz bereits das wirkliche Existieren gegeben sei. Gott ist ein aus sich selbst heraus Seiendes (ens a se), weil er seine Existenz aus sich selbst (dem eigenen Wesen) heraus hat, und sie ihm nicht von außen verliehen zu werden braucht. Dies macht Gott aber, wie Leibniz gleichfalls sieht, zu einem notwendig Existierenden (DM § 23; ROR 303). Wenn in der Möglichkeit bereits das Wirklichsein beschlossen sein soll, so müssen alle anderen Möglichkeiten (oder das Nichtsein dieser Möglichkeit) von vornherein als unmöglich ausgeschlossen sein. Eben dies definiert aber modallogisch die Notwendigkeit. Nicht von ungefähr steht am Anfang von Spinozas *Ethik* der Begriff einer Ursache ihrer selbst (causa sui), die in ihrem eigenen Wesen bereits die Existenz beschließt (*Eth.* I, def. 1). Für Spinoza gilt diese Definition für die mit der göttlichen Substanz ineins gesetzte Wirklichkeit insgesamt, die folglich alternativlos und daher notwendig ist. Leibniz beschränkt die Selbstverursachung ausdrücklich auf Gott. Aber wird diese Begrenzung der Notwendigkeit nicht wieder dadurch rückgängig gemacht, daß er auch bei den innerweltlich Seienden einen Übergang von der Möglichkeit zur Wirklichkeit zugesteht kraft eines den Möglichen innewohnenden Existenzstrebens, durch das das tatsächlich Wirkliche in einem mechanischen Auswahlprozeß zumindest mit physischer Notwendigkeit zur Existenz gelangt ist?

Wir können diese Frage auch etwas anders in bezug auf die begriffsanalytische Wahrheitstheorie stellen. Nach NE IV 1, § 7 (A

VI 6, 358) ist auch die (reale) Existenz ein Prädikat, das mit dem Begriff des Subjekts, dem es zugeschrieben wird, zusammenhängen muß. Nun kann ein im Subjektbegriff eingeschlossenes Prädikat für Leibniz durchaus kontingent sein (IV 5). Alle Existenzen mit Ausnahme der von Gott sind so kontingent. Die Fortsetzung dieser These (in Grua 288 / A VI 4, 1445) zeigt aber, daß Existenz kein gewöhnlich kontingentes Prädikat ist, das sich aus dem Begriff oder der Definition seines Subjekts allein in einer wenngleich unendlichen Analyse ableiten läßt. Die Ursache, warum ein Kontingentes vielmehr als ein anderes existiert, ist nicht in seiner Definition allein zu suchen, sondern im Vollkommenheitsvergleich mit all den unzähligen nicht verwirklichten Möglichkeiten. In diesem Sinne sagt Leibniz C 19 / A VI 4, 1518 von den Existentialaussagen, in denen aktuelle Existenz vorausgesetzt ist, zu ihrer Begründung reiche nicht die Kenntnis des gesamten Weltverlaufs, sondern es bedürfe des Vergleichs mit allen anderen Möglichkeiten. Da Mögliche nach Leibniz niemals isoliert verglichen werden können, sondern nur im Kontext der jeweiligen Welt, in den sie eingebettet sind, bedarf es zur begriffsanalytischen Begründung der Existenz einer Unendlichkeit von Unendlichkeiten, deren Gott nach *Theod.* II § 225 fähig ist: Es müssen unendlich viele Welten miteinander verglichen werden, deren jede in sich unendlich vielfältig ist. Obgleich sich Existenz (grundsätzlich oder für Gott) begrifflich begründen läßt, ist sie insofern doch kein gewöhnliches analytisches Prädikat, als sie über den Begriff ihres Subjekts hinausgeht; denn der Individualbegriff schließt nur die unendlich reichen Beziehungen zum jeweiligen Universum ein. Ist dadurch, daß die Begründung keine einfache Unendlichkeit, sondern eine doppelter Mächtigkeit verlangt, aber schon echte Kontingenz gewährleistet?

Wenden wir uns nun dem noch heikleren Mechanismus Metaphysicus zu. Leibniz scheint zwei zueinander konkurrierende Beschreibungen der Weltentstehung zu geben. Nach der theologischen Version hat Gott sämtliche Möglichkeiten, eine Welt zu erschaffen, als Ideen in seinem Verstand verglichen und sich kraft seines moralischen Willens frei dazu entschieden, die bestmögliche zu verwirklichen (vgl. etwa *Theod.* I § 7). Alternativ ist die Beschreibung, daß die vollkommenste Möglichkeit sich kraft ihres Existenzstrebens, das proportional zu ihrem maximalen positiven

Sachgehalt das stärkste ist, zwangsläufig gegenüber den konkurrierenden Möglichkeiten durchgesetzt hat. Leibniz selbst hat diese beiden Darstellungsformen nun sicher nicht als konkurrierend und sich ausschließend, sondern vielmehr als komplementär empfunden. Dies wird vor allem bei der Frage der Realität der possibilia deutlich. Wenn die Möglichkeiten ontologisch wirkmächtig sein und die ihnen von Leibniz zugeschriebene Rolle einnehmen sollen, der Grund der Existenz (ratio existendi) oder das zu sein, aus dem alle Wirklichkeit hervorgeht, dann dürfen sie nichts bloß Fiktives sein, sondern es muß ihnen irgendeine Form der Realität zukommen. Diese Realität läßt sich auf mindestens zwei Weisen begreifen: Man kann im Sinne eines skotistischen Essentialismus annehmen, den Essenzen oder intelligiblen Gehalten komme ein eigenständiges, wenngleich vermindertes Sein (esse diminutum) zu, das darin besteht, ein dem Denken sachlich vorgegebener Gegenstand zu sein (esse obiectivum) – eine Position, die im frühen 20. Jhd. etwa Frege und Husserl bezüglich der mathematischen und logischen Gegenstände vertreten haben. Die so verstandenen Essenzen stellten in ihrem miteinander konkurrierenden Streben nach Existenz eine Art Vorstufe zur Wirklichkeit dar, die hinreichend wäre, das volle Wirklichsein nach eigenen, inneren Gesetzen aus sich hervorgehen zu lassen (zur These, daß ein wählender Gott hiernach wegfallen könnte, vgl. Axelos (VII. 2) 1973, 168ff., vgl. dagegen z.B. Blumenfeld (VII. 1) 1973, Allen (VII. 1) 1983, 2f. und Wiehart-Howaldt (XI) 1996, bes. 156–161). Leibniz hingegen entscheidet sich für die andere konzeptualistische Deutung. Die Essenzen oder die (Existenz beanspruchenden) Möglichkeiten sind nur insofern real, als sie in einer aktuell existierenden Substanz begründet liegen, d.h. sofern sie als Ideen (Konzepte) in einem Geist gedacht sind. Daher ist Gott nicht bloß die Quelle jeder Existenz, sondern (als Reich der Ideen) auch der Essenzen, indem er den Möglichkeiten Realität verleiht (305; vgl. auch *Theod.* I § 7, II § 184; PNG § 10). Daß die Möglichen über die bloße Möglichkeit hinaus ein ihrem positiven Gehalt proportionales Streben (conatus) oder eine Neigung (propensio) zum aktuellen Existieren haben, besagt demnach in die konzeptualistische Sprache übersetzt: Gott ist kraft seines freien Entschlusses für das Vollkommenste bestrebt (geneigt), die Ideen von diesen Möglichkeiten entsprechend ihrer Vollkommenheit zu verwirklichen (Grua 324 / A VI 4, 557; GP VII 310 / A VI 4, 1616f.).

Wir sehen jetzt, inwiefern beide Darstellungen des Entstehens der wirklichen Welt komplementär sind. Die Darstellung als Konkurrenzkampf der (nach Wirklichkeit strebenden) Möglichen bedarf der Ergänzung durch Gottes Wahl des Besten, weil die Möglichkeiten nur als Ideen in Gottes Verstand real und ontologisch wirksam sind. Gottes freie Entscheidung für das Vollkommenste ist umgekehrt durch den Aspekt eines metaphysischen Mechanismus zu ergänzen, um auszudrücken, daß dieser Entschluß ohne jede subjektive Willkür streng durch sachliche Gründe determiniert, ja in einem mechanischen Entscheidungsverfahren herbeizuführen ist. Bei den Essenzen ist nämlich zweierlei zu unterscheiden. Bezüglich des Inhalts der Essenzen, der ihnen als bloßen Möglichkeiten zukommt und der die einzelnen Essenzen voneinander unterscheidet, betont Leibniz gegen einen Voluntarismus, auf den er vor allem bei Descartes gestoßen ist: Die Essenzen sowie die aus ihrer Verknüpfung resultierenden ewigen Vernunftwahrheiten (der Mathematik, aber auch der Moral) verdanken ihren Ursprung nicht einer Setzung durch den göttlichen Willen, vielmehr sind sie auch Gott vorgegeben, dessen Verstand sie zu konstatieren hat und nicht setzt (vgl. etwa *Theod.* III § 335). Trotzdem folgt daraus nicht zwingend die essentialistische Auffassung eines Grotius, daß die ewigen Vernunftwahrheiten selbst dann bestünden, wenn es keinen Gott gäbe. Denn im zweiten Punkt, dem ontologischen Status, der allen Essenzen gleichermaßen eignet, läßt Leibniz sie entgegen dem Essentialismus von Gott abhängig sein, genauer davon, daß sie von ihm gedacht werden. Demnach sind die Essenzen und notwendigen Vernunftwahrheiten zwar objektiv vorgegeben, ohne doch für sich zu subsistieren; durchaus konzeptualistisch definiert Leibniz die realitas als cogitabilitas (GP I 272 / A VI 4, 26): Da die Essenz zunächst als Idee Gottes gegeben ist, ist auch der in ihr beschlossene Sachgehalt (realitas), bevor er eine positive Wirklichkeit (etwa eine Kraft oder Qualität) ausmacht, ein intelligibler (denkbarer) Inhalt (cogitabilitas).

Es stellt sich uns nun die Frage, welche dieser komplementären Sichtweisen die eigentliche ist. Man mag versucht sein, den metaphysischen Mechanismus als die eigentlich wissenschaftliche Beschreibung zu werten, in der freien sittlichen Entscheidung Gottes für das Bestmögliche hingegen bloß eine metaphorische Darstellung aus der Bildwelt des traditionellen Glaubens zu sehen. – Dem ist hier aber nicht so. Selbst wenn wir davon absehen, daß Leibniz dem konzeptualistischen vor dem essentalistischen Ansatz den Vorzug gibt: mit dem Streben (nach Existenz) bringt Leibniz eine spezifisch mentale Bestimmung ins Spiel, die man nur einem vernünftigen Wesen zuschreiben kann. Hier beobachten wir wieder das enzyklopädische Nebeneinander verschiedener Ansätze. Begriffslogisch begründen läßt sich die Annahme, daß den verschiedenen Begriffen proportional zu ihrem je verschiedenen Grad an affirmativem Sachgehalt (essentia, realitas) ein verschiedener Anspruch auf Existenz zukommt. Offen bleibt freilich, wie dieser zunächst bloß abstrakte Existenzanspruch ontologisch wirksam werden kann. Mit der Vorstellung, er werde in Form eines Strebens wirkmächtig, sprengt Leibniz den begriffslogischen Rahmen durch einen mentalistischen Ansatz. Denn Streben ist ein Proprium des Mentalen. (In der Natur kann Leibniz nur insofern ein Streben annehmen, als dieses natürliche Tendieren die Erscheinung einer zugrundeliegenden mentalen Wirklichkeit ist.) Ideale, zeitlose Entitäten wie die Essenzen können nicht streben. Die eigentliche Darstellung ist daher: Gott strebt die in seinen Ideen gedachten Gehalte zu verwirklichen, in einem Intensitätsgrad, der der von ihm eingesehenen Vollkommenheit entspricht. Gottes Entscheidungsverfahren ist freilich mit der Strenge eines metaphysischen Mechanismus determiniert (vgl. Poser (VII. 1) 1969, 61–66).

Die zahlreichen mentalistischen Elemente, die innerhalb von Leibniz' Metaphysik auftreten, führen uns zu unserem nächsten Kapitel, der Erkenntnistheorie, und zeigen uns bereits deren Stellung an: Sie ist bei Leibniz nicht so sehr eine eigenständige Disziplin, sondern letztlich ein integrierender Bestandteil der Metaphysik mit vielerlei Abhängigkeiten in beiderlei Richtungen. Dies läßt sich gerade auch an der spezifischen Form ablesen, in der er den Konzeptualismus vertritt. Als ein gemäßigter Nominalist unterschreibt auch der Konzeptualist das nominalistische Sparsamkeitsprinzip, daß die Seienden nicht mehr als notwendig zu vermehren sind. Bereits der frühe Leibniz stützt auf diesen Grundsatz vor allem die Forderung nach Prinzipiensparsamkeit, wie aus einer Stelle seiner Einleitung zu Nizolius (1670, GP IV 158 / A VI 2, 428) hervorgeht: Eine Erklärungshypothese ist umso besser, je einfacher sie ist, d.h. je weniger sie unbewiesen anzunehmen hat. Da diese Einfachheit in den Erklärungsgrundlagen sich gerade mit einer Fülle und Vielfalt in den zu erklärenden Phänomenen paare, werde dadurch der Reichtum der göttlichen Schöpfung keineswegs beschnitten. Hier haben wir bereits den später (auch in ROR) so bedeutsamen Vollkommenheitsbegriff, aus möglichst einfachen Voraussetzungen ein möglichst reiches Resultat zu erzielen. Anders als der Realist, der unbedenklich ganze Hierarchien abstrakter, universaler Entitäten ansetzt, sieht der Nominalist die wissenschaftliche Erklärung als eine menschliche Leistung an, die wie jedes menschliche Tun möglichst effektiv mit minimalem Aufwand Maximales erreichen soll. Leibniz indes begründet diese Forderung möglichst weniger und einfacher Grundannahmen, die gleichsam der Aufwand mentaler Operationen sind, nicht so sehr damit, daß dies uns Menschen einen Erklärungsvorteil bereite, sondern argumentiert: „Wer anders vorgeht, bezichtigt eben dadurch die Natur oder vielmehr ihren Schöpfer, Gott, eines törichten Überflusses.“ (a.a.O.) Die spezifische Ausprägung von Leibniz' Konzeptualismus besteht also darin, daß er die nominalistische Prinzipiensparsamkeit ursprünglich auf die Operationen des göttlichen Geistes und nicht die menschliche Begriffsbildung bezieht. Nach DM § 5 lassen sich nämlich die Grundprinzipien, die Gottes schöpferischer, real wirkmächtiger Geist der Weltschöpfung zugrundelegt, mit den (voneinander unabhängigen) Hypothesen parallelisieren, die ein Mensch zur Konstruktion seines Gedankengebäudes ansetzt. Hier sehen wir, inwiefern Leibniz' Konzeptualismus mit einem Essentialismus vereinbar ist. Vom Standpunkt des Menschen aus ist die Prinzipiensparsamkeit nicht so sehr aus Denkökonomie heraus zu suchen, sondern weil er damit den Naturgesetzen gerecht wird, die Gott eingesetzt hat, die der Mensch mithin als unabhängig von ihm vorgegeben bereits vorfindet. Die Prinzipiensparsamkeit ist damit auch ontologisch bedeutsam, da in den Grundlagen der Natur (vom Schöpfer) alles Überflüssige, nicht Zweckdienliche vermieden ist. Wenn Leibniz (z.B. PNG § 14, GP VI 604f.) der Seele architektonische Fähigkeiten zuschreibt, daß sie in ihrem willentlichen Handeln (indem sie Gottes Schöpfertätigkeit im Kleinen nachahmt) Ordnungsstrukturen entwirft, so scheint er sich einem Konstruktivismus anzunähern, nimmt dies aber doch wieder in der Bemerkung zurück, sie entdecke die Wissenschaften, nach denen Gott die Welt geregelt habe. Hiernach scheint theoretisches Erkennen eher ein Nachvollziehen gegebener Ordnungen, die unser Geist in Gottes Schöpfung vorfindet.

V. Leibniz' Erkenntnistheorie im Zusammenhang seiner Metaphysik

1. Empirisches versus rationales Erkennen a priori

Darin, daß Leibniz sein umfangreichstes Werk, die *Nouveaux essais sur l'entendement humain* (NE), Fragen der Erkenntnis, zumal – bedingt durch die Vorgaben Lockes – des empirischen Erkennens widmet, zeigt sich unbestreitbar der dialogische Charakter seiner Philosophie, in ihrem Anlaß wie in ihrer inhaltlichen Position. Vom Standpunkt des Leibnizschen Systems käme dem empirischen Erkennen bloß eine untergeordnete Rolle zu. Aus dem systematischen Zentrum seiner Philosophie, der begriffsanalytischen Wahrheitstheorie und der Konzeption völlig autarker Einzelsubstanzen (als ihrem metaphysischen Pendant), ergibt sich sogleich: Die eigentlich adäquate Erkenntnis nicht bloß der notwendigen Vernunftwahrheiten, sondern auch der kontingenten Tatsachenwahrheiten besteht darin, die begrifflichen Zusammenhänge zu erfassen kraft deren das Prädikat im Subjekt eingeschlossen ist. Wirklichkeitserkenntnis allein aus Begriffen heraus ist möglich, da die Wirklichkeit aus einem ihr zugrundeliegenden begrifflichen Modell einer Welt hervorgegangen ist. Da eine unendliche inhaltliche Komplexität dieser Zusammenhänge dem endlichen menschlichen Intellekt eine solche begriffsanalytisch begründende Erkenntnis a priori kontingenter Fakten prinzipiell unmöglich macht, ist er hier auf Erfahrung verwiesen – aber eben nur als zweitbeste Lösung (vgl. GP VII 44 / A VI 4, 135). Demnach müssen wir Menschen in unserem Erkennen zweierlei als Prinzip oder als ursprünglich betrachten, zum einen das Prinzip der Identität oder des Widerspruchs für die notwendigen Vernunftwahrheiten, zum anderen die Erfahrungen als Basis unserer Tatsachenaussagen. Leibniz trägt dies wiederholt vor; im Kontext seiner Auseinandersetzung mit Lockes Empirismus spricht er einfach von Erfahrungen (z.B. A VI 6, 4f.). In der Kontroverse mit dem Cartesianismus betont er hingegen, daß *unmittelbare* Erfahrung (immediata experientia) die Grundlage ist, ohne die wir im Bereich des Faktischen keine Wahrheit zu etablieren vermögen. Unmittelbare Erfahrungen artikulieren sich in Aussagen, in denen wir unsere unmittelbaren Bewußtseinsphänomene beschreiben, also schlicht feststellen, was uns gerade erscheint (GP IV 329). Hier läßt Leibniz sich dialogisch auf Descartes' methodischen Solipsismus ein, der davon ausgeht: Unmittelbar und damit zweifelsfrei gewiß sein kann ich mir nur der eigenen Bewußtseinsakte; die Existenz einer Außenwelt (anderer Dinge), die ich darin zu erfassen glaube, kann ich hingegen begründet anzweifeln. Charakteristischerweise greift Leibniz diese These auf, erweitert und korrigiert sie aber: Unmittelbar gewiß bin ich mir nicht bloß dessen, daß ich als Subjekt einen Denkakt vollziehe; unabhängig davon und daher gleich ursprünglich werde ich mir meiner vielfältigen Bewußtseinsinhalte bewußt (327), natürlich nur unter dem Aspekt, daß ein bestimmter Inhalt in meinem Denken präsent ist, nicht unter dem, daß er eventuell etwas Extramentales repräsentiert. Daher kann Leibniz sagen, es gebe so viele erste Tatsachenwahrheiten, wie es unmittelbare Erfahrungen oder Bewußtseinsinhalte gebe (perceptiones immediatae sive conscientiae, GP IV 357).

Im Rahmen von Leibniz' System ist es mithin durchaus möglich, die empirische Erkenntnis zu behandeln. Daß er ihr indes tatsächlich sogar seine ausführlichste Abhandlung widmet, läßt sich keineswegs von ihrer systematischen Stellung her, sondern allein aus einer ‚Dialogsituation' heraus erklären: Es mußte für Leibniz' rationalistischen Apriorismus eine Herausforderung darstellen, sich kritisch mit Lockes Empirismus auseinanderzusetzen, der eine erkenntnistheoretische Common-sense-Position auf dem Hintergrund der zeitgenössischen, stark cartesisch geprägten philosophischen Diskussion durchdachte und demgemäß eine erhebliche Breitenwirkung erzielte. Dialogisch sind die NE aber nicht bloß von ihrem Anlaß her, sondern (wichtiger noch) sie vertreten auch inhaltlich eine Dialogposition. Von seinem System her kann Leibniz keinerlei äußere Erfahrungen anerkennen, da er glaubt, jede Monade bringe die gesamte Abfolge ihrer Bewußtseinszustände (Perzeptionen) spontan aus dem eigenen Inneren hervor. Stellte Leibniz Locke einfach diese Position entgegen, dann wäre eine philosophische Auseinandersetzung mit ihm von vornherein ausgeschlossen. Daher läßt er sich dialogisch auf Lockes Tabula-rasa-Auffassung ein, daß der Geist von sich aus (wie eine unbeschriebene Tafel) keinerlei Inhalte besitzt, daß daher jeder Erkenntnisgehalt aus der äußeren Sinneserfahrung gewonnen werden muß. Leibniz verwirft diesen sensualistischen Erkenntnisgrundsatz nicht völlig, sondern ergänzt ihn nur entscheidend: „Nihil est in intellectu, quod non fuerit in sensu, excipe: nisi ipse intellectus" (vgl. NE II 1, § 2, A VI 6, 109–111). Leibniz gesteht Locke demnach zu, daß wir über keinerlei aktuelle Bewußtseinsinhalte verfügen, daß wir mithin nicht unabhängig von der Erfahrung in Form angeborener Ideen immer schon ein tatsächliches Wissen besitzen. Wie kann Leibniz dieses Zugeständnis machen, und sei es nur als eine Dialogposition, ohne seine systematische Auffassung völlig preiszugeben, daß die Monade alle ihre Bewußtseinsinhalte ohne jeden äußeren Einfluß spontan aus dem eigenen Inneren hervorbringt? Nun, er kann dies unbeschadet als ein Phänomen zugestehen: Unser Erkennen erscheint uns in unserer inneren Selbsterfahrung so zu sein, daß es all seine Gehalte aus der äußeren Sinneswahrnehmung hernehmen muß. Leibniz kann das Rezipieren von Erfahrungsdaten weitergehend sogar als sachlich wohlbegründetes Phänomen behandeln. Die durch prästabilierte Harmonie garantierte ideale Übereinstimmung der Einzelsubstanzen erscheint uns so, als beruhe sie auf physischen Wechselwirkungen, indem die Einzeldinge einander etwa sinnlich wahrnehmen und so zueinander in Kontakt treten können.

Indem Leibniz in diesem Sinne anerkennt, daß uns alle Inhalte aus der Erfahrung kommen müssen, fügt er bedeutsam hinzu: Aber der Intellekt selbst ist etwas jenseits der Erfahrungen. Er ist kein bloß rezeptives Vermögen, das von sich aus nichts (leer) ist, sondern zu all dem, was er ist, erst durch die von außen empfangenen Inhalte wird. Er ist vielmehr ein aktives Vermögen, welches das ihm gegebene Sinnesmaterial durch die seinem eigenen Inneren entspringenden Begriffe und allgemeinen Prinzipien zu strukturieren und zu vereinigen vermag. – Indem Leibniz so gegen Locke aufweist, daß ein Erkennen nicht zustandekommt, wenn der Intellekt nicht aktiv aus dem eigenen Inneren heraus einen ureigenen Beitrag leistet, bereitet er den Weg für die weitergehende, hier nicht ausgesprochene These, daß die gesamte Abfolge der Perzeptionen vom Subjekt selbst hervorgebracht ist. Wenn Erkenntnis teilweise einen erfahrungsunabhängigen Ursprung hat, warum nicht insgesamt? Nun haben wir aber bereits gesehen (III 2b), daß die Auffassung fensterloser, vollkommen spontaner Monaden letztlich eine Reaktion auf Schwierigkeiten ist, die aus einem verfehlten cartesischen Dualismus erwachsen sind. Leibniz' eigentliche Position, sein neues System, ist für uns daher nur noch historisch interessant. Es ist somit gerade ein sachlicher Gewinn, daß er sich in den NE auf den empirischen Standpunkt des gesunden Menschenverstandes stellt und ihn korrigierend erweitert. Denn selbst wenn der Grundsatz „Nichts ist im Intellekt, was nicht zuvor in den Sinnen war, außer dem Intellekt selber" nicht von ihm selbst stammen sollte (vgl. Schüßler (VIII) 1992, 76–84), so hat er ihn doch in einer Weise interpretiert, die eine wegweisende Synthese von Empirismus und rationalistischem Apriorismus schafft. Verstand doch auch Kant seine Transzendentalphilosophie als eine solche Synthese. Auch bei ihm besteht das Apriori nicht in angeborenen, intelligiblen Inhalten, sondern in formalen Ordnungskategorien, die das sinnlich gegebene Material strukturieren und so Erfahrungserkenntnis ermöglichen.

Es lohnt sich daher, in einigen Punkten etwas genauer zu verfolgen, inwiefern Leibniz den Empirismus sozusagen von innen aus seinen eigenen Defekten heraus zu überwinden versucht. Lockes Grundirrtum liegt für Leibniz in der Annahme, ein Individuum oder eine Einzeltatsache könne für sich durch Erfahrung hinreichend erfaßt werden. Hiernach könnte die empirische Erkenntnis zahlreicher einander ähnlicher Einzeldinge oder Einzelereignisse die Grundlage bilden, daß wir durch Abstraktion zu Allgemeinbegriffen einer bestimmten Art von Gegenstand gelangen, indem wir von dem individuell Unterscheidenden (besondere Umstände, Raum, Zeit) absehen und das Gemeinsame festhalten, oder daß wir durch induktive Verallgemeinerung eine Gesetzmäßigkeit für eine bestimmte Art von Vorgang gewinnen. Bereits die Voraussetzungen solcher Verallgemeinerungen muß Leibniz von seinem metaphysischen System aus verwerfen. Wird ein einzelner Gegenstand (oder ein einzelnes Ereignis) für ihn doch nur dann angemessen erkannt, wenn er in seinen unendlich komplexen Zusammenhängen zum Weltganzen begriffen wird. Auch wenn ein solches vollständiges Erfassen des Einzelnen aus Begriffen heraus dem endlichen Geist des Menschen verschlossen ist, so ist für seine Erfahrungserkenntnis des Einzelnen zumindest erforderlich, daß er den universalen Zusammenhang partiell in Gestalt allgemeiner Begriffe oder Prinzipien erfahrungsvorgängig (a priori) kennt. Ein Individuum kann ich nur mittels des entsprechenden Artbegriffs identifizieren, der folglich nicht erst nachträglich durch Abstraktion gebildet sein kann (NE III 3 § 6, A VI 6, 289f.). Und Prinzipien wie der Satz vom Grund, die einen gesetzesmäßigen Zusammenhang des gesamten Universums stiften, sind metaphysisch notwendig, können mithin nicht durch eine induktive Verallgemeinerung gewonnen sein, die Ausnahmen nicht ausschließt, mithin keine strenge Allgemeingültigkeit schafft (vgl. bereits das Nizoliusvorwort GP IV 161 / A VI 2, 431; zu angeborenen Prinzipien vgl. McRae (VIII) 1976, 117–125).

Leibniz spricht (NE I 1, § 20, A VI 6, 83f.) sehr deutlich aus, daß die meisten Menschen keine bewußte Kenntnis (apperception) von diesen allgemeinen Prinzipien haben, vielmehr kennen wir sie nur virtuell im Sinne eines impliziten Gebrauchswissens (vgl. Jolley (VIII) 1984, 171–175). Sie durchziehen all unsere Gedanken (wie eine Seele), indem sie Verbindung und Zusammenhang schaffen. Wir stützen uns in unserem Argumentieren ständig auf diese Prinzipien, auch wenn die wenigsten sich die Mühe machen, bewußt auf diese Grundlagen unseres Denkens zu achten, sie deutlich als solche zu erfassen und eigens zu formulieren. Dem Durchschnittsmenschen, so kann man sagen, fehlt die reflexive Fähigkeit, die in seiner Argumentationspraxis enthaltenen formalen Denkstrukturen herauszukristallisieren oder explizit zu machen. Man könnte fast versucht sein zu sagen, Leibniz rechtfertige diese Prinzipien transzendental dadurch, daß sie als ermöglichende Voraussetzung jedem Denkakt zugrundeliegen. Aus einer Bemerkung im 5. Schreiben an Clarke § 127 geht indes hervor, daß Leibniz nur annimmt, das Prinzip des Grundes sei als die ermöglichende Bedingung in jeder *gelingenden* rationalen Praxis vorausgesetzt; er rechnet also damit, daß es auch nicht beachtet werden kann – der Ursprung freilich von Chimären. – Angeborene Ideen sind für Leibniz also weder ein ausdrückliches Wissen, noch sind sie umgekehrt primär instinktive Gefühls- und Verhaltensmuster, auch wenn er zugesteht, daß unser Tun oft von solchen Instinkten geleitet ist, die uns zu einem dem moralischen Naturgesetz gemäßen Verhalten anleiten. Im eigentlichen Sinne aber stellen angeborene Ideen die Fähigkeit dar, Beweise zu führen, die Leibniz in der Moral wie in der Arithmetik für möglich hält. Angeboren ist diese Fähigkeit, weil sie uns dazu disponiert, wenn wir auf solche Fragen stoßen, Beweise zu führen, ohne daß uns empirische Materialien geliefert werden müßten (NE I 2, § 9, A VI 6, 92).

2. Kohärenz von Phänomenen als Wahrheitskriterium empirischer Tatsachen

Obgleich auch die kontingenten Tatsachenwahrheiten prinzipiell durch Begriffsanalyse begründet werden können, müssen sie uns Menschen in der Erfahrung gegeben sein; bezüglich ihrer sind wir also zumindest phänomenal (nach dem, was uns erscheint) rezeptiv. Das aktive Moment zeigt sich demgegenüber im Erfassen der notwendigen Vernunftwahrheiten. Nicht von ungefähr bringt Leibniz in *Mon.* § 30 die beiden Fähigkeiten, die die Geistmonaden auszeichnen, zusammen, notwendige Wahrheiten zu erkennen und in reflexiven Akten zur Erkenntnis des eigenen Ich zu gelangen. Denn indem wir das eigene Ich erfassen, werden wir uns zugleich der Grundbegriffe der Vernunft (wie Sein, Substanz, Einfaches und Zusammengesetztes usw.) bewußt, jener Begriffe also, in denen wir die Vernunftwahrheiten zumal der Metaphysik formulieren. Weshalb gewinnen wir diese Grundbegriffe nicht an irgendwelchen anderen Denkgegenständen? Offenbar hängen die Grundbegriffe und die in ihnen formulierten obersten Grundsätze, die als Ordnungsprinzipien in all unseren Gedanken enthalten sind und ihren Zusammenhang (liaison) garantieren (NE I 1, § 20), mit der Tätigkeit des Ich zusammen. Diese Ordnungskategorien sind nicht einfach etwas Vorgefundenes; in ihnen entfaltet sich vielmehr die Tätigkeit des Ich, das die gegebenen Erfahrungsmaterialien ordnet und strukturiert. Daher können wir uns im Ausgang von Vernunftwahrheiten zur reflexiven Erkenntnis des Ich erheben, dessen Vernunfttätigkeit sich in ihnen manifestiert und umgekehrt.

Während die Vernunftwahrheiten unsere rationale Tätigkeit verlangen, ist bei den ursprünglichen Tatsachenwahrheiten die Existenz ohne die Vernunftaktivität des Beweisens (sine probatione) einfach durch Erfahrung gegeben (GP VII 319 / A VI 4, 1500). Die Frage, welches die ursprünglichen Tatsachenwahrheiten sind, spitzt sich mithin auf die Frage zu: Was ist mir in meiner Erfahrung so unmittelbar gegeben, daß seine Existenz zweifelsfrei feststeht? Leibniz kommt in der Abhandlung *Über die Art und Weise, reale von eingebildeten (imaginären) Phänomenen zu unterscheiden* (GP VII 319–322 / A VI 4, 1500–1504) zu dem Schluß: Unbezweifelbar sind die Phänomene (daß mir etwas Bestimmtes erscheint) oder die innere Erfahrung, d.h. dasjenige, dessen ich mir in mir selber bewußt bin (quorum intra me conscius sum, 319). Dies differenziert er hier (ebenso wie in seinen Anmerkungen (*Animadversiones*) zu Descartes' *Principia* I ad 7 (GP IV 357)) nach der Subjekt- und der Objektseite. Erste Tatsachenwahrheiten sind mithin 1., daß ich es bin, der (Vielfältiges) denkt (das cartesische Cogito), und 2. die vielfältigen Phänomene (varia phaenomena sive apparitiones, VII 319), die in meinem Geist sind, daß Vielfältiges von mir gedacht wird (varia a me cogitantur, IV 357).

Nun sind Bewußtseinsphänomene wesentlich intentional: Ich richte mich in ihnen auf etwas oder beabsichtige, in ihnen etwas über das Bewußtsein Hinausgehendes zu repräsentieren. Damit stellt sich die Frage: Welche Phänomene sind real, indem die Intention, sich auf Extramentales zu beziehen, gelingt, welche sind bloße Phänomene, bei denen das Bewußtsein mit seinen eigenen Einbildungen befaßt ist? Leibniz versucht diese Frage mit rein bewußtseinsinternen Kriterien zu beantworten als dem einzigen, was uns zweifelsfrei gegeben ist, also aus dem einzelnen Phänomen selbst heraus, sowie aus seinem Zusammenhang mit anderen Phänomenen. Gegenüber den meist sehr blassen, inhaltlich armen und unzusammenhängenden Traumbildern erfüllt ein reales Phänomen in sich selbst betrachtet die drei Kriterien: lebhaft, inhaltlich vielfältig und kohärent zu sein. Lebhaft ist es kraft intensiver Wahrnehmungsqualitäten. Inhaltsreich ist eine Erscheinung, wenn sie vielfältige Sinnesqualitäten in sich umfaßt und so Anlaß zu zahlreichen Beobachtungen und Experimenten bietet. Bei einem vielfältigen, in sich gegliederten Phänomen wird die Frage der Kohärenz seiner Teile wichtig. Sie bezieht Leibniz vornehmlich auf Erklärungszusammenhänge: Kohärent sind die Elemente eines Phänomens, wenn es gelingt, sie entweder auseinander (aus dem jeweils voraufliegenden) oder aus einer gemeinsamen, möglichst einfachen Hypothese zu erklären. Dieses Kohärenzkriterium läßt sich auch auf das Verhältnis der Phänomene untereinander anwenden. Kohärent (congruum) ist ein Phänomen zu anderen (voraufliegenden) aber nicht bloß kraft solcher rationaler Begründungszusammenhänge, sondern auch nach dem eher empirischen Kriterium der Gewohnheit, daß meine jetzige Erfahrung sich in das fügt, was ich zu erfahren gewohnt bin. Leibniz versteht Kohärenz nicht bloß im Sinne einer formalen Widerspruchsfreiheit, sondern verlangt weitergehend Determinationszusammenhänge, die es erlauben, das jetzt schon festgelegte Künftige vorauszusagen. Daher sieht er das vornehmliche und für sich bereits hinreichende Kriterium der Kohärenz darin, daß man erfolgreich aus dem Vergangenen das Künftige vorauszusagen vermag, entweder empirisch auf die Erfahrungsgewohnheiten gestützt (induktive Generalisierung), oder kraft der rational erfaßten Begründungszusammenhänge (etwa in Gestalt einer Erklärungshypothese). (Zum Ganzen vgl. GP VII 319f. / A VI 4, 1500–1502) Die begriffsimmanent und damit rational feststellbare Verknüpfung der sinnlichen Phänomene garantiert nach Leibniz auch insofern Wahrheit, als die wirkliche Welt aus einer ihr zugrundeliegenden idealen Möglichkeit hervorgegangen ist, die Tatsachenwahrheiten (wie optische Naturgesetze) daher auf notwendigen Vernunftwahrheiten (hier der Geometric) aufruhen (vgl. NE IV 3, § 14, A VI 6, 374f.); Vernunftwahrheiten sind aber auch für uns Menschen allein aus begrifflichen Zusammenhängen heraus beweisbar.

Wenn Leibniz die Realität eines Phänomens und damit die Wahrheit einer Aussage, die auf Grund des Phänomens etwas über die intendierte extramentale Wirklichkeit zu sagen beansprucht, vor allem an dem Kriterium der Kohärenz beurteilt, hat er dann eine Kohärenztheorie der Wahrheit verfochten, wie es vor allem Rescher ((III) 1979, 130ff.) annimmt? Strenggenommen setzt eine Kohärenzauffassung voraus, daß Wahrheit sich durch Kohärenz definieren läßt. Leibniz hingegen impliziert durchaus, daß die Wahrheit oder Realität der Phänomene durch die Adäquation oder Korrespondenz definiert ist, dadurch also, daß ihnen eine extramentale Wirklichkeit von der Art entspricht, wie sie sie repräsentieren. Wir müssen uns aber der geschilderten Kriterien, die im wesentlichen auf eine Kohärenz hinauslaufen, als Indizien (320 / 1502) bedienen, offenbar weil wir die Adäquation nicht verläßlich festzustellen vermögen. Denn allein unsere eigenen Bewußtseinsphänomene sind uns sicher gegeben; hingegen haben wir keinen davon unabhängigen Zugang zu dem, dem sie entsprechen und an dem sich ihre Wahrheit bemessen soll. Diese Indizien erreichen ihren Gegenstand (die Realität oder Wahrheit der Phänomene zu beweisen) nicht vollständig und können damit die Wahrheit nicht definieren, sie schaffen nur eine hohe Wahrscheinlichkeit oder eine praktische Gewißheit (certitudo moralis, 320 / 1502). Dies reicht aber von einem pragmatischen Gesichtspunkt völlig aus: Die miteinander übereinstimmenden Phänomene sind für unser praktisches Verhalten (quoad usum) den wahren gleichwertig (äquivalent), da sie wegen ihres berechenbaren Zusammenhangs vollkommen den Vernunftgebrauch gestatten und wahre (verläßliche) Phänomene von trügerischen zu unterscheiden erlauben. Daher können wir die metaphysische Frage auf sich beruhen lassen, ob sie wahr oder nur wohlgeordnete Träume sind (320f. / 1502; ähnlich NE IV 2, § 14, A VI 6, 375). – Entsprechend setzt Leibniz in *Animadver.* I 4 (GP IV 356) pragmatische Grenzen, wir dürften bei den Sinnesphänomenen keine weitergehende Wahrheit und Realität suchen als einen zweifelsfreien vernünftigen Zusammenhang, der uns das Künftige aus dem Vergangenen vorauszusagen gestattet. (Für die Praxis ist dies völlig genügend, wenn wir uns für unser stets auf ein künftiges Ziel gerichetes Tun an vergangenen Erfahrungen orientieren können. Auch heute noch beruht unsere technische Naturbeherrschung weitgehend darauf, daß wir zutreffende Prognosen aufzustellen vermögen.) – Zuweilen scheint Leibniz weiter zu gehen. In einem Brief an de Volder (GP II 270) sagt er: Die Realität der Phänomene liege in ihrer Harmonie, wenn sie bei demselben Wahrnehmenden zu verschiedenen Zeiten oder bei verschiedenen Wahrnehmenden übereinstimmen. (Auch GP VII 320 / A VI 4, 1501 erwähnt die intersubjektive Übereinstimmung der Phänomene, wenngleich dieses Kriterium auf der bloß gewissen Voraussetzung beruht, daß es andere perzipierende Subjekte gibt.) Aber auch hier definiert Leibniz wohl nicht im strengen Sinne die Realität, sondern liefert uns nur ein Kriterium, was wir als real behandeln können.

Schon in Schriften von 1676 stellt sich die Frage, ob die Kohärenz lediglich ein subjektives Merkmal ist, um festzustellen, daß unsere Aussagen Existenz erfaßt haben, mithin wahr sind. So erscheint es nach A VI 3, 511. Hier geht Leibniz davon aus: Das einzige uns Gewisse ist ein übereinstimmendes Wahrnehmen. (Dieses sieht er schon hier nicht durch bloße Widerspruchsfreiheit garantiert, sondern verlangt durchgängige Begründungszusammenhänge oder eine die ganze Abfolge unserer Sinneseindrücke determinierende Regel, die alles vorauszusagen erlaubt.) Von da aus gelangt er zu der Bestimmung, die Existenz (genauer ihr wahrhaftes Erfassen im Gegensatz zum bloßen Traum) bestehe darin, daß in der Sinneswahrnehmung eine gewisse Gesetz- oder Regelmäßigkeit gewahrt werde. Offenbar wird die Existenz hier so gefaßt, um sie uns von dem uns Gewissen aus zugänglich zu machen. Demgegenüber scheint die Richtung umgekehrt, wenn es heißt: „Existieren ist nichts anderes als ein Harmonischsein. Ein Anzeichen der Existenz sind übereinstimmende Sinneswahrnehmungen." (474) Hiernach ist Wohlgeordnetsein (Harmonie) ein objektives Kriterium der Existenz, weil für Leibniz' Optimismus das Wohlgeordnetste zur wirklichen Existenz gelangt. Kraft dieser objektiven Tatsache können wir subjektiv Übereinstimmung der Wahrnehmungen zum Wahrheitskriterium machen.

3. Die Differenzierung von Erkenntnisgraden und ihre Bedeutung für die Metaphysik

a) Nicht erst Leibniz, sondern bereits Descartes hat (wie es sein methodischer Solipsismus erfordert) die Wahrheit durch erkenntnisimmanente Kriterien zu erfassen versucht. So besagt die erste Methodenregel des *Discours de la méthode* (II 7, AT VI 18): Nur das ist als wahr anzuerkennen, was man evident als wahr erkennt. Die Evidenz ihrerseits expliziert er durch Klarheit und Deutlichkeit: was sich so klar und distinkt meinem Geist darstellt, daß ich keinerlei Anlaß habe, es zu bezweifeln. Leibniz ist damit unzufrieden, daß Descartes diese für die Erkenntnistheorie, ja (wie wir sehen werden) auch für die Metaphysik so zentralen Begriffe derart vage und vor allem lediglich erkenntnispsychologisch faßt. Deshalb unternimmt er es selbst, in einer kleinen Abhandlung *Meditationes de cognitione, veritate et ideis* (GP IV, bes. 422f. / A VI 4, 585–588) die „Unterscheidungen und Kriterien der Ideen und Erkenntnisse" schärfer zu fassen und sie in seiner Auffassung vom Aufbau des Begriffssystems aus Urbegriffen logisch zu fundieren (zum Terminus ‚Idee' vgl. Burkhardt (IX) 1980, 147–164). *Klar* (clarus) ist ein Begriff (notio) (oder eine Idee), wenn er mir erlaubt, das von ihm Repräsentierte (modern gesprochen) zu identifizieren und zu reidentifizieren, wenn ich also den betreffenden Gegenstand von anderen zu unterscheiden, auch unter Ähnlichen zu erkennen und wenn ich ihn bei wiederholten Begegnungen wiederzuerkennen vermag. Eine *dunkle* (obscurus) Idee demgegenüber gestattet mir kein solches Aussondern und Wiedererkennen, sei es, daß eine sinnliche Vorstellung zu blaß ist, sei es, daß ein philosophischer Begriff nicht hinlänglich expliziert ist. Eine klare Vorstellung ist weiter zu differenzieren, ob sie distinkt oder konfus ist. *Deutlich* (distinctus) ist eine Vorstellung, wenn es mir gelingt, die Sache durch Merkmale zu identifizieren, so wie etwa ein Goldprüfer Kriterien zu nennen vermag, um echtes von falschem Gold zu unterscheiden. *Verworren* (confusus) hingegen sind z.B. unsere Farbbegriffe. Wir vermögen zwar klar die eine Farbe von der anderen zu unterscheiden, ohne uns der maßgeblichen Kriterien bewußt zu sein, jedenfalls keiner hinreichenden, obgleich sich der Sache nach auch der Begriff einer Farbe in definitorische Merkmale analysieren ließe, die ihn eindeutig abgrenzen. Bei einer distinkten Erkenntnis können wir weiter fragen, ob die in der Definition gebrauchten Merkmale bloß konfus gewußt werden (*inadäquate* Erkenntnis) oder ihrerseits restlos bis in die Urbegriffe (notiones primitivae) analysiert sind (*adäquate* Erkenntnis). *Intuitiv* ist eine Erkenntnis, wenn die gesamten Merkmale eines sehr komplexen Begriffs vom geistigen Auge auf einmal geschaut werden. Wir Menschen sind zumeist auf eine *symbolische* Erkenntnis verwiesen, daß wir einen Begriffskomplex durch eine Abkürzung stellvertretend (symbolisch) repräsentieren. Distinkte Ideen (zumal in ihrer konsequenten Weiterführung zu adäquaten) sind für Leibniz besonders bedeutsam, weil sie an ihren offengelegten Merkmalen sofort als widerspruchsfrei oder widersprüchlich erkennbar sind. An der Widerspruchsfreiheit ihrerseits bemißt sich wesentlich, was eine mögliche Welt ist. Mögliche Welten aber bilden die Grundlage von Leibniz' Metaphysik.

b) Erkenntnisgrade sind bei Leibniz von entscheidender metaphysischer Bedeutung, sowohl die Differenzierung verschiedener

Erkenntnisstufen, als auch die Gradunterschiede innerhalb ein und derselben Erkenntnisstufe, namentlich die unterschiedlichen Grade an Klarheit und Deutlichkeit, in denen die Monaden perzipieren. Auf diesen unterschiedlichen Erkenntnisgraden beruhen Leibniz' ontologische Stufungen der Monaden. Die grundlegenden qualitativen Unterschiede zwischen verschiedenen Substanzarten, wie sie der scholastische Aristotelismus kennt, werden bei Leibniz durch die continuitas formarum (II 1) fließend: zwischen Belebtem und scheinbar toter Materie, zwischen pflanzlichem, tierischem und menschlichem Leben (die Aristoteles durch das vegetative, sensitive und kognitive Seelenvermögen klar abgrenzte), zwischen der materiegebundenen Geistseele des Menschen und scheinbar körperlosen Geistwesen (Engeln), zwischem dem kraft seiner Essenz existierenden Schöpfer und den Geschöpfen, denen Existenz von außen verliehen wird (dagegen: Existenzstreben der possibilia). Leibniz kennt letztendlich nur eine Form der eigentlichen, substantiellen Wirklichkeit, die vorstellende und strebende geistige Einheit (Monade). Damit muß er die phänomenale Vielheit der Einzelwesen auf verschiedene Vollkommenheitsgrade der Vorstellung (Erkenntnis) zurückführen. Die dargestellte Differenzierung von Erkenntnisstufen hat nicht von ungefähr auch im Rahmen der Substanzmetaphysik in DM § 24 ihren Platz.

Weshalb aber sieht Leibniz eine mentale Tätigkeit, nämlich das Perzipieren, als die zentrale Bestimmung einer jeden eigentlichen Substanz an? (Das Streben als die zweite Form einer Tätigkeit, die eine einfache Substanz charakterisiert, ist nichts völlig Neues jenseits des Perzipierens, sondern jenes innere Prinzip, das den Übergang von einer Perzeption zu einer anderen vollkommeneren, weil klareren und deutlicheren, bewirkt und so die Abfolge der Perzeptionen vorantreibt (vgl. *Mon.* § 15).) Die zentrale Stellung, die das Perzipieren als eine mehr oder minder entwickelte Erkenntnistätigkeit in der Substanzontologie hat, leitet Leibniz in der *Monadologie* aus zwei ontologischen Forderungen her. 1.) Die Monade ist eine schlechthin einfache, teillose Einheit (§ 1). 2.) Dennoch muß sie eine vielfältige interne Struktur haben. Hätten die Monaden keine unterschiedlichen und sie unterscheidenden Qualitäten, so gäbe es überhaupt keine Unterschiede in der Wirklichkeit, weil alles (so auch die Unterschiede des Zusammengesetzten) auf sie als die letzten Elemente zurückgeht. So muß (gemäß dem Indiszernibilitätsprinzip) jede Monade durch ihre innere Bestimmtheit oder ihre Qualitäten von jeder anderen unterschieden sein (§§ 8f.). Aber nur eine in sich vielfältige innere Bestimmtheit (Qualität) kann bewirken, daß eine Monade von jeder anderen unterschieden ist. Vielfältig muß die innere Bestimmung zumal deshalb sein, weil sie sich im steten Wandel befindet, ein Teil der Bestimmtheit also bleibt, der andere aber sukzessiv ausgetauscht wird (§§ 12f.). – Die Bestimmung, die diesem Kriterium genügt, in jedem Augenblick neu eine innere, inhaltliche Vielheit in der Einheit darzustellen, ist die Perzeption. § 14 definiert die einzelne Perzeption als „einen vorübergehenden Zustand, der eine Vielheit in der Einheit oder der einfachen Substanz einschließt und repräsentiert". Die Synthese von Vielheit und Einheit ergibt sich mithin aus der Repräsentationsbeziehung: Ein einheitliches Subjekt repräsentiert sich ein vielfältiges Objekt. Die inhaltliche Vielfalt jedes Gegenstandes bemerken wir in uns beim kleinsten Gedanken (§ 16). (Außer durch Selbstbeobachtung läßt sie sich bei Leibniz' Prämissen eines universalen Zusammenhangs in viel stärkerem Sinne rational begründen.) Aber Erfahrung wird aus dieser Vielheit erst, wenn sie als der Bewußtseinsinhalt eines einheitlichen Subjekts erfahren wird. Kant spricht hier von der transzendentalen Einheit der Apperzeption und meint damit, daß die ermöglichende Bedingung jeder Erfahrungserkenntnis darin liegt, daß sie auf die Einheit des Ichbewußtseins bezogen wird. Schon Leibniz hat in § 17 klar gesehen, daß eine Perzeption grundsätzlich nicht mechanisch zustandekommen kann. Wenn sich in einer noch so komplizierten Maschine viele Teile mechanisch gegeneinander bewegen, so bleibt prinzipiell unerklärlich, wie hier die Einheit eines vorstellenden Subjekts zustandekommen soll, ohne die es keine Vorstellung oder keinen Gedanken geben kann.

Auch wenn unsere bewußten Perzeptionen, d.h. die Apperzeptionen, am ehesten dazu angetan sind, uns klarzumachen, daß das Perzipieren sowie der Wandel der Perzeptionen im Streben die einzigen inneren Tätigkeiten der einfachen Substanzen sein können, die die gesuchte inhaltliche Vielfalt garantieren, ohne die ontologische Einfachheit oder Teillosigkeit zu gefährden, so hebt Leibniz in § 14 hervor: Man darf nicht mit den Cartesianern die Perzeptionen auf die Apperzeptionen einschränken (zur Frage, ob Leibniz' Begriff der Apperzeption Selbstbewußtsein einschließt, oder ob auch Tieren Apperzeption zugeschrieben werden kann, vgl. Kulstad (VIII) 1991). Denn aus selbstbewußten Geistern kann man sicher nicht die gesamte Wirklichkeit aufbauen. So wird ein Dualismus unvermeidlich, daß man dem Geistigen die mechanisch funktionierende Materie entgegenstellt, die auch das gesamte Tierreich einschließlich des menschlichen Körpers umfaßt. Nur wenn man neben den Geistmonaden auch niedrigere Monadenstufen kennt: die Seelen der Tiere und die bloßen Monaden, die keinerlei hervorgehobene, merkliche Perzeptionen haben und daher den Eindruck erklärbar machen, es gebe etwas Totes, Empfindungsloses, ist es möglich, die gesamte Wirklichkeit aus dem einheitlichen ontologischen Grundtypus der mentalen Entität Monade zu erklären, die in jedem Fall, und sei es unbewußt, die Vielheit des Universums in der Einheit der Substanz repräsentiert.

Da sich uns das Mentale in Selbsterfahrungen erschließt, versucht Leibniz auch das unentwickelte Mentale, die Perzeption der bloßen Monade (1. Stufe), in Analogie zu etwas in uns Erfahrenem verstehbar zu machen (§§ 20–24). Ihr Zustand, in dem keinerlei Perzeption unterscheidbar herausgehoben und daher erinnerbar ist, entspricht unserem Zustand einer völligen Betäubung (Ohnmacht, Tiefschlaf usw.). Auch wenn wir uns selbstverständlich nicht bewußt sein können, in einer solchen Erstarrung Perzeptionen zu haben, lassen sie und damit auch das unbewußte Perzipieren einer bloßen Monade sich argumentativ erschließen: 1.) Es macht eine Entität als solche aus, von anderen durch Qualitäten unterschieden zu sein; als Qualitäten einer einfachen Substanz kommen aber nur Perzeptionen in Frage (§ 8 u. § 21). 2.) Da bei der durchgängigen kausalen Verknüpfung alles eine Ursache haben muß und zwar von derselben grundlegenden Art wie das Verursachte, kann ein (bewußter) Eindruck nach dem Erwachen nur aus einem (unbewußten) Eindruck vorher hervorgegangen sein. – Leibniz nennt diese bloßen Monaden mit einem von Aristoteles entlehnten Ausdruck Entelechien. Eine mögliche Übersetzung (unter anderen): in sich eine Vollendung (*enteles*) haben (*echein*), deutet Leibniz § 18 in seinem Sinne um: Vollendet sein heißt, alles bereits in sich selbst haben, keines Äußeren mehr bedürfen, also völlig autark sein. Daher bringen die Monaden alle ihre inneren Tätigkeiten als unkörperliche Automaten aus sich hervor. Bei ‚Automat' müssen wir die Vorstellung eines mechanischen Systems fernhalten, das nach § 17 eines Perzipierens prinzipiell unfähig ist. Aristoteles hat mit dem Terminus *automaton* das aus sich heraus Bewegte oder Entstehende bezeichnet. Daher kann Leibniz mit ihm noch einmal die Spontaneität der Monade hervorheben, die er als völlige Selbstgenügsamkeit versteht.

Da die Tierseelen (§§ 25–27) (2. Stufe) die herausgehobenen Perzeptionen in der Erinnerung wahren können, ist es ihnen möglich, durch assoziatives Gedächtnis Zusammenhänge herzustellen, die analog zu den rational erfaßten logischen und begrifflichen Folgeverhältnissen sind, aber doch nicht an ihr Vorbild heranreichen. Dennoch bestimmen solche aus bloßer Empirie erwachsenen Verbindungen nicht nur das Verhalten der Tiere, sondern zu einem Gutteil auch das der Menschen (§ 28). Aber als vernünftige Seelen oder Geistwesen (3. Stufe) vermögen Menschen sich dazu aufzuschwingen, Vernunftwahrheiten zu erfassen und reflexiv sich des eigenen Ich bewußt zu werden (§§ 29f.). Der Zusammenhang dieser Fähigkeiten, den wir schon studiert haben, wirft die Frage auf: Ist die Fähigkeit zum selbstbewußten Erfassen notwendiger Vernunftwahrheiten bloß eine graduelle Höherentwicklung oder nicht doch etwas qualitativ Neues? Alle anderen Vermögen haben es mit Individuellem zu tun, das sie auffassen und eventuell assoziativ verbinden. Ausschließlich Individuelles ist nach Leibniz' nominalistisch-konzeptualistischem Ansatz aber in der Wirklichkeit vorgegeben. Die (streng) allgemeingültigen Verknüpfungen der notwendigen Vernunftwahrheiten kommen dagegen erst in den Aktivitäten der Vernunft zustande, die sich bei dieser Tätigkeit ihrer selbst bewußt wird. Können das Gewahrwerden eines schon bestehenden Einzelnen und das Denken allgemeiner Ordnungsstrukturen von Leibniz berechtigt als verschiedene Grade letztlich derselben Tätigkeit bewertet werden?

4. Unmerkliche Perzeptionen und die psychologische Determination

Nachdem wir die Bedeutung erkenntnistheoretischer Begriffe für die eine große Thematik der Leibnizschen Metaphysik, die individuelle Substanz, verfolgt haben, wollen wir nun ihre Rolle für den anderen wichtigen metaphysischen Themenkomplex, die

Determination durch einen zureichenden Grund, verfolgen. Wenn Leibniz die intellektualistische These in der Form verträte, unsere willentliche Entscheidung und damit unser Handeln richte sich stets nach dem, was das abschließende bewußte Urteil unserer (praktischen) Vernunft als das Beste befinde, so geriete er zum einen mit dem unbestreitbaren Erfahrungsbefund in Konflikt: Häufig werden wir wider besseres Wissen von Leidenschaften zu einem Handeln hingerissen, das wir klar als sittlich verwerflich oder jedenfalls als die weniger gute Option erkannt haben. Zum anderen wäre die Forderung seines Systems nicht erfüllt, ein Grund sei erst dann zureichend, wenn er nicht bloß eine bestimmte Art des Handelns als das vernünftigerweise zu Erwählende auszeichne, sondern wenn er das individuelle Tun in all den besonderen Umständen seiner Ausführung restlos zu determinieren vermöge (II 3). Unsere endliche menschliche Vernunft vermag immer nur das unvollständig bestimmte Allgemeine und niemals das nach Leibniz durch unendlich komplexe Zusammenhänge vollständig bestimmte Einzelne zu erfassen, so daß bewußte Vernunftgründe stets nur den allgemeinen Handlungsrahmen vorgeben. Leibniz postuliert daher ein Unbewußtes, sowohl um angesichts der Erfahrungstatsachen die intellektualistische Grundüberzeugung in der Form aufrechterhalten zu können: unser Handeln folgt stets dem, was uns insgesamt (als Resultat bewußter Überlegungen wie unbewußter Eindrücke) als das Beste erscheint, als auch um die metaphysische Forderung eines vollständig determinierenden Grundes einzulösen. Da dieses Unbewußte weitgehend spekulativ erschlossen ist, um allgemeinen metaphysischen Annahmen zu genügen, hat es recht wenig damit zu tun, wenn Psychologen seelische Einzelphänomene mittels des Unterbewußtseins analysieren.

Leibniz spricht von petites perceptions, Perzeptionen, die von einem so geringen Intensitätsgrad sind, daß sie unterhalb der Bewußtseinsschwelle liegen und daher als solche nicht bemerkt werden, aber zusammen sehr wohl unser Handeln spürbar bestimmen, sei es, daß sie zusammen eine Tendenz bewirken, die über das vernunftgemäße Streben die Oberhand gewinnt, sei es, daß sie in Fragen, die uns nach Vernunftgründen gleichgültig erscheinen, einen Ausschlag herbeiführen. Winzige Perzeptionen sind also dadurch bestimmt, daß wir sie einzeln nicht distinkt, d.h. deutlich und von anderen unterschieden auffassen, sondern sie nur aus einem konfusen Gesamteindruck zahlreicher solcher winziger Perzeptionen erschließen können, so wie wir im Meeresrauschen das Geräusch der einzelnen Woge als solches nicht vernehmen. Dennoch müssen wir auch von ihm eine Perzeption haben. Denn aus noch so vielen Nichtperzeptionen kann insgesamt keine Perzeption zustandekommen (Vorwort zu NE, A VI 6, 54). Dafür, daß wir Eindrücke nicht deutlich für sich zu erfassen vermögen, macht Leibniz in seiner Auseinandersetzung mit Lockes These, im Geist sei nichts, was wir nicht aktuell bemerken oder bemerkt haben, zwei Gründe verantwortlich. Entweder sind sie von so geringer Intensität, daß unsere Perzeptionsvermögen nicht fein genug für sie sind. Oder sie liegen so eng beieinander, daß wir sie nicht voneinander unterscheiden können (53). Wie Leibniz' beliebtes Beispiel des Meeresrauschens zeigt, verquicken sich oft beide Faktoren. Daß es nicht bemerkte Perzeptionen gibt, läßt sich vor allem an den Fällen demonstrieren, die anders als die winzigen Perzeptionen auch für uns wahrnehmbar sind, auf die wir aber nicht achten, weil sie uns der Aufmerksamkeit nicht wert sind (etwa die alltägliche Geräuschkulisse), auf die uns jedoch jemand aufmerksam machen kann, so daß wir uns unserer schon zuvor vorhandenen Wahrnehmung bewußt werden und sie erinnern (53f.). Die Annahme, daß auch bei den Substanzen, die des Selbstbewußtseins oder zumindest der Erinnerung fähig sind, ein Großteil in solchen winzigen, unbemerkten Perzeptionen besteht, macht Kernthesen von Leibniz' Substanzmetaphysik erklärbar, etwa: Ein Individuum spiegelt in jedem Augenblick in seinen Bestimmungen, d.h. seinem gegenwärtigen Perzeptionszustand, seine ganze Lebensgeschichte in all ihren zeitlichen Dimensionen und in einem (die Individualität ausmachenden) lückenlosen Ereigniszusammenhang, ja es gibt das gesamte Universum wieder (55) – eine These, die sich unmöglich auf das bewußt Erfahrene beziehen kann. Leibniz zählt noch zahlreiche andere bedeutende Konsequenzen der unmerklichen Perzeptionen auf: z.B. ermöglicht diese unendlich feine Aufgliederung der Vorstellungen, daß die lex continuitatis erfüllt ist, nach der es bei jedem Übergang unendlich viele Zwischenstufen gibt (56). Bewußte Eindrükke gehen in allmählicher Intensivierung aus unbewußten hervor (zu den unmerklichen Perzeptionen vgl. Jolley (VIII) 1984, 108–112).

Eine besonders wichtige Anwendung für Leibniz ist, daß dadurch die Indifferenz des Gleichgewichts (indifference d'equilibre) als Schein entlarvt wird (56), eine Konzeption, gegen die Leibniz sich vor allem in der Theodizee wendet, z.B. I §§ 46–49, III §§ 302ff. Die Indifferenzfreiheit wird vornehmlich von Voluntaristen vertreten. Sie wollen damit den freien Willen als das Spezifikum des Menschen erweisen: Selbst in einer Situation, in der die Vernunftgründe für beide Alternativen gleich stark sind und ihn daher in einen Gleichgewichtszustand versetzen, wo er unentschieden (indifferent) zwischen beiden Optionen schwebt (Indifferenz des Gleichgewichts), ist der Mensch nicht gelähmt, sondern vermag kraft eines ursprünglichen, von keinen rationalen Vorgaben abhängigen Willensentschlusses den Ausschlag für die eine oder die andere Seite herbeizuführen. Weil ein Tier, so die Voluntaristen, einen solchen freien Willen nicht hat, müßte der Esel des Buridan zwischen zwei Heuhaufen gleicher Größe und Güte, von denen er gleich weit entfernt ist, verhungern, weil er dieses Gleichgewicht der Gründe nicht durch einen ursprünglichen Willensentscheid durchbrechen könnte. Leibniz entgegnet in *Theod.* I § 49 darauf, daß ein Mensch ebenso wie der Esel in seinem Handeln vollständig von Gründen bestimmt ist. In einer Situation eines völligen Gleichgewichts der Gründe wäre folglich auch ein Mensch handlungsunfähig. Eine solche gänzliche Gleichgültigkeit ist für Leibniz aber eine rein denkerische Abstraktion, die es in der Realität nicht gibt. Gründe unseres Handelns sind nicht bloß die gewichtigsten, deren wir uns bewußt sind und von denen wir folglich Rechenschaft abzulegen vermögen. Da alles mit allem zusammenhängt, geht vielmehr alles, was sich im Universum zuträgt, irgendwie in den Grund unseres Tuns ein, aber nicht als bewußt erwogener Grund, sondern als uns unbewußter Eindruck, eben als winzige Perzeption. Da die bewußten Vernunftgründe wie die unbewußten Handlungsmotive sich aus der objektiven Sachlage ergeben, kann es subjektiv nur dann zu einem völligen psychologischen Gleichgewicht der handlungsbestimmenden Gründe kommen, wenn auch objektiv der Körper, ja das ganze Universum achsensymmetrisch durch eine mitten durch den Körper des Esels gehende Symmetrieebene in zwei genau gleiche Hälften geteilt werden könnte – eine absurde Vorstellung. Auch wenn der Handelnde angesichts der von ihm erwogenen Gründe unentschieden zu sein scheint, ist er doch stets bereits durch den voraufliegenden Zustand, d.h. seine eigene psychische Disposition und die Lage des Universums, zu einem ganz bestimmten Handeln prädeterminiert (§§ 46 u. 48); aus einer Gleichgewichtssituation heraus käme es nie zu einem Handeln (§ 48). Leibniz vertritt also einen psychologischen Determinismus, daß unsere mentalen Prozesse (etwa eine Entscheidung) ebenso unausweichlich wie Naturvorgänge durch den jeweils voraufliegenden Zustand im voraus festgelegt sind, wobei in diesen Zustand ebenso innere psychische Bedingungen wie naturale Faktoren der Außenwelt eingehen. (Im Sinne der Harmonie von Kausal- und Finalursachen (III 4) erfahren wir die kausale Determination unseres bewußten Handelns als Zielstrebigkeit, daß wir unser Handeln durch das für die Zukunft Beabsichtigte und Erstrebte bestimmen.) Unsere willentliche Entscheidung und damit unser Handeln ist durch Gründe im voraus festgelegt; dies heißt aber nicht, daß unsere Handlung stets unserem abschließenden bewußten Vernunfturteil folgen müßte. Was sie unfehlbar festlegt, ist der stärkste Gesamteindruck und der daraus resultierende Gesamtimpuls zu einem bestimmten Handeln, in die auch zahlreiche unbewußte Perzeptionen bzw. Neigungen (Impulse) eingehen (vgl. NE II 21, § 39, A VI 6, 192).

VI. Logik und Philosophie der Sprache

1. Der Logikkalkül

In zahlreichen logischen Entwürfen (vgl. bes. die acht Skizzen vom April 1679, C 42–92 / A VI 4, 181–251) ist es Leibniz bereits gelungen, die Logik in Gestalt eines regelrechten Kalküls zu präsentieren, ein Unterfangen, das erst die moderne mathematische Logik seit Frege und Russell ganz zu realisieren vermochte. Ein Kalkül, d.h. ein System von Zeichen, mit denen man nach genau festgelegten Regeln rechnen kann, ist in der Mathematik üblich. Aber bereits der Name ‚calculus rationis' oder ‚calculus ratiocinator' deutet Leibniz' Überzeugung an, daß nicht bloß die Mathematik mit Formeln arbeiten sollte, sondern daß sich jede rationale Argumentation in formalisierter Gestalt präsentieren läßt. „Nicht alle Formeln bezeichnen eine Quantität, vielmehr lassen sich unzählige Weisen des Kalkulierens entwickeln." (C 556 / A VI 4, 511) Hierin geht Leibniz weit über das hinaus, was man heute einem Logikkalkül zutraut, daß er die formalen Strukturen einer Argumentation zu rekonstruieren und in mechanischen Operationen nach festen Rechenregeln zu überprüfen gestattet. Bei seiner metaphysischen Überzeugung, daß die gesamte Wirklichkeit nichts anderes sei als die Realisierung eines ihr zugrundeliegenden Begriffs (einer Welt), glaubt Leibniz, auch alle Inhalte auf Begriffsbeziehungen reduzieren zu können, so daß sich sämtliche inhaltlichen Streitfragen grundsätzlich durch Kalkulieren entscheiden lassen (vgl. etwa C 176 / A VI 4, 964). Zwar nicht Leibniz' Kalküle selber, wohl aber seine Theorie über ihre Anwendbarkeit beruht damit auf einer recht fraglichen metaphysischen Überzeugung: Die Wirklichkeit weist eine ein für allemal festliegende rationale Ordnung auf, die sich in formal sehr einfachen Begriffszusammenhängen manifestiert, nämlich der additiven Zusammensetzung oder Kombination weniger Urbegriffe zu all den komplexen Begriffen. Diese Voraussetzung, sollte sie zutreffen, machte alle inhaltlichen Kontroversen in einfachen Begriffsoperationen mechanisch entscheidbar. Die Symbolsprache, in der ein solcher Kalkül zu formulieren wäre, dürfte freilich nicht wie die heutigen neben den logischen Konstanten Symbole verwenden, die inhaltlich indifferent sind und daher beliebig besetzt (interpretiert) werden können. Die Begriffe (Ideen) müssen in Leibniz' Notation vielmehr durch Kennzeichnungen (Charaktere) wiedergegeben werden, die den begrifflichen Aufbau der Wirklichkeit aus den Urbegriffen widerspiegeln. Auf diese Probleme von Leibniz' Kennzeichnungskunst (characteristica universalis) werden wir in der nächsten Sektion noch eingehen.

Wenn Leibniz dem Kalkül eine solche inhaltliche Leistungskraft zuschreiben konnte, so steht dahinter – ungeachtet aller von uns beobachteten konzeptualistischen Ansätze (IV 7) – wohl doch ein platonischer Essentialismus, daß es an sich (d.h. unabhängig von jedem tatsächlichen Gedachtwerden durch den Menschen) gültige Begriffsbeziehungen gibt. Wenn es einem Kalkül gelingt, diese in seinen Regeln auszudrücken, dann ist Wahrheitserkenntnis, auch im inhaltlichen Sinne eines Erfassens der Realität, gewährleistet. Keineswegs hat Leibniz den Kalkül wie heutige Logiker nominalistisch als ein reines Spiel mit Zeichen aufgefaßt nach Regeln, wie sie der Mensch durch seine Konventionen geschaffen hat. Ein derartiger Kalkül hat als solcher, solange er uninterpretiert ist, mit der Realität gar nichts zu tun. Erst durch eine Interpretation, indem man (willkürlich) die Zeichen in dieser oder jener Weise versteht, kann ein solches menschengeschaffenes Zeichensystem sich als inhaltlich fruchtbar erweisen. Ohne die konventionellen Momente zu verkennen, die sich in jedem tatsächlich gebrauchten Zeichensystem finden, vermag Leibniz dagegen im *Dialogus* (GP VII 190–193 / A VI 4, 20–25) die essentialistische These zu untermauern: Die Wahrheit liegt in essentiellen, für den jeweiligen Gegenstandsbereich wesentlichen Begriffszusammenhängen begründet, die den Status möglicher Gedanken haben und daher unabhängig davon bestehen, ob ein Mensch sie tatsächlich denkt, die also nicht erst durch menschliche Setzungen Geltung erlangen. Kritisiert wird hiermit Hobbes' nominalistische These: Die Wahrheit hängt von unserer Willkür ab; denn ihr Beweis beruht auf Nominaldefinitionen, in denen die Bedeutung der verwendeten Termini willkürlich eingeführt wird (vgl. Dascal (IX) 1978, 191–196). Leibniz erläutert seine Gegenposition an der Möglichkeit verschiedener Zahlensysteme: Welches Zahlensystem wir tatsächlich verwenden (z.B. das Dezimalsystem oder das Dualsystem, dessen Bedeutung Leibniz lange vor der Herstellung von Computern erkannt hat), beruht auf konventioneller Festsetzung. Aber wenn wir eine bestimmte Rechnung in alternativen Zeichensystemen durchführen, erkennen wir: In allen möglichen Zeichensystemen ergeben sich dieselben Proportionen, die mithin für diese Operation wesentlich sind. Diese essentiellen Verhältnisse aber sind die Grundlage der Wahrheit, die stets in einer Verknüpfung besteht.

Für ein Zeichensystem sind demnach gemäß der essentialistischen Position bestimmte Grundzüge sachlich vorgegeben, für ein Zahlensystem etwa, daß es mindestens zweier Ziffern zu seinem Aufbau bedarf. Diese Vorgaben lassen aber einen Variationsspielraum. Welche der sachlich offenen Alternativen ich tatsächlich wähle, ist eine Sache von Konvention. In diesem Sinne sieht Leibniz denn auch verschiedene Interpretationsmöglichkeiten der Symbole seines Kalküls. Anders als bei der nominalistischen Auffassung läßt sich sein Kalkül aber nicht auf beliebige Arten deuten, sondern Leibniz betrachtet die drei von ihm erwogenen Lesarten der Buchstabensymbole wohl als sachlich feststehend: intensional für Begriffe ihrem Inhalt nach, extensional für Begriffe ihrem Umfang nach oder schließlich für Aussagen. Eine Pluralität von Deutungen wird (auch beim essentialistischen Ansatz) dadurch möglich, daß in allen drei Bereichen beim Aufbau eines komplexen Gebildes aus elementaren analoge Verhältnisse herrschen, wie erstens ein inhaltlich komplexer Begriff aus seinen Inhaltsmerkmalen, zweitens eine Menge (Klasse) aus Individuen als ihren Elementen oder drittens ein Aussagegefüge aus Elementaraussagen entsteht. Die Parallelität von Begriffsinhalt und Aussage betont Leibniz im Zusammenhang mit seiner begriffsanalytischen Wahrheitstheorie (vgl. das Zitat aus C 518f. / A VI 4, 1644 in II 2). Das aussagenlogische Wenn-dann-Verhältnis: wenn der bedingende Satz gilt, dann muß auch der bedingte Satz gelten, läßt sich auf das prädikatenlogische Subjekt-Prädikat-Verhältnis der elementaren kategorischen Aussage reduzieren: wenn das Subjekt (kraft seiner Merkmale) zutrifft, dann trifft erst recht das Prädikat zu. Denn alle Begriffsmerkmale des Prädikats sind unter denen des Subjekts enthalten. Diese logischen Zusammenhänge, daß sich komplexe Aussagen auf elementare und diese wiederum auf den Subjektbegriff reduzieren lassen, in dem das Prädikat und damit die Wahrheit der Aussage beschlossen liegt, sollen Leibniz' metaphysische Auffassung stützen, daß die Wirklichkeit letztlich allein Individuen umfaßt.

Die Parallelität liegt vor allem auch darin, daß zum Aufbau eines aussagenlogischen Kalküls wie eines Begriffssystems mindestens zwei ursprüngliche logische Konstanten gebraucht werden. Die Aussagenlogik kommt (wie Frege klar gesehen hat) mit zwei ursprünglichen Aussagenfunktionen aus: der Negation als einstelliger Funktion und einer zweistelligen Verknüpfung zweier Aussagen. Hiermit lassen sich dann alle anderen zweistelligen Aussagenfunktionen definieren. Auch hier bewährt sich Leibniz' essentialistische These: Bestimmte grundlegende Verhältnisse sind von der Sache her vorgegeben, hier, daß es zumindest einer ein- und einer zweistelligen logischen Konstanten bedarf. Bei der konkreten Ausgestaltung hingegen sind Freiräume für Entscheidungen durch Konvention gegeben, ob man die Wenn-dann-Beziehung oder die Und-Beziehung (Konjunktion) oder irgendeine andere zweistellige Aussagenfunktion als undefinierte Grundkonstante ansetzt, um dann die übrigen durch sie zu definieren. Da Leibniz' Kalküle vor allem im Hinblick auf die begriffslogische Interpretation entwickelt sind, arbeitet er mit der Negation und Konjunktion als den beiden logischen Grundkonstanten, um so sein Begriffssystem kombinatorisch aufbauen zu können. Das bedeutet: Ausgehend von einer Menge von Urbegriffen bildet er durch Begriffsnegationen (wie Nicht-Mensch) und durch Begriffsadditionen, indem er zuerst die Urbegriffe und dann auch die aus ihnen zusammengesetzten Begriffe miteinander kombiniert, sukzessiv immer komplexere Begriffe.

An dieser Stelle wird jedoch ein Problem für das Nebeneinander von umfangslogischer (oder extensionaler) und inhaltslogischer (oder intensionaler) Auslegung des Kalküls sichtbar. Daß beide sich parallelisieren lassen, setzt (wie wir gesehen haben) voraus, daß entsprechende (analoge) Verhältnisse herrschen. Das heißt hier: Der Begriffsinhalt eines komplexeren Begriffs läßt sich bei der kombinatorischen Begriffstheorie als die Menge der elementareren Begriffe auffassen, die seine Inhaltsmerkmale sind, so wie der Begriffsumfang die Menge der Individuen ist, auf die dieser Begriff zutrifft. Leibniz hat aber übersehen, daß die Strukturen sich nicht exakt entsprechen. Beim Begriffsumfang brauchen wir nur eine Menge von Einzelfällen, nicht aber eine Menge von

Mengen (von Individuen) zu bilden. Wäre der Begriffsinhalt genau parallel, dann müßte er sich stets als Menge allein der Urbegriffe beschreiben lassen. Nun enthält ein Begriff aber oft komplexere Begriffe als seine Inhaltsmerkmale. Der Begriffsinhalt ist demnach als eine Menge aufzufassen, die neben ursprünglichen Begriffen bereits deren Kombinationen, also Mengen oder sogar Mengen von Mengen usw. zu ihren Elementen haben kann.

Hier ist ferner die Reziprozität (oder umgekehrte Proportionalität) von Begriffsinhalt und -umfang zu beachten (vgl. etwa NE IV 17, § 8, A VI 6, 486): Je reicher der Inhalt eines Begriffes ist, desto geringer sein Umfang. Denn je mehr Merkmale ein Begriff in sich befaßt, desto mehr Bedingungen muß ein Individuum erfüllen, das ein Fall dieses Begriffs sein soll, desto weniger Individuen gehören also zum Umfang dieses Begriffs (vgl. C 235). Die beiden Grenzwerte der Begriffsskala stellen damit der tautologische und der widersprüchliche Begriff dar. Ein tautologischer Begriff (wie ‚mit sich selbst identisch') hat einen allumfassenden Umfang, da eine solche triviale Eigenschaft auf jeden beliebigen Gegenstand zutrifft; sein Inhalt aber ist leer, da er seinen Träger in keiner Weise charakterisiert, auszeichnet und unterscheidet. Durch seine Verneinung entsteht der widersprüchliche Begriff, dessen Umfang umgekehrt leer ist (kein Gegenstand kann eine widersprüchliche Eigenschaft exemplifizieren), dessen Inhalt aber allumfassend ist, da aus widersprüchlichen Voraussetzungen jede beliebige Bestimmung folgt. Über diese beiden Extremwerte der Begriffsskala finden sich in Leibniz' Entwürfen logischer Kalküle gewisse Unklarheiten. Klar hat er dagegen die beiden Begriffe charakterisiert, die innerhalb der konsistenten und nicht inhaltsleeren Begriffe die äußersten sind. An die tautologischen Begriffe grenzen die Elementarbegriffe, aus denen als ihren Inhaltsmerkmalen sich alle übrigen Begriffe aufbauen; sie haben daher den einfachsten oder ärmsten Inhalt, wenngleich sie nicht inhaltsleer sind; extensional haben die notiones primitivae dagegen hinter der (vom tautologischen Begriff bezeichneten) Allklasse die obersten oder umfassendsten Gattungen zu ihrem Umfang. Die andere Grenze der Begriffsskala bilden die Individualbegriffe, deren Inhalt innerhalb der konsistenten Begriffe maximal ist und daher nur von einem einzigen Individuum erfüllt werden kann. Inhaltsreicher sind nur die umfangsleeren, widersprüchlichen Begriffe, die jeden anderen Begriff zusammen mit dessen Negation enthalten. Die inhaltliche Vollständigkeit des Individualbegriffs könnte man demgegenüber (im Sinne von Leibniz) darin begründet sehen, daß er zu jedem möglichen Begriffsinhalt entweder diesen selbst oder seine Verneinung einschließt. Gemäß der lex continuitatis kennt Leibniz auf der Begriffsskala zwischen diesen Grenzen nicht bloß endlich viele Zwischenstufen einer Gattung-Art-Hierarchie, sondern versucht, die Intervalle durch immer neue Zwischenstufen beliebig klein werden zu lassen, fügt etwa zwischen der untersten Art und dem Individuum noch das individuum vagum ein.

Eine prägnante Gegenüberstellung des in der scholastischen Logik üblichen extensionalen Vorgehens, das sich an den Einzelfällen orientiert, die unter die Allgemeinbegriffe fallen (exempla notionibus universalibus subjecta), und seinem eigenen intensionalen Vorgehen, das nur die Allgemeinbegriffe selbst bedenkt, findet sich in *Elementa calculi* § 12 (C 53 / A VI 4, 200; vgl. Kauppi (IX) 1960, 247–256, Lenzen (IX) 1983 u. Grosholz/Yakira (IX) 1998, 38–43). Alle logischen Regeln, die er im intensionalen Kalkül beweist, ließen sich genausogut im extensionalen beweisen, da einer die Umkehr (inversio) des anderen sei. (Damit ist die von uns gerade dargelegte Reziprozität von Inhalt und Umfang eines Begriffs gemeint.) Leibniz begründet, warum er trotz dieser Übersetzbarkeit beider Kalküle ineinander oder ihrer Isomorphie den intensionalen Kalkül vorzieht: „Aber ich wollte lieber die allgemeinen Begriffe oder Ideen und deren Zusammensetzungen betrachten, weil sie von der Existenz von Individuen unabhängig sind." Leibniz hat das intensionale Vorgehen nicht aus logischen, sondern aus philosophischen oder metaphysischen Gründen favorisiert. Der tiefste Grund dürfte wohl auch hier das Einheitsstreben sein, nur einen Grundtyp von Entität anerkennen zu wollen. Nun ist Leibniz gerade in der Logik keineswegs ein Nominalist, der behauptet: Das Existieren von Individuen ist ein ursprüngliches, nicht weiter zu erklärendes Faktum und das einzig Wirkliche; alles andere sind bloß abstrakte Begriffsbildungen des menschlichen Geistes. Vielmehr sind Begriffsbeziehungen für ihn etwas unabhängig vom Menschen Vorgegebenes und durchaus ontologisch bedeutsam als die Voraussetzung, aus der die Wirklichkeit hervorgegangen ist. Bei diesen Prämissen bedeutet das extensionale Vorgehen eine gewisse ontologische Dualität. Auf der einen Seite stünden die Begriffe, die kraft ihrer Inhaltsmerkmale Bedingungen stellen, die etwas erfüllen muß, auf das dieser Begriff zutreffen soll. Auf der anderen Seite stünden Individuen, die kraft ihrer Eigenschaften diesen Bedingungen genügen und sich so als Einzelfälle des betreffenden Begriffs erweisen. Beim intensionalen Vorgehen demgegenüber gibt es nur eines: den mehr oder minder komplexen, d.h. mehr oder minder vollständig bestimmten Begriff. So weit ist alles noch rein logisch. Hier nun kommt die uns bereits wohlbekannte metaphysische Voraussetzung zum Tragen: Die Wirklichkeit ist restlos determiniert, indem der durchgängigen kausalen Determination eine lückenlose begriffliche Bestimmtheit zugrunde liegt. Als ein verwirklichbares Individuum ist damit nur der vollständig oder maximal konsistent bestimmte Begriff qualifiziert. Begriffe wie der vage Adam oder die Annäherungen an Sextus, die ein Individuum so kennzeichnen, daß noch begrenzte Variationsspielräume für alternative Eigenschaften, Taten usw. offen sind, stellen bloße gedankliche Abstraktionen dar und verbleiben im logisch Allgemeinen. Wenn ein restlos bestimmter und daher verwirklichbarer Begriff tatsächlich verwirklicht wird, so bedeutet dies nicht eigentlich ein ontologisches Novum, da bei der Verwirklichung keinerlei Qualität hinzukommt, die nicht schon in der begrifflichen Möglichkeit vorgegeben war; sogar die Verwirklichung selbst ist im Rahmen des Vollkommenheitsvergleichs schon im Begriff angelegt. Eine so verstandene Logik verlangt damit keinerlei ontologische Dualität.

Das Bevorzugen eines intensionalen Kalküls bereitet indes bei Begriffsnegationen wie Nicht-Mensch Schwierigkeiten. Extensional kann man sie unproblematisch als die zu Mensch komplementäre Klasse auffassen: Nicht-Mensch ist die Klasse all derjenigen Individuen des zugrundegelegten Individuenbereichs, die nicht zur Menge der Menschen gehören. Wie aber ist der Begriffsinhalt von Nicht-Mensch zu definieren? Der Inhalt von Mensch besteht aus all den allgemeineren Begriffen wie Lebewesen usw., die dieser Begriff zu seinen Merkmalen hat oder die ihm innewohnen (inesse). Da Leibniz nun die Relation des begrifflichen Enthaltens logisch parallel zur Wenn-dann-Beziehung behandelt, läßt sich das für Bedingungsgefüge gültige Kontrapositionsgesetz auch hierauf anwenden: Wenn Mensch Lebewesen enthält, dann enthält Nicht-Lebewesen Nicht-Mensch. Nicht-Lebewesen zu sein heißt Nicht-Mensch, Nicht-Affe, Nicht-Esel usw. zu sein. Der Inhalt einer Begriffsnegation besteht also aus den Negationen der spezielleren Begriffe, die dem positiven Begriff untergeordnet sind. Worin besteht aber der Inhalt negierter Individualbegriffe wie Nicht-Sokrates? Den Individualbegriffen sind keine spezielleren Begriffe mehr untergeordnet; daher müßten die negierten Individualbegriffe entsprechend den allgemeinsten Begriffen auf der positiven Seite als Urbegriffe gelten. Auch sie hätten den größten Umfang unter den negierten Begriffen. Logisch ist diese Konzeption widerspruchsfrei, aber intuitiv führt sie zu höchst unplausiblen Konsequenzen. Bei den positiven Begriffen ist einsichtig, daß eine Reihe allgemeinster Begriffe der obersten Gattungen (etwa Aristoteles' Kategorien) die undefinierbaren Urbegriffe darstellen, aus denen sich der Inhalt spezieller Begriffe aufbaut. Da es nun aber beliebig viele Individuen gibt, müßte entsprechend eine beliebig zu vermehrende Liste negierter Individualbegriffe als ursprünglich gegebene Grundbegriffe angesetzt werden (näheres in Liske (IX) 1994). Angesichts solcher Ungereimtheiten kann Leibniz aber nicht einfach auf Begriffsnegationen verzichten; sie sind ein unentbehrlicher Teil seiner Logik. Wie er in C 86 / A VI 4, 223 klar sieht, braucht er Begriffsnegationen, um seine begriffsanalytische Wahrheitstheorie auf negierte Aussagen anzuwenden. Wenn man in einer universell negativen Aussage ein Prädikat dem Subjekt abspricht, heißt dies, daß der negierte Prädikatbegriff im Subjektbegriff eingeschlossen ist.

Bei der bevorzugten Interpretation des Kalküls, wenn die Buchstaben als Symbole für Begriffe ihrem Inhalt nach gelesen werden, vermag Leibniz mit den beiden bisher betrachteten logischen Funktionen, der Negation und Begriffsaddition (für die er meist kein eigenes Zeichen hat, sondern die er durch ein Nebeneinanderstellen der Buchstaben symbolisiert), lediglich das Bilden komplexerer Begriffe aus den Grundbegriffen darzustellen. Um eine Aussage symbolisieren zu können, muß er ein weiteres Symbol, das Gleichheitszeichen für die Identität, einführen. Dies entspricht seinem Grundsatz, jede wahre Aussage sei eine aktuelle oder virtuelle Identität. Eine universell affirmative Aussage ‚A ist B' oder ‚A enthält B' (‚Mensch enthält (in seinem Inhalt) Lebewesen' oder ‚Alle Menschen sind Lebewesen') lautet demnach: A = BY. Die Buchstaben am Ende des Alphabets wie Y sind als Variable verwendet und entsprechen umgangssprachlich in etwa einem ‚irgendein'. Die Symbolisierung besagt demnach: A (Mensch) ist nicht mit B (Lebewesen) insgesamt identisch, sondern nur mit irgendeinem noch näher zu qualifzierenden B. Diese zusätzlichen Merkmale werden hier jedoch nicht durch eine Konstante repräsentiert, sondern nur von einer Variablen unbestimmt angedeutet. – Mit der Identität tritt auch eine wichtige Ableitungsregel für Identisches auf den Plan, das Substitutionsprinzip: Identisch ist, was unbeschadet der Wahrheit überall durcheinander ersetzt werden kann (etwa C 264 / A VI 4, 816; vgl. Ishiguro (IX) 1990, 17–43). Heute versteht man dieses Prinzip durchweg extensional: Zwei Ausdrücke u. U. verschiedenen Sinnes, aber gleicher Extension, die also denselben Gegenstand oder dieselbe Klasse bezeichnen, lassen sich durcheinander ersetzen, ohne daß dies den Wahrheitswert ändert. Wenn Leibniz im Rahmen seines intensionalen Kalküls daran denkt, daß ein zu analysierender oder zu definierender Begriff durch die ihn definierenden Merkmale ersetzt wird, dann bleibt nicht nur der Wahrheitswert, sondern weitergehend der Sinn erhalten. Die füreinander substituierten Ausdrücke sind nicht bloß extensionsgleich, sondern auch sinngleich (synonym). Die für Leibniz so zentrale Begriffsanalyse besteht darin, daß fortgesetzt ein zu definierender Begriff (Definiendum) durch die ihn definierenden Merkmale (Definiens) ersetzt (substituiert) wird, bis die Urbegriffe erreicht sind oder das Enthaltensein des Prädikats im Subjekt erwiesen ist.

In seiner Wertschätzung der formalen Logik stand Leibniz damals auf ziemlich verlorenem Posten. Man glaubte, die traditionelle aristotelische Syllogistik, die steril sei und allenfalls dazu tauge, bereits gewonnene Resultate in systematischer Ordnung darzustellen, durch eine erkenntnistheoretisch ausgerichtete Methodenlehre ersetzen zu müssen, die Neuentdeckungen fördere. Leibniz war hingegen vom Nutzen der Logik überzeugt, nicht nur als ars judicandi, um bereits gewonnene Thesen in ihrer Wahrheit zu überprüfen, sondern auch als ars inveniendi oder Logik der Forschung, um systematisch zu neuen Ergebnissen zu gelangen.

2. Die universale Charakteristik

Ein Kalkül ist in einem vom Menschen geschaffenen Symbolismus ausgedrückt. Die inhaltliche Leistungsfähigkeit eines interpretierten Kalküls hängt mithin wesentlich davon ab, in welcher Weise die Symbole eingeführt werden. Da Leibniz dem Kalkül eine allumfassende Leistung zutraut, sämtliche Fragen durch Kalkulieren, also durch mechanische Rechenoperationen nach festen Regeln, namentlich durch fortgesetztes Substituieren, entscheidbar zu machen, muß der Symbolismus dieses Kalküls universale Geltung beanspruchen können; nicht zufällig nennt Leibniz ihn eine universale Kennzeichnungskunst (characteristica universalis). Eine derartige Allgemeingültigkeit könnte die Charakteristik nicht haben, wenn sie rein konventionell festgelegt wäre; vielmehr muß sie auf einer universalen Erkenntnis der Welt oder der allgemeinen Grundlagen der gesamten Wirklichkeit beruhen. Leibniz' Projekt einer universalen Charakteristik hängt folglich eng mit seinen Ideen zu einer nach philosophischen Maßstäben konstruierten Vernunftsprache für alle Menschen (lingua rationis) und zu einer Universalwissenschaft (scientia generalis) zusammen (vgl. Couturat (IX) 1901 zu Kombinatorik (c. 2), Universalsprache (c. 3), universaler Charakteristik (c. 4), Enzyklopädie (c. 5) und scientia generalis (c. 6)). – Eine Charakteristik ist nicht einfach eine Sprache. Denn Charaktere sind nach GP VII 204 / A VI 4, 919 geschriebene, gezeichnete, gemeißelte etc. Zeichen. Sie schließen vor allem keine Lautzeichen ein und unter den sichtbaren Zeichen keine in Zeichenfunktion ausgeübten Handlungen wie Gesten. Eine Charakteristik ist keine erst nachträglich schriftlich festgehaltene gesprochene Sprache nach Art der Umgangssprachen, sondern von vornherein eine bewußt konstruierte schriftliche Symbolik, wie wir sie aus Mathematik und Naturwissenschaften kennen. Gemeinsam fordert Leibniz jedoch von der universalen Vernunftsprache und der universalen Charakteristik, daß ihre Namen oder Zeichen wirklichkeitshaltig sind und eine Erkenntnis der jeweiligen Sache erschließen: „Wer diese Sprache lernt, wird ineins auch die Enzyklopädie lernen, das wahre Tor zu den Dingen … Eben der Name einer jeden Sache ist der Schlüssel zu allem, was von ihr vernünftigerweise zu sagen, zu denken und als Geschehen zu erwarten ist.“ (A II 1, 240) (Zu Leibniz' rationalistischem Unterfangen, eine rein begriffliche Erkenntnis auch inhaltlicher Wahrheiten zu ermöglichen, indem er Begriffe auf charakteristische Zahlen abbildet, vgl. Krüger (IX) 1969, bes. 14 ff.)

Sollen eine Sprache oder schriftliche Symbolik dies leisten, so müssen in ihren Aufbau die Ergebnisse der Universalwissenschaft eingehen, deren Methode die universale Synthese und Analyse ist. In einer Abhandlung mit diesem Titel sagt Leibniz: Wir haben die Dinge dann insgesamt in unserer geistigen Verfügungsgewalt, wenn wir zu den Urbegriffen (simplices termini) oder den Prädikamenten (Kategorien) vorgedrungen sind, d.h. den allgemeinsten Einteilungen oder obersten Gattungen alles Seienden. Weil die Wirklichkeit für Leibniz in ihrem Grunde eines ist (II 1), hält er eine Universalwissenschaft für möglich, die in einem ersten Schritt, der universalen Analyse, ausgehend von Wissensinhalten aller Disziplinen, zu den gemeinsamen Urbegriffen von allem führt, um dann in der universalen Synthese das gesamte System der Begriffe und damit den ganzen Kosmos unseres Wissens aus diesen Urbegriffen aufzubauen. Die universale Charakteristik nun soll im Bilden ihrer Bezeichnungen den Aufbau des Begriffssystems widerspiegeln, indem sie die elementaren Bezeichnungen den Urbegriffen beilegt und in der Kombination dieser einfachen Zeichen zu abgeleiteten Bezeichnungen den Aufbau eines komplexen Begriffes aus den ursprünglichen darstellt. Hier macht Leibniz offenkundig die essentialistische Voraussetzung, der Aufbau des Begriffssystems sei von der Sache her vorgegeben und entstehe nicht in je verschiedenen Konstruktionen der Menschen. Nur so läßt sich die Annahme begründen, es könne eine für alle Menschen und alle Wissensgebiete verbindliche Sprache geben.

Wegen dieser Parallelität von Begriffssystemen und idealer Sprache oder Symbolik bezeichnete Leibniz die Elementarbegriffe häufig in einer Analogie als Alphabet (unserer Gedanken) (z.B. GP VII 292 / A VI 4, 538; GP I 58). Dieser Buchstabenvergleich macht mehrere Eigenarten des Begriffssystems deutlich: 1.) Es gibt eine endliche, (relativ) geringe Anzahl einfacher Begriffe (so wenigstens GP I 58). 2.) Aus ihnen läßt sich allein durch Kombinieren das gesamte System der Begriffe sowie der aus ihnen resultierenden Wahrheiten gewinnen, so wie Buchstabenkombinationen die gesamte Sprache ergeben. 3.) Diese Kombinationen sind nicht willkürlich, sondern entsprechen einer geregelten Methode (ordinata methodo), d.h. den Lautregeln der jeweiligen Sprache bzw. (bei Begriffen) universalen Gesetzen. Allein ein solches geregeltes Vorgehen sichert den kontinuierlichen Erkenntnisfortschritt. – Angesichts dieser Parallelität wundert es nicht, daß Leibniz die Begriffe tatsächlich durch Buchstaben symbolisiert. Diese Symbolik wird von ihm jedoch als nicht ganz passend empfunden, wie aus einer Stelle der frühen *Ars combinatoria* § 90 (GP IV, 72f. / A VI 1, 202) deutlich wird. Hier nennt er die Bezeichnungen der Urbegriffe nur gleichsam ein Alphabet. Die Buchstaben gehören nämlich einer Lautschrift an, was die Charakteristik nicht ist. Vor allem ist die Zuordnung des Buchstabensymbols zu dem ausgedrückten Laut rein konventionell. Leibniz erstrebt demgegenüber, daß die Bezeichnungen der Idealsprache so natürlich wie möglich sind, d.h. den bezeichneten Gegenstand möglichst weitgehend in seiner Eigenart wiedergeben, so daß die Symbole aus sich heraus verständlich sind. Diese Forderung erfüllen die Symbole einer Bilderschrift. Die bekannten Bilderschriften haben jedoch den erheblichen Nachteil, daß sie nicht von einigen wenigen Grundzeichen ausgehen, um darauf das gesamte Zeichensystem aufzubauen, und so unnötige Gedächtnisleistungen verlangen. Leibniz fordert demnach, die Vorteile der Lautschrift, die mit wenigen Elementarzeichen auskommt, mit denen der Bilderschrift zu verbinden, indem man etwa in geometrischen Figuren die Strukturen der bezeichneten Sache abzubilden versucht.

Leibniz' Ideen einer universalen Charakteristik und einer Universalwissenschaft sind bloße Projekte geblieben, wohl nicht von ungefähr. Eine gute Sprache sollte die Grundlage bieten, in ihr und durch sie zu neuen Erkenntnissen zu gelangen, die nicht bereits dazu vorhanden sein müssen, die Sprache selbst aufzubauen. (Das bedeutet natürlich nicht, daß die Sprache zumal der Wissenschaft gegenüber Neuentdeckungen völlig invariant ist und nicht im Lichte von Neuerkenntnissen erweitert werden könnte.) Leibniz' universale Charakteristik demgegenüber scheint die entscheidende Erkenntnisleistung bereits vorauszusetzen, daß man zu einer vollständigen Liste der Urbegriffe gelangt ist, sowie alle verwendeten Begriffe durch Synthese aus ihnen aufgebaut hat; offen bliebe lediglich die Synthese einiger neuer Begriffe. Leibniz hat dieser Schwierigkeit vorgebeugt und verlangt daher (z.B. GP

VII 292 / A VI 4, 538) keinen Katalog der objektiv gesehen höchsten Gattungen, sondern derer, die wir als die höchsten annehmen. Wir brauchen die Grundzeichen also nicht für die absolut ersten Begriffe zu verwenden, sondern können mit ihnen die relativ ersten bezeichnen, d.h. die obersten, zu denen wir bisher gelangt sind. Denn der kombinatorische Aufbau des Begriffssystems, wie ihn das Bilden zusammengesetzter Bezeichnungen wiedergibt, wiederholt sich auf allen Allgemeinheitsstufen, daß das Komplexere durch Addition von Elementarerem gebildet wird. Daher kann beliebig irgendetwas als elementar behandelt werden.

Eine bedeutendere Schwierigkeit ergibt sich daraus, daß das Repräsentieren (oder Ausdrücken (exprimer)) als die spezifische Leistung, die einen Charakter ausmacht, für Leibniz nicht auf bloß konventioneller Zuordnung beruhen darf, sondern als eine natürliche Beziehung Strukturähnlichkeiten des repräsentierenden Charakters und des repräsentierten Gegenstandes verlangt. So definiert er in A VI 4, 324 einen Charakter als etwas, das dem Denkenden etwas anderes repräsentiert. Zeichen und Bezeichnetes brauchen zum Repräsentieren einander zwar nicht ähnlich zu sein (ein Schriftzeichen kann in den wenigsten Fällen eine ähnliche Beschaffenheit aufweisen wie sein Gegenstand), wohl aber muß eine regelmäßige Beziehung (certa quadam regula sive relatione) herrschen, die gestattet, alles im einen sich Vollziehende auf etwas zu beziehen, was ihm im anderen entspricht. Diese Isomorphie gestattet, eines aus dem anderen zu erkennen. Ähnlich definiert Leibniz das Ausdrücken als „eine konstante und geregelte Beziehung zwischen dem, was sich vom einen und dem, was sich vom anderen sagen läßt“ (an Arnauld, GP II 112; vgl. auch GP VII 263f. / A VI 4, 1370; C 15; s. Krämer (IX) 1991, 295–305). Die Momente des einen und die Momente des anderen, die sich nach einer konstanten Regel zuordnen lassen, können hiernach offenbar beliebig angesetzt werden; sie brauchen nicht schlechthin ursprünglich zu sein, so daß ein Repräsentieren erst möglich wird, wenn wir zu den Urbegriffen vorgedrungen sind. Das Problem erwächst aber daraus, daß Repräsentierendes und Repräsentiertes jeweils eine interne Struktur haben müssen, damit eine Strukturanalogie zwischen beiden vorliegen kann, die die Bedingung des Repräsentierens darstellt. Die in sich völlig ungegliederten, unanalysierbaren Begriffe könnten überhaupt nicht in diesem Sinne repräsentiert werden, sondern ihnen könnte lediglich per Konvention ein Zeichen zugewiesen werden. Kann eine Sprache, die gerade in ihren Elementarzeichen auf willkürlichen Setzungen beruht, überhaupt noch Leibniz' Ideal gerecht werden, daß sie kraft ihrer natürlichen Repräsentationsbeziehung Realitätserkenntnis vermittelt? Hier offenbaren sich die Schwierigkeiten von Leibniz' Begriffsatomismus, der die ursprünglichen Begriffe gleichsam als Atome ohne jede innere Struktur auffaßt und daher die komplexeren Begriffe durch bloßes Nebeneinanderstellen (Kombinieren) dieser Atome gewinnt. (Vielfältige Arten der Beziehungen zwischen den Urbegriffen wären nur möglich, wenn diese in sich vielfältig gegliedert wären.) Rein logisch – so haben wir gesehen – reicht zwar eine einzige zweistellige Beziehung wie die Begriffsaddition, um ein Begriffsschema aufzubauen. Kann dies aber auch als angemessene Wiedergabe der Realität betrachtet werden, was Leibniz beansprucht?

Ein weiteres Problem erwächst daraus, daß Leibniz in C 513 / A VI 4, 528 bezweifelt, ob prinzipiell irgendein ursprünglicher Begriff, der nicht mehr aus von ihm verschiedenen Merkmalen (notae), sondern allein aus sich heraus zu erfassen ist (index sui), von Menschen als solcher erkannt werden kann. – Es wäre relativ unproblematisch, wenn Leibniz von der Sache her elementare, nicht mehr durch Analyse auf anderes zurückführbare Begriffe postulierte, von denen er konsistent annehmen könnte, sie seien unserem Erkennen unzugänglich. Nun argumentiert er aber in C 429f. / A VI 4, 157 epistemisch, daß diese ursprünglichen Begriffe die unerläßlichen Bedingungen allen Erkennens sind: Wenn es angenommen nichts gibt, das aus sich selbst heraus begriffen wird (per se concipi), sondern alles stets wieder den Begriff (oder das Begreifen) eines anderen Vorgängigen einschließt und voraussetzt, dann kommt es zu einem unendlichen Regreß, so daß nichts wirklich begriffen wird. – Da ein Erkennen wesentlich reflexiv, d.h. sich seiner selbst bewußt ist, wären wir uns dessen aber bewußt, wenn wir auf etwas Ursprüngliches, aus sich heraus zu Begreifendes stießen. Offenkundig sind wir uns – wie Leibniz in C 513 / A 528 zugestehen muß – eines solchen ursprünglichen Begreifens nicht bewußt. Die Letztbegründung des Wissens in etwas aus sich heraus Erkennbarem (den Urbegriffen) ist offenbar genauso fragwürdig wie die Letztbegründung des Seins in etwas aus sich heraus Seiendem (Gott). In beiden Fällen bedient Leibniz sich eines ähnlich umstrittenen Regreßarguments (VIII 2); Gottes Attribute setzt er sogar mit den Urbegriffen gleich (zu den logisch einfachen Termini vgl. Ishiguro (IX) 1990, 50–56).

3. Philosophie der normalen Sprache

In dem Projekt, eine philosophische Universalsprache zu konstruieren, erweist sich Leibniz als Vertreter der idealsprachlichen Richtung. Wie steht dazu der Umstand, daß er sich in einigen Studien wie *Unvorgreiffliche gedancken betreffend die ausübung und verbesserung der teutschen sprache* (1697), aber auch im III. Buch der *Nouveaux essais* dem widmet, die gewachsenen kontingenten Umgangssprachen durchaus mit empirischen Mitteln historisch-philologisch zu erforschen (vgl. Schulenburg (IX) 1973)? Einem ähnlichen Zwiespalt sind wir bereits in der Erkenntnistheorie begegnet. Prinzipiell hält Leibniz es für möglich, schlechthin jede Wahrheit a priori zu erweisen. (Genau dazu aber bereitet die characteristica universalis den Weg, da sie – zumindest in ihrer vollendeten Gestalt – verlangt, daß die Termini bis in ihre letzten Elemente, die Urbegriffe, analysiert sind, worauf eben der begriffsanalytische Wahrheitsbeweis a priori beruht.) Faktisch aber sind wir beim Erkennen kontingenter Tatsachenwahrheiten auf Empirie angewiesen. Im Sinne der empirisch-pragmatischen Tendenz steht Leibniz im Vorwort zu Nizolius (GP IV 127ff. / A VI 2, 398ff.) der Forderung, in der Landessprache zu philosophieren, durchaus wohlwollend gegenüber. Der Grund wird z.B. in *Unvorgreifliche Gedanken* § 11 (Guhrauer I 453) deutlich. Wissenschaftliche Fachsprachen (wie namentlich das scholastische Latein) neigen oft dazu, in ihren Fachausdrücken leere Worte für chimärische Vorstellungen zu gebrauchen. Das Deutsche weist in besonderem Maße die Tugend einer Volkssprache auf, daß man in ihr nur „Rechtschaffenes" sagen kann, offenkundig deshalb, weil ihr Sprachgebrauch sich stets an der Lebenspraxis zu bewähren hat.

In der Kontroverse, ob sprachliche Bedeutungen natürlichen oder konventionellen Ursprungs sind, versucht Leibniz dem wirklichen Befund gerecht zu werden in einer Zwischenposition zwischen Jakob Böhmes Auffassung einer adamischen Natursprache, deren Ausdrücke das Wesen (die Natur) der Dinge vollständig wiedergeben, und Lockes Ansicht, Sprachzeichen seien dem Bezeichneten rein konventionell zugewiesen (vgl. bes. NE III 2, § 1, A VI 6, 278ff. und die Zusammenfassung der Resultate in C 151f. / A VI 4, 59; s. Mugnai (IX) 1976, 38–61). In einer adamitischen Ursprache im Sinne Böhmes wären Zeichen und Bezeichnetes einander in einer ein und für allemal festliegenden Verbindung mit Naturnotwendigkeit zugeordnet: Nur je ein Zeichen könnte die vollkommene Wiedergabe der jeweils zu bezeichnenden Wirklichkeit sein. Hiergegen betont Leibniz, daß Wortbedeutungen durch konventionelle Einsetzung (ex instituto) entstanden sind. Das schließt für ihn jedoch nicht aus, daß ein gewisser sachlicher Zusammenhang zwischen Zeichen und Bezeichnetem besteht, so daß sich Gründe angeben lassen, weshalb diese Bezeichnung gewählt worden ist, Gründe, die jedoch nicht restlos determinierend sind, sondern mehrere Möglichkeiten offen lassen. Die natürlichen Gründe (in Form lautmalerischer Nachahmung) lassen so Raum für Zufall (hazard: d.h., was uns als Zufall erscheint, nicht der von Leibniz verworfene reale Zufall im metaphysischen Sinne). Und die moralischen (praktischen) Gründe, die aus Sprach- und Lebenspraxis erwachsen, erlauben eine Wahl (A VI 6, 278). Genauer liegt der natürliche Ursprung von Sprache darin, daß die (menschlichen wie tierischen) Laute die eigenen Emotionen sachlich übereinstimmend oder ähnlich wiederzugeben versuchen. Diese Emotionen ihrerseits sind eine Art geistigen Abbilds der perzipierten Dinge. Ein solcher Ursprung, der die Bezeichnungen zu mittelbaren Abbildern der Dinge macht, ist nicht auf die Ursprache beschränkt, sondern auch später sind Bezeichnungen so aus dem Sprachgebrauch (usus) hervorgegangen (C 151 / A VI 4, 59). – Zu beachten ist die Rolle, die Leibniz dem Sprachgebrauch dabei zuerkennt, die Bedeutung umgangssprachlicher Ausdrücke festzulegen. So definiert er auch an anderer Stelle Begriffe, die eine sittliche Verpflichtung einschließen, (im Sinne eines psychologischen Egoismus) durch den recht verstandenen Eigennutzen und erklärt von diesen definitorischen Aussagen: „... sie sind aus dem allgemeinen Konsens derer abgeleitet, die diese Bezeichnungen gebrauchen.“ (A VI 1, 461) Wortbedeutungen kommen also dadurch zustande, daß sich beim Sprachgebrauch eine stillschweigende Übereinkunft aller bildet, einen Ausdruck in einer bestimmten Bedeutung zu verwenden.

Noch in anderen Punkten hat Leibniz Erkenntnisse explizit ausgesprochen, die erst durch heutige Sprachphilosophen bekanntgeworden sind. So nimmt er in NE III 11, § 24 Putnams Theorie der Bezeichnungen natürlicher Arten vorweg. Nach Locke besteht das Wesen (die Realessenz) z. B. einer Stoffart wie Gold in ihrer korpuskularen Innenstruktur, modern gesprochen: dem Aufbau aus mikrophysikalischen Teilchen. Da diese uns prinzipiell unerkennbar sei, werde die Wortbedeutung nicht durch die Realdefinition festgelegt, sondern sei uns in der Nominaldefinition durch für uns erkennbare phänomenale Merkmale gegeben. Dagegen betont Leibniz, ein solcher Terminus wie ‚Gold' bezeichne nicht bloß das, was der jeweilige Sprecher vom Gold wisse, „sondern auch das, was er nicht kennt, was aber ein anderer vom Gold erkennen kann, daß es nämlich ein Körper ist mit einem Innenaufbau (constitution interne), aus dem sich die Farbe, das Gewicht und noch weitere Eigenschaften ergeben, die zugegebenermaßen Experten besser bekannt sind" (A VI 6, 354). Zwei Thesen von Putnam spricht Leibniz hier aus: Wenn Laien einen *natural kind term* gebrauchen, so setzen sie (z. B. zur genauen Abgrenzung des Begriffsumfangs) das Wissen der Experten in ihrer Gemeinschaft voraus (sprachliche Arbeitsteilung). – Der Sprecher nimmt eine ihm unbekannte, prinzipiell aber wissenschaftlich erforschbare Innenstruktur an, die den ihm bekannten phänomenalen Merkmalen zugrundeliegt und die folglich den eigentlichen Unterschied von Exemplaren dieser natürlichen Art zu anderen bedeutet.

VII. Praktische Philosophie

1. Leibniz' Ethik als Versuch einer Synthese von psychologischem Egoismus und altruistischer Gesinnungsethik

Auch wenn die hochfahrenden Pläne, eine Sprache zu entwickeln, die Streitfragen durch Kalkulieren eindeutig und endgültig entscheidbar macht, ein unrealisiertes Projekt bleiben mußten, so hat Leibniz doch versucht, zumindest Teilgebiete auf der Basis von Definitionen der einschlägigen Grundbegriffe, also durch Begriffsanalyse, zu behandeln. Wir wollen hierzu eine Definitionsliste sittlicher Grundbegriffe betrachten und verfolgen, wie Leibniz anhand dieser Begriffe seine ethische Konzeption entfaltet: „(D1) Gerechtigkeit [justitia] ist eine brüderliche liebe der Weisheit gemäs [charitas sapientis]. (D2) Brüderliche liebe ist eine guthwilligkeit [benevolentia] gegen jedermann. (D3) Guthwilligkeit ist eine liebensneigung [habitus amoris]. (D4) Lieben ist eine lust in eines andern glücksehligkeit suchen. (D5) Weißheit ist die wißenschafft der glücksehligkeit [sapientia est scientia felicitatis]. (D6) Glücksehligkeit ist eine beständige freude [laetitia durabilis]. (D7) Freude ist wen das gemüth mit einigen lustgedancken eingenommen [status voluptatum]. (D8) Lust, Wollust ist eine empfindung einiger Vollkommenheit [sensus perfectionis]. (D9) Vollkommenheit ist ein hoher grad des wesens oder der Krafft." (GP VII 75 / A VI 4, 2806, Zählung von mir eingefügt, die lateinischen Äquivalente aus der Parallelfassung VII 73 / 2803)

Ein Ausgangspunkt von Leibniz' Ethik ist der psychologische Egoismus: All unser Handeln muß psychologisch motiviert sein. Als Motiv kommt aber allein der recht verstandene Eigennutz in Frage. Deutlich ausgesprochen ist dies in den *Elementa juris naturalis* (1670): Die rechte Weise des Handelns fällt mit der Lebensklugheit (prudentia) zusammen, die unlösbar mit dem eigenen Vorteil verbunden ist. Gegenteilige Beteuerungen seien nichtig und würden von der eigenen Praxis Lügen gestraft. Keiner tue etwas absichtsvoll (consulto) aus einem anderen Grund als um des Eigennutzes willen. Auch wenn wir andere lieben und ihr Gut suchen, tun wir dies um unserer Lust willen, die wir an ihrem Glück finden. Denn Lieben ist, sich am Glück eines anderen freuen (= D4) (A VI 1, 461). Leibniz sieht menschliches Handeln aber nicht wie Hobbes ausschließlich egoistisch durch das Streben nach Selbsterhaltung motiviert, sondern er versucht dies mit einer Sicht wie der von Grotius zu versöhnen, der im Streben nach Gemeinschaft (appetitus societatis) ein ursprünglich altruistisches Moment unter den psychologischen Handlungsdispositionen ansetzt. Im Sinne der Definitionsliste formuliert geht es bei dieser Synthese darum, inwiefern Gerechtigkeit die Nächstenliebe (caritas) gemäß den Geboten der Weisheit (D1) sein kann (vgl. Hostler (X) 1975, 47–54). Sofern Nächstenliebe ein universales Wohlwollen darstellt (D2), ist auch die durch sie definierte Gerechtigkeit eine allgemeine Philanthropie (GP III 386f.), d.h. der konstante Wille, gemäß der Goldenen Regel die Mitmenschen so weitgehend wie nur möglich zufriedenzustellen (Mollat 58). Dieser ausgesprochen altruistischen Auffassung der Gerechtigkeit stellt eine Abhandlung über den allgemeinen Begriff der Gerechtigkeit (Mollat 41ff.; vgl. Schneider (X) 1967, 473–476), die wir unseren folgenden Überlegungen zugrundelegen wollen, ein egoistisches Verständnis der Weisheit entgegen. Wenn Weisheit das Wissen um die Glückseligkeit ist (D5), so ist damit das Wissen um unser eigenes Gut gemeint (58). Weisheit ist im Sinne der auf Eigennutz bedachten Lebensklugheit zu verstehen (63). Wie kann die altruistische Gerechtigkeit, die dem anderen das ihm Gebührende zu verschaffen bemüht ist (57), doch der so verstandenen Weisheit gemäß sein?

Hierzu versucht Leibniz in einem ersten Argumentationsschritt (56–58) zu zeigen, wie die durchaus im Eigeninteresse befolgte Goldene Regel zu einem sittlichen Verhalten motivieren kann, nicht bloß Böses zu unterlassen, sondern auch positiv anderen Gutes zu tun. Der Goldenen Regel gibt er hierbei die Fassung: Verhalte dich (im Tun und Unterlassen) stets so, daß man sich über dich nicht beklagen kann in einer Situation, wo du selbst als Betroffener von anderen ein solches Tun oder Unterlassen fordertest und dich daher beklagtest, wenn dir diese Forderung nicht erfüllt würde. Aus der so gefaßten Goldenen Regel versucht Leibniz nun, sämtliche Arten sittlicher Verpflichtungen als dem wohlverstandenen Eigeninteresse entsprechend abzuleiten. Offenkundig ist, daß man sich des üblen Tuns enthalten muß, weil man sonst fürchten müßte, in einer entsprechenden Situation selbst Übles zu erfahren. Gemäß der lex continuitatis unternimmt es Leibniz, von diesem unbestrittenen Fall über möglichst kleine Zwischenschritte bis zu der (vom egoistischen Standpunkt vielleicht zweifelhaften) Verpflichtung zu gelangen, dem anderen ein großes Gut zu verschaffen, wenn man dies ohne Schwierigkeiten kann. Denn sicher ist man verpflichtet, vom anderen ein Übel abzuwenden, das man leicht verhindern kann. Damit ist man gleichfalls gehalten, ein geschehenes Übel zu erleichtern. Ja, ich muß auch ein von mir leicht zu beseitigendes Hindernis aus dem Weg räumen, damit der andere einen bedeutenden Vorteil erlangt, weil ich als Betroffener Ähnliches fordern würde. Damit hat Leibniz sukzessiv an die Forderung herangeführt, den anderen positiv zu nützen, die angesichts der Hoffnung, meinerseits von anderen Gutes zu erfahren, dem Eigennutz entspricht.

Dieser Versuch, aus egoistischen Motiven heraus zu begründen, daß wir zu altruistischem Handeln verpflichtet sind, umfaßt zwar alle Arten pflichtgemäßen Tuns und Unterlassens, ist aber nicht universell, was den Adressaten der Verpflichtung angelangt (59–61), ganz zu schweigen von der (durch Leibniz geflissentlich ausgeklammerten) Problematik, ob man nicht auch zuweilen fremdes Gut unter eigenen Opfern fördern muß. Denn diese Begründung baut auf die égalité, daß wir alle der gleichen conditio humana unterworfen sind und daher grundsätzlich jeder vom Handeln des anderen betroffen sein und von ihm Schaden oder Nutzen erfahren kann. Ein übermenschliches Wesen (wie Gott), das von uns Menschen keinen Nutzen zu erhoffen und keinen Schaden zu befürchten hat, kann auf diese Weise nicht zur Sittlichkeit motiviert werden, damit aber auch nicht unter allen Umständen der Mensch, weil es Situationen geben kann, wo er versucht ist, sich durch Unrecht großen Vorteil zu verschaffen, ohne Vergeltung befürchten zu müssen. Gottes Motiv zur Sittlichkeit kann mithin nur in seinem Streben nach der eigenen Vollkommenheit liegen und damit nach Vergnügen, das als Empfindung von Vollkommenheit definiert ist (D8), die in der Entfaltung und Wirksamkeit positiver Qualitäten (wesen) und Kräfte liegt (D9). Auch der Mensch in seiner Höchstform vermag die Gottheit nachzuahmen und am tugendhaften Handeln oder der Vollkommenheit des Willens Freude, am Laster aber Widerwillen zu empfinden. Diese Haltung entspricht der Forderung der Gesinnungsethik (Deontologie), ein tugendhaftes Handeln sei als Wert in sich um seiner selbst willen zu erstreben. Tugend wird hier nicht als Mittel einem außersittlichen Zweck dienstbar gemacht. Dennoch hat man im Sinne des Utilitarismus auch einen Vorteil daran, nämlich in dem Vergnügen. (Sofern die Handlung nicht als bloßes Mittel dem Ziel des Vergnügens dient, widerspricht Freude nicht der Gesinnungsethik.) Ein Handeln aus reiner Pflicht wie Kant kennt Leibniz nicht.

Diese Handlungsmotivation, die stets in unserer Gewalt ist, bei der wir mithin stets selbstbestimmt sind, ist edler, als es der Praxis des Durchschnittsmenschen entspricht. Daher nimmt Leibniz auf einer dritten Stufe (61 f.) wieder eher utilitaristische Beweggründe des Handelns an: Da in dem vollkommensten von Gott gelenkten Staat das Recht unfehlbar zum Zuge kommt, entspricht es dem wohlkalkulierten Eigennutzen, gerecht zu sein. Diese Motivation zu sittlichem Handeln versucht Leibniz auf einer vierten Stufe (62 f.) durch das edlere Motiv der Gottesliebe zu ergänzen. Lieben ist nach Leibniz' Definition, seine Lust am Glück (D4) oder an der Vollkommenheit (z.B. Mollat 62 und Grua 579) des Geliebten haben. Beide Bestimmungen gehören innig zusammen. Denn lieben kann man nur vernünftige Wesen, die glücksfähig sind und deren Glück seine wahre Quelle in ihren Vollkommenheiten hat.

Liebe oder Vergnügen als Handlungsmotiv kommt Leibniz' Bestreben entgegen, die Verpflichtung zu sittlichem Handeln zugleich rational zu begründen und emotional durch Instinkte zu motivieren. Dies spricht er deutlich in NE I 2, § 9 (A VI 6, 92) aus: Die Moral sei zwar ebenso rationaler Beweise a priori fähig wie die Arithmetik. Da die meisten Menschen aber zu diesen nicht in der Lage sind, hat Gott uns Instinkte verliehen, daß wir instinktiv den sittlichen Naturgesetzen gemäß oder vernunftgemäß handeln, so wie wir instinktiv essen, weil es uns Lust bereitet, ohne die physiologischen Gesetze zu bedenken, die dies notwendig machen. (Neben dem streng rationalen Beweisen (etwa sittlicher Vorschriften) oder Konstruieren (z.B. einer idealen Universalsprache) akzeptiert Leibniz also auch eher pragmatisch ein unbewußtes, implizites Regelbefolgen, das instinktiv zu einem sittlich richtigen Verhalten führt und in der Normalsprache die Wortbedeutungen aus einem richtigen Sprachgebrauch hervorgehen läßt.) So ist Liebe für Leibniz kein bloßes Gefühl, sondern läßt sich, zumal die Gottesliebe, rational begründen durch die Einsicht in die Vollkommenheiten des Geliebten, die ihn liebenswert machen. Vollkommenheiten haben aber auch eine ästhetische Komponente, sind schön, so daß sie das Gefühl ansprechen und Vergnügen bereiten. Daher ist es eine Lust, Gottes sittliche Gebote zu befolgen, da man sich gern dem Willen des Geliebten fügt; nicht nur aus Vernunfteinsicht, sondern auch aus instinktiver Neigung heraus ist man tugendhaft. Dabei empfindet man dauerhaftes Vergnügen, also Glück (D6); Tugend und Glück gehen für Leibniz so Hand in Hand.

Da man das Gut oder die Vollkommenheit des Mitmenschen (anders als bei Gott) durch sein eigenes Tun fördern kann, motiviert hier die Liebe, verstanden als Lust an den Vollkommenheiten des anderen, zu einem altruistischen Tun. Im Vergnügen hat der Mensch einen (egoistischen) Nutzen seines altruistischen Handelns. Da aber Vollkommenheit und Glück des Geliebten unmittelbar in sich selbst Vergnügen bereiten, werden sie nicht als Mittel zu anderem erstrebt, sondern um ihrer selbst willen (vgl. GP II 577). Dies entspricht der deontologischen Auffassung, das sittliche Handeln sei Wert und Ziel (but) in sich selbst. Da zum Gut des anderen beitragen für Leibniz vor allem heißt, seine sittliche Vervollkommnung zu betreiben, schafft man dadurch auch eine vollkommene Gemeinschaft, von der man selbst materiell wie geistig Nutzen hat. Das lustvolle Erleben fremder Vollkommenheit bedeutet ferner nach GP VII 86, daß diese im Sinne eines Vorbildes ein Streben nach eigener Vollkommenheit erweckt, die die primäre Quelle lustvollen Empfindens ist.

2. Staatsphilosophie

Obgleich Leibniz sich als studierter Jurist, Diplomat und politischer Berater verschiedener Herrscherhäuser ausgiebig mit rechtlichen und politischen Fragen befaßt hat, ist seine Staatsphilosophie recht wenig beachtet worden. Dies liegt wohl auch daran, daß er mit seiner Idee eines christlichen Staates in der Nachfolge des Heiligen Römischen Reiches sehr konservativ blieb und sich neuzeitlichen Ideen entgegenstellte, die damals teils erst von Staatstheoretikern vertreten wurden, teils bereits in der politischen Wirklichkeit aufkeimten. Seine Vorstellung brachte ihn zum einen in Opposition zu der Idee eines Nationalstaates, wie sie damals in Frankreich, England und Spanien schon verwirklicht zu werden begann. Zum anderen wandte er sich gegen einen souveränen säkularen Staat, dessen Herrschaft nicht bloß keiner göttlichen Legitimation mehr bedarf, sondern der auch in seinem Schalten und Walten durch keinerlei naturrechtliche Normen, die man traditionell als göttliche Gebote auffaßte, eingeschränkt ist.

Die Begründungen der naturrechtlichen Ideen der Leibnizschen Staatsphilosophie sind indes tief verwurzelt in seiner essentialistischen Metaphysik möglicher Entitäten. Durch sie ist jede Form einer absoluten, keinerlei Gesetzen unterworfenen Souveränität von vornherein ausgeschlossen, selbst bei Gott. Auch wenn Gott die Vollmacht hat, etwas existieren oder nicht existieren zu lassen, vermag er doch (wie Leibniz mit Hugo Grotius, Briefwechsel IX, S. 301 betont) die essentiellen Gesetzmäßigkeiten, die für Entitäten dieser Art, denen er Existenz zu verleihen gedenkt, bereits im Stadium reiner Möglichkeit gelten, nicht nach Wunsch und Willen zu ändern. Genauer unterscheidet Leibniz zwei Arten von Gesetzmäßigkeiten – auch dies hat Grotius bereits vorweggenommen: Die notwendigen Vernunftwahrheiten, die nicht bloß mathematische und logische Gesetze, sondern auch ethische Normen umfassen, sind auch für Gott unveränderlich vorgegebene Inhalte seines Denkens. Nur die kontingenten Gesetze der (materiellen wie der moralischen) Natur setzt Gott nach Gesichtspunkten der Angemessenheit ein; für Menschen sind sie indes bereits bestehende Gesetze.

Von einer solchen naturrechtlichen Position aus muß Leibniz sich von Hobbes und seinen Anhängern wie Pufendorf absetzen, wenngleich er seiner Gewohnheit gemäß beansprucht, eine Synthese zwischen Grotius und Hobbes zu stiften. Zum einen steht er in Opposition zu der konventionalistischen Vertragstheorie, daß die Satzungen, auf denen ein staatliches Zusammenleben beruht, von den Menschen durch vertragliche Vereinbarungen zu ihrem Vorteil eingesetzt worden sind, um den nachteiligen Naturzustand zu beenden. Zum anderen (und eng zusammenhängend) lehnt er die absolutistischen Züge in Hobbes' Staatstheorie ab. Leibniz' Frontstellung hiergegegen fängt bereits in der Theologie an, daß er die potentia Dei absoluta verwirft, die Macht eines Willkürgottes, der alles vermag, was nicht durch einen Widerspruch ausgeschlossen ist, der jede logisch mögliche Welt hätte erschaffen können. Real möglich ist Gott nach Leibniz nur, was er kraft seiner durch sittliche Rücksichten geordneten Macht (potentia Dei ordinata) hat wirken können. Gottes reales Vermögen ist so nicht bloß durch unbedingt gültige sittliche Normen, sondern auch durch das Streben nach einem Optimum festgelegt. Erst recht muß Leibniz es daher verwerfen, wenn Hobbes dem Menschen im Naturzustand die Vollmacht zugesteht, alles zu tun, was ihm nur physisch möglich ist, um seine Existenz zu sichern, ohne durch die absolut gültigen und die von Gott eingesetzten Sittengesetze eingeschränkt zu sein. Wenn der Mensch im Naturzustand keine uneingeschränkten Vollmachten besaß, dann konnte er sie auch nicht durch einen Staatsvertrag einem absoluten Herrscher oder sonst einer sittlich nicht gezügelten Staatsgewalt übertragen.

VIII. Die Gottesbeweise

1. Das ontologische Argument

Die rationale oder natürliche Theologie, d.h. die Gotteslehre, die nicht auf göttlicher Selbstoffenbarung beruht, sondern mit Mitteln der natürlichen Vernunft betrieben wird, teilt man traditionellerweise in zwei Themenbereiche ein: die Frage nach der Existenz Gottes und die nach den Eigenschaften Gottes (attributa Dei) (vgl. Martin (III) 1967, §§ 38f.). Die göttlichen Attribute werfen bei Leibniz unmittelbar die Theodizeefrage auf: Wie kann ein Wesen Böses in der Welt zulassen, das sich in seiner Allwissenheit nicht darüber täuschen kann, was das objektiv Beste ist, dessen unbedingt guter Wille es darauf festlegt, das zu erstreben, was es als das Beste erkannt hat, und das dank seiner Allmacht nicht daran gehindert werden kann, seinen Willen zu verwirklichen? Dies soll uns im nächsten Kapitel beschäftigen. In diesem Kapitel soll es um die beiden Beweise der Existenz Gottes gehen, wo Leibniz' Gedanken im Hinblick auf die heutige (zumal angelsächsische) philosophische Gotteslehre systematisch am fruchtbarsten sein dürften, das kosmologische und zunächst das ontologische Argument (zu diesem s. Holze (XI) 1991, 33–58 und Lenzen (IX) 1990, 195–201).

Nicht von ungefähr spielt das ontologische Argument bei den Rationalisten (Descartes, Spinoza, Leibniz) eine zentrale Rolle. Als der einzige Gottesbeweis, der keine Erfahrungstatsache voraussetzt, sondern a priori aus dem Begriff Gottes seine Existenz abzuleiten versucht, entspricht er der Tendenz des Rationalismus, in einem synthetisch-deduktiven Verfahren das gesamte System des Wissens auf wenige Grundbegriffe und Grundsätze aufzubauen. Gott aber entspricht ein solcher Grundbegriff, ja Leibniz erwägt in C 513 / A VI 4, 528f. sogar, ob es allein von ihm einen ursprünglichen Begriff gibt, weil allein er aus sich heraus begriffen wird (per se concipi); so wie er ontologisch das einzige aus sich heraus Seiende (Ens a se) oder die Ursache seiner selbst ist (GP I 131, vgl. auch Spinoza, *Eth.* I def. 3). Leibniz legt Descartes' Version des ontologischen Gottesbeweises zugrunde, glaubt diese aber bedeutsam ergänzen zu müssen (vgl. etwa GP IV 424 / A VI 4, 588f., auf das er später (1710, GP VII 490) zurückgreift). Descartes geht aus vom Begriff Gottes als des vollkommensten Wesens (Ens perfectissimum) oder des Subjekts, das alle Vollkommenheiten in sich befaßt. Mithin muß Gott auch die Vollkommenheit der Existenz in sich befassen. Leibniz kritisiert daran, daß hier die Möglichkeit des Ausgangsbegriffes nicht bewiesen werde. Wir gebrauchen oft Ausdrücke, die wir zu verstehen glauben, weil wir den Wortlaut und die einzelnen Wörter verstehen, ohne doch wirklich eine adäquate Idee von der gemeinten Sache zu haben. Dies bedeutet für Leibniz, daß wir den Begriff bis in seine letzten Bestandteile analysiert haben. Solange wir dies nicht geleistet haben, können wir uns nicht sicher sein, ob nicht ein versteckter Widerspruch lauert. Dieser ist besonders bei superlativischen Begriffen zu befürchten (in denen die Theologie seit alters Gott dachte). So hält Leibniz den Begriff einer schnellsten Bewegung für widersprüchlich. Auf die Lichtgeschwindigkeit angesprochen würde er wohl entgegnen, es sei eine kontingente Naturgesetzlichkeit, daß diese Konstante nicht überschritten werde. Vom begrifflichen Standpunkt aus sei es ein Widerspruch anzunehmen, bei extensiven Quanta wie der Bewegung könne es ein absolutes Maximum geben, eine Größe, die zu überschreiten unmöglich ist.

Dadurch ist Descartes' Argument aber nicht wertlos. Denn es weist eine Eigentümlichkeit des Begriffs von Gott auf: Mit seiner Möglichkeit ist bereits die Existenz gegeben (die damit eine notwendige Existenz ist, weil eine Nichtexistenz ausgeschlossen sein muß, damit ein solcher Schluß von der Möglichkeit auf die Wirklichkeit gelingt). Dieser nur bei Gott gegebene Übergang von der Möglichkeit zur Verwirklichung wird von Leibniz (GP VII 310 / A VI 4, 1617) als Gipfel der Modallehre bezeichnet, der den Übergang von den Essenzen zu den Existenzen, von den Ideen zur Welt garantiere. Dieser Überschritt ist nicht bloß modallogisch, sondern auch ontologisch von zentraler Bedeutung. Sind doch in Leibniz' Ontologie alle Dinge der Welt ursprünglich bloß als Essenzen oder (konzeptualistisch gefaßt) als Ideen Gottes gegeben. Eine Essenz aber ist (für Leibniz) zunächst nicht mehr als ein konsistenter Begriff oder ein (begriffliches) Modell von dem, was die Existenz eines bestimmten Individuums (wesentlich) ausmacht. Die Essenz enthält zwar bereits den gesamten Inhalt einer künftigen Existenz, aber eben bloß als begriffliche Möglichkeit. Damit stellt sich für Leibniz' Ontologie die Frage, was den Übergang von der Möglichkeit zur Wirklichkeit begründet und erklärbar macht. Dazu bedarf es eines Seienden, das kraft seines eigenen Wesens existiert (Ens per Essentiam existens, GP VII 262 / A VI 3, 579). Nicht von ungefähr betrachtet Leibniz in GP VII 490 diesen Begriff eines Seienden, aus dessen Essenz die Existenz folgt, als den eigentlichen Kern des ontologischen Arguments. Der Begriff einer allumfassenden Vollkommenheit, in der auch die Vollkommenheit der Existenz nicht fehlen dürfe, sei entbehrlich. Worauf es ankomme, sei lediglich, daß man von Gott einen solchen Begriff oder eine solche Essenz zugrunde legen könne, die die Existenz einschließe.

Aber unterliegt nicht auch diese Version dem Kantischen Verdikt der Existenz als einer Vollkommenheit, daß Sein kein rein reales Prädikat darstelle (KrV B 626)? Das meint: Sein oder Existenz ist keine sachhaltige Bestimmung, die ihr Subjekt inhaltlich qualifiziert und so eine Vollkommenheit oder positive Qualität ihres Trägers darstellen könnte. Oder mit Frege (*Grundlagen der Arithmetik* § 53) gesprochen: Existenz gehört nicht als Begriff 1. Stufe zu den Merkmalen, die zusammen den Inhalt eines anderen Begriffs (1. Stufe) wie etwa des Begriffs von Gott ausmachen können, sondern gibt lediglich als Begriff 2. Stufe die äußere, formale Eigenschaft eines solchen Begriffs 1. Stufe an, von mindestens einem Individuum wahr zu sein. Damit kann Existenz grundsätzlich nicht aus dem Begriff oder der Essenz folgen, die nur all jene Begriffe einschließt (wie Allmacht, Allwissenheit und andere göttliche Attribute), aus denen sie inhaltlich besteht. – Nun erwägt man aber, ob man neben dieser Existenz 2. Stufe (‚es gibt einen Gott', ‚der Begriff Gott ist nicht leer') auch ein Existieren 1. Stufe annehmen soll, das dann ein inhaltlich bestimmtes Existieren sein müßte: Existieren als eine Aktivität oder ein so und so qualifizierter Vollzug, z.B. der vernunftbestimmte Lebensvollzug des Menschen oder das durch die Fülle aller Vollkommenheiten bestimmte göttliche Leben (Existieren). Was bedeutet dann die These, daß allein bei Gott die Existenz aus der Essenz folgt? Es würde heißen: Bei allen anderen Wesen ist der Existenzvollzug nicht nur durch ihre Essenz determiniert; wie ihr Leben vollzogen wird, hängt neben dem inneren Wesen noch von äußeren Faktoren ab. Bei Gott allein reicht das Wesen, um das

Existieren völlig zu bestimmen. Kann Leibniz diese Reformulierung anerkennen, wo doch für ihn der Individualbegriff vollständig sein, d.h. das jeweilige Individuum restlos determinieren muß? Man könnte nur argumentieren: Der Individualbegriff bestimmt zwar den Existenzvollzug in seinem begrifflichen Inhalt vollständig. Daß es aber ein aktuelles Existieren ist, hängt von etwas Äußerem ab, davon nämlich, daß Gott diese Essenz verwirklicht. Allein Gottes Existenzvollzug ist in all seinen Momenten innenbestimmt durch das eigene Wesen. Ist der Begriff eines solchen aus sich selbst heraus seienden Wesens aber überhaupt widerspruchsfrei, wo doch gerade bei den Maximalbegriffen oft ein verdeckter Widerspruch lauert?

Der frühe Leibniz (1676) versucht in einigen Studien diese Konsistenz zu erweisen. Leider bezieht er sich hier aber eher auf den Begriff eines Subjekts, das alle Vollkommenheiten in sich befaßt, und nicht so sehr auf den eigentlich relevanten Begriff, daß eine absolute Selbstbezüglichkeit möglich ist, bei der etwas sich aus dem eigenen Selbst (Wesen) heraus in seiner Existenz begründet. Wir sind schon einmal (IV 3) auf Leibniz' Versuch zu sprechen gekommen, alle göttlichen Attribute oder Vollkommenheiten als miteinander vereinbar zu erweisen, ein Versuch, der ihn in die Nähe von Spinoza bringt. Nicht zufällig hat er eine Abhandlung: *Daß das vollkommenste Wesen existiert* (GP VII 261f. / A VI 3, 578f.) Spinoza unterbreitet. Sie beginnt mit der Definition: „Eine Vollkommenheit nenne ich jede einfache Qualität, die positiv und absolut ist, oder die alles, was sie ausdrückt, ohne jede Grenzen ausdrückt." Eine Vollkommenheit im hier definierten unbegrenzten Sinne ist schlechthin elementar und daher unanalysierbar und undefinierbar. Denn wegen ihrer Einfachheit vermag sie keine Vielheit von Teilqualitäten aufzuweisen; weil sie uneingeschränkt (absolut) ist, ist aber auch eine Vielheit in Form der Qualität selbst und ihrer Einschränkung (oder ihres begrenzt aufnahmefähigen Trägers) ausgeschlossen; als rein positiv ist sie nicht einmal teilweise in Form einer Begrenztheit negiert. Aus diesen Voraussetzungen begründet Leibniz nun, daß zwei beliebige und damit alle Vollkommenheiten Gottes nicht untereinander unvereinbar sein können. (Zum Folgenden vgl. auch die Abhandlung: *Daß das vollkommenste Wesen möglich ist*, A VI 3, 571ff., wir vereinfachen das Argument S. 572.) Es gibt zwei Formen der Inkompatibilität zweier Eigenschaften (Attribute). Entweder ist eine Eigenschaft unmittelbar die Negation der anderen. Dies ist bei den Vollkommenheiten, die Gottes Attribute sind, ausgeschlossen, weil sie alle positiv sein sollen. Oder eines der Analyseelemente des einen Attributs stellt die Negation eines Analyseelements des anderen Attributs oder die Negation dieses Attributs selbst dar. M.a.W., ein Attribut schließt ein Element ein, das das andere Attribut ausschließt. Dies aber ist wegen der Unanalysierbarkeit der göttlichen Vollkommenheiten nicht möglich. Zudem müßten sie dann negierte Teilbegriffe enthalten, also zumindest teilweise (in Form etwa einer Begrenzung) negiert sein, dürften also nicht uneingeschränkt positiv sein. Die Attribute Gottes stehen mithin als völlig eigenständige Einheiten, sozusagen als Begriffsatome beziehungslos nebeneinander. Die spinozistischen Implikationen haben wir bereits gesehen: Wie sollen hierbei alternative Weltverläufe offenstehen, die einander als inkompossibel ausschließen, wenn die ontologischen Grundbausteine ipso facto vereinbar sind?

2. Letztbegründung als Selbstbegründung – das kosmologische Argument

Wenn man das kosmologische Argument gemeinhin als einen Gottesbeweis a posteriori behandelt, so heißt dies nicht, daß es nicht auch von Vernunftprinzipien a priori abhängt. Ja es führt sogar zu eben dem Begriff, von dem das ontologische Argument in der für Leibniz eigentlichen Fassung ausgeht, einem aus sich selbst heraus Seienden. Als Beweis a posteriori gilt es deshalb, weil eine seiner Voraussetzungen eine Erfahrungstatsache ist, daß es nämlich eine sich verändernde, mithin kontingente Welt gibt. Das evidente Vernunftprinzip, das die Argumentation trägt, ist in den traditionellen Versionen ein Verbot eines unendlichen Begründungsregresses. Bei Leibniz tritt an seine Stelle das Vernunftaxiom, daß es für alles einen zureichenden Grund geben muß. Bei ‚zureichend' betont Leibniz nicht, wie er sonst zu tun pflegt, den Aspekt, daß dieser Grund restlos determinierend sein muß, sondern hebt vielmehr (modern gesprochen) den Gesichtspunkt der Letztbegründung hervor: Eine Tatsache oder Entität gilt hiernach nur dann als ein zureichender Grund, wenn sie aus sich heraus begreifbar und daher einer weiteren Erklärung und Begründung durch anderes grundsätzlich nicht fähig oder bedürftig ist. (Dies ist nicht damit zu verwechseln, daß etwas als ein nacktes Faktum behandelt wird, obgleich es von seiner Art her sehr wohl zu erklären wäre.) Eine so charakterisierte Letztbegründung ist von den innerweltlichen Verursachungszusammenhängen prinzipiell nicht zu leisten, die jedenfalls keine Begründung für die Welt als ganze zu geben vermögen. Auch dies ist aber ein wichtiger Aspekt der von Leibniz gesuchten Letztbegründung, daß sie nicht nur partielle Zusammenhänge, sondern das Ganze erklärt (vgl. die Gleichsetzung von ‚zureichender Grund für das *Universum*' und ‚Letztgrund (ultima ratio) der Dinge' in A VI 3, 126). Sie kann daher erstens nur von einem außerweltlichen Seienden geleistet werden und muß zweitens die reflexive Form einer Selbstbegründung haben, daß ein aus sich selbst heraus seiendes Wesen (Ens a se) sich als Ursache seiner selbst (causa sui) selbst begründet und selbst erklärbar macht. Da eine Letztbegründung ein Begründetsein durch anderes prinzipiell ausschließen soll, aber auch nicht in einem unbegründeten Hinnehmen bestehen kann, kann es nur die reflexive Form annehmen, daß etwas sich selbst begründet und aus sich heraus erklärbar ist. Der ontologische und gnoseologische Aspekt sind für Leibniz dabei streng parallel. Weil das eigentliche Einsehen darin liegt zu verstehen, wie eine Sache entsteht oder hervorgebracht wird (die eigentliche Definition ist damit die kausale, die z.B. eine geometrische Figur durch die Art ihrer Konstruktion definiert), kann nur das aus sich heraus eingesehen werden, was sich auch ontologisch als causa sui selbst hervorgebracht hat und insofern ein aus sich heraus Seiendes (Ens a se) ist (GP I 131). Die beiden Forderungen nach einem außerweltlichen Grund und nach Selbstbegründung können von Gott eingelöst werden, der als außerweltliche Intelligenz die für einen Geist typische reflexive Struktur hat. Diese Selbstbezüglichkeit aber macht eine Selbstbegründung möglich. – Den Zusammenhang von Letzt- und Selbstbegründung spricht Leibniz in *Mon.* § 45 explizit aus: „Wir haben ⟨die Existenz Gottes⟩ soeben auch a posteriori bewiesen; denn es existieren ⟨als eine a posteriori feststellbare Tatsache⟩ kontingent Seiende; diese aber vermögen ihre letzte oder zureichende Begründung (leur raison derniere ou suffisante) nur in dem notwendig Seienden zu haben, das den Grund seiner Existenz in sich selbst hat." (GP VI 614)

Wir können diese Zusammenhänge auch in der Terminologie einer hypothetischen und einer absoluten Notwendigkeit formulieren. Die kontingenten Gegenstände und Ereignisse der Welt sind für Leibniz' Determinismus durch ihre Ursachen unausweichlich festgelegt und somit hypothetisch notwendig, d.h. notwendig unter der Voraussetzung, daß die vorgängigen Bedingungen erfüllt sind. Damit etwas schlechthin oder absolut notwendig sein kann, ist letztlich etwas vorausgesetzt, dessen Notwendigkeit nicht von etwas anderem, Äußerem abhängt, sondern das in sich selbst begründet ist, wie es auf die aus sich heraus evidenten Vernunftwahrheiten einerseits und auf Gott als den aus sich heraus und daher notwendig Seienden andererseits zutrifft. Demgemäß faßt Leibniz den kosmologischen Gottesbeweis zu Beginn von ROR (GP VII 302f.) als den Übergang von der hypothetischen oder physischen Notwendigkeit, die die innerweltlichen Zustände bestimmt und den jeweils nachfolgenden durch den voraufgehenden begründet, zur absoluten oder metaphysischen Notwendigkeit des Letztgrundes (ultima ratio rerum, ultima radix). Seine Existenz muß selbstbegründet sein, d.h. im Sinne des Gottesbegriffs des ontologischen Arguments aus dem Selbst oder dem eigenen Wesen folgen (de cuius essentia sit existentia, 303).

Um aufzuweisen, daß eine innerweltliche Ursache unmöglich zureichend sein kann, stellt Leibniz hier den Gegensatz auf zwischen einem Grund für den einzelnen Weltzustand und einem Grund für die Welt als Gesamtheit der Zustände. Der einzelne Zustand findet eine gewisse, wenngleich nicht zureichende Begründung im jeweils voraufliegenden Zustand, aus dem er sich nach bestimmten Gesetzmäßigkeiten ableiten läßt. Leibniz schließt dabei eine Ewigkeit der Welt nicht aus, also eine Abfolge der Zustände, die sich beliebig zurückverfolgen und beliebig fortsetzen läßt. Aber selbst wenn wir einen solchen unendlichen Regreß zulassen, ist damit die Forderung nach einer zureichenden Begründung (ratio plena) nicht einzulösen. Diese verlangt, daß auch die Existenz des Weltganzen begründet ist, warum eine Welt existiert und nicht gar keine. Diese Existenzfrage bezüglich des Ganzen fällt zusammen mit der Frage nach der Existenz überhaupt, warum vielmehr etwas als gar nichts existiert. Ferner muß die inhaltlich qualifizierte Existenz des Ganzen begründet werden, warum eine solche vielmehr als eine andere Welt existiert, oder gleichbedeutend, die Frage nach dem Sosein ist zu beantworten, warum die Welt so und nicht anders beschaffen ist. Diese Begründungsforderung bezüglich des Ganzen kann ein einzelner innerweltlicher Zustand sicher nicht einlösen, aber auch keine beliebig fortzusetzende Reihe solcher Zustände. Bei ihr ist (wie wir Leibniz weiterdenken können) keine Komplementarität gegeben, daß einzeln unvollständige Erklärungen sich insgesamt zu einer vollständigen ergänzen. Komplementär sein können nur inhaltlich verschiedene Momente. Bei einer unendlichen Kette innerweltlicher Ursachen hingegen wiederholt sich auf jeder Stufe nur dasselbe Schema. Ferner stellt ein innerweltlicher Zustand eine partielle Erklärung nur des jeweils nachfolgenden Zustandes, aber keinerlei Erklärung des Ganzen dar. Daher können noch so viele derartiger Ursachen sich nicht zu einer zureichenden Erklärung des Ganzen vervollständigen.

Indes, ist es überhaupt legitim, nach einer Ursache von etwas Ewigem zu fragen? Eine Ursache (causa), die bewirkt, daß ein Zustand eintritt, kann es natürlich nur für Veränderliches geben, aber eine Begründung (ratio) ist auch für Ewiges zu suchen. Bei Unveränderlichem wären dies die beweisenden Begriffszusammenhänge, die erklärbar machen, warum diese Wahrheit der Logik oder Mathematik notwendig gelten muß und es sich nicht anders verhalten kann, oder warum etwas mit metaphysischer Wesensnotwendigkeit besteht. Bei einer insgesamt ewig dauernden Abfolge einzeln veränderlicher Zustände legt ein Übergewicht innerhalb der verschiedenen determinierenden Faktoren (Gründe) die Ereignisreihe unfehlbar auf diesen vielmehr als jenen Verlauf fest, ohne doch – zumindest nach Leibniz – eine eigentliche Notwendigkeit zu schaffen, weil bei einer anderen Konstellation von Gründen ein anderes Übergewicht (praevalentia) die Welt auf einen anderen Verlauf determiniert hätte (302). – Indes läßt sich Leibniz' Forderung nach einer solchen Letztbegründung aus berechtigten Erwägungen heraus anzweifeln. Wenn er den Satz des Grundes als ein allgemein anerkanntes Axiom bezeichnet (z.B. C 519 / A VI 4, 1645), so bezieht sich dies auf die empirisch überprüfbare Tatsache, daß ein innerweltlicher Zustand durch die kausale Einwirkung eines voraufliegenden Zustands zustandegekommen ist. Etwas ganz anderes ist Leibniz' Forderung, es müsse auch einen Grund geben, warum überhaupt etwas existiert oder die Abfolge insgesamt diesen und nicht einen anderen Verlauf genommen hat. Ein solches metaphysisches Postulat, das die Totalität betrifft, entzieht sich prinzipiell einer empirischen Überprüfbarkeit. – So ist denn auch die Annahme anfechtbar, etwas könne sich selbst begründen und erklären, ohne die die Letztbegründungsforderung wohl nicht einzulösen wäre. Setzt eine sinnvolle Erklärung nicht stets einen über das zu Erklärende hinausgehenden Gehalt voraus? Dies ist bei einem reflexiven Selbstverhältnis aber von vornherein ausgeschlossen.

IX. Theodizee

1. Die Erklärung des sittlich Schlechten durch die bestmögliche Welt

a) Die Frage des Schlechten angesichts eines guten und (all)mächtigen Gottes hat die Menschen schon immer beschäftigt, solange sie theologisch und philosophisch ihren Glauben zu verstehen versuchten. Dennoch ist es kein Zufall, daß erst Leibniz die Theodizee, die Rechtfertigung Gottes wegen des Übels in der von ihm erschaffenen Welt, zu einem eigenen Thema gemacht hat und sie nicht (wie etwa die patristische und scholastische Tradition) innerhalb eines größeren Fragenkomplexes mit behandelt hat. Stellt doch das Schlechte gerade für Leibniz' Denkansatz eine besondere Herausforderung dar. Das Prinzip des zureichenden Grundes, das Leibniz' Philosophieren beherrscht, ist für ihn nicht bloß ein universaler ontologischer Grundsatz, daß alles Geschehen durch seine vorgängigen Bedingungen restlos determiniert ist, sondern parallel dazu auch ein allumfassendes erkenntnistheoretisches Prinzip, daß sich grundsätzlich alles begrifflich und damit in einem rationalen Verfahren erklären läßt (II 3). Angesichts der hieraus erwachsenden methodischen Forderung, die Welt durchgängig vernünftig zu erklären, soweit dies nur möglich ist, sieht Leibniz sich besonders herausgefordert, das Übel zu erklären. Gilt doch das Schlechte gemeinhin als das Widervernünftige, das aus irgendwelchen dunklen, irrationalen Kräften (wie etwa dumpfen Trieben) hervorgeht, das nach griechischer Tradition dem Unbegrenzten *(apeiron)*, Unbestimmten angehört und sich daher dem Versuch prinzipiell entzieht, es bestimmen und erfassen zu wollen. Wäre das Schlechte tatsächlich unerklärlich, dann stellte es ein Gegenbeispiel für Leibniz' Grundsatz einer durchgängigen rationalen Erklärbarkeit dar; ein Gegenbeispiel reicht aber bereits, ein solches oberstes Prinzip, das wesentlich allgemeingültig ist, zu Fall zu bringen.

Die Theodizee wird für Leibniz deshalb zum dringlichen Problem, weil hier seine Konzeption von Rationaliät, die vor allem eine rationale Ordnung der Welt einschließt, gefährdet zu sein scheint. Dem gesunden Menschenverstand muß sein Versuch, diese Rationalität aufrechtzuerhalten, als widersinnig erscheinen:

Gott ist moralisch dazu verpflichtet gewesen, diejenige unter den möglichen Welten zu erschaffen, die ungeachtet des in ihr auftretenden Übels insgesamt das Höchstmaß an Vollkommenheit in sich befaßt. Widerspricht dies nicht jeder Erfahrung einer erschreckenden Bosheit, Skrupellosigkeit, Grausamkeit usw. auf der einen und eines unsäglichen, oft unverschuldeten Leidens auf der anderen Seite, daß die wirkliche Welt die beste aller möglichen sein muß, weil sie die von Gott tatsächlich erwählte ist (*Theod.* I § 10)? Der Spott auf einen solchen Optimismus in Voltaires *Candide* leuchtet uns unmittelbar ein. Um über seine Berechtigung entscheiden zu können, müssen wir aber zuvor die geistigen Wurzeln der attackierten These verstehen. Trotz der meist sehr lockeren, ja sogar zerstreuten Form der Darstellung, wie sie der ausgeprägt dialogische Charakter der *Theodizee* (I 1 d) bedingt, liegt den in ihr dargestellten Auffassungen ein deduktives Rationalitätsverständnis zugrunde, das für die damalige Epoche charakteristisch ist. So läßt sich aus den drei göttlichen Maximalattributen der Allwissenheit, Allgüte und Allmacht, die man gleichsam als Axiome jedes Systems eines traditionellen Theismus betrachten kann, die fragliche Aussage als Theorem deduzieren, daß Gott kein anderes Gesamtsystem aller Dinge als das bestmögliche verwirklichen konnte. (In *Theod.* I § 7 unternimmt es Leibniz seinerseits, diese drei göttlichen Attribute deduktiv zu gewinnen.) Bei seiner absoluten sittlichen Vollkommenheit wollte Gott in seinen vorgängigen Willenstendenzen (voluntas antecedens), die auf einzelne Güter für sich genommen gehen, zwar jedes Gut (in dem Maße, wie es gut ist) verwirklichen und jedes Schlechte verhindern; in seinem endgültigen Willensentscheid, der aus der Gesamtheit aller einzelnen, miteinander konkurrierenden Willenstendenzen resultiert (voluntas consequens), will er aber das insgesamt Beste (*Theod.* I §§ 22f.). Dank seiner Allwissenheit konnte Gott aber, ohne sich zu täuschen, das objektiv Bessere vom weniger oder nur scheinbar Guten unterscheiden; auch konnte seine vernünftige Entscheidung für das Beste nicht durch unbewußte Eindrücke (V 4) und daraus resultierende irrationale Handlungsimpulse beeinträchtigt werden. Die Allmacht aber erlaubte ihm, das definitiv Gewollte, also das Optimum, zu verwirklichen, ohne daß etwas ihn daran hätte hindern können.

b) Die Theorie von der wirklichen Welt als der bestmöglichen soll die ethische Schwierigkeit lösen helfen, wieso Gott sittlich Böses hat zulassen können. Naturales Übel wie körperliche Entbehrungen, Schmerzen etc. darf man als Mittel in Kauf nehmen oder sogar bewußt herbeiführen, um dadurch ein größeres Gut zu erreichen oder ein schlimmeres Übel zu verhindern. Es ist hingegen das Grundprinzip der nicht konsequentialistischen, sondern deontologischen Ethik, daß es in sich böse Handlungsarten gibt, die unter allen Umständen zu verwerfen sind und durch keinen noch so guten Zweck gerechtfertigt werden können. Auch wenn Leibniz menschliches Handeln durch den wohlverstandenen Eigennutz motiviert sieht (VII 1), so vertritt er doch keineswegs einen reinen Utilitarismus, sondern bemüht sich, auch die deontologischen Grundsätze aufrechtzuerhalten. So erkennt er in *Theod.* I §§ 24f. explizit an, daß böses Tun sich nicht durch ein gutes Ziel legitimieren läßt. Es ist sicher kein Ausweg, Gott habe das Böse nicht selbst getan, sondern nur menschliches Übeltun zugelassen. Denn für die moralische Bewertung macht es kaum einen Unterschied, ob man etwas absichtlich tut oder willentlich zuläßt, obgleich man es unschwer verhindern könnte, eine Voraussetzung, die bei Gottes Allmacht stets erfüllt ist. Ferner nimmt Leibniz in *Theod.* I § 27 im Sinne einer creatio continua an, daß die Geschöpfe, um fortbestehen zu können, von Gott andauernd in ihrem jeweils besonderen Sein (ihrer Substanz) wie ihrem spezifischen Tun erhalten werden müssen. Diese Mitwirkung, daß die erforderliche Wirkkraft zu jedem Weltgeschehen von Gott kommt, ebnet bei Gott den Unterschied von Zulassen und Tun faktisch ein. Anders gewendet: Warum hat Gott eine Welt erschaffen, in der Schlechtes vorkommt, obgleich eine Welt ohne Schlechtes logisch möglich ist (*Theod.* I § 10)?

Angesichts der drei Formen des Schlechten, die Leibniz mit der Tradition unterscheidet, läßt Gott sich mithin verschieden schwer rechtfertigen. Am wenigsten problematisch ist die Rechtfertigung des *malum metaphysicum*, das seine Wurzeln in der ursprünglichen Begrenztheit der Kreaturen hat, die Gott nicht angelastet werden darf. Denn es kann nur ein einziges absolut Vollkommenes geben, das alle positiven Realitäten uneingeschränkt in sich befaßt. Sollen verschiedene Arten von Seienden existieren, so müssen diese in ihrem Wesen oder ihrer Artnatur je verschieden begrenzt sein. Die Begrenztheit gehört demnach der Region der ewigen und notwendigen Wahrheiten an, die Gott in seinem Intellekt hinzunehmen hat (I § 20), die er nicht willentlich setzen kann, so daß sie ihm moralisch zuzurechnen wären. Diese ursprüngliche Begrenztheit aber läßt die Kreatur die uneingeschränkt positive Wirksamkeit Gottes nur in mangelhafter, verkürzter Weise rezipieren, so wie ein Körper die Geschwindigkeit, die ihm durch eine Kraft mitgeteilt wird, wegen seiner Trägheit nur eingeschränkt aufnimmt (I § 30). Das *malum physicum*, d.h. Schmerz, Leid, Elend zumal vernünftiger Kreaturen, läßt sich teils als Folge verwerflichen menschlichen Tuns erklären, teils als dessen Bestrafung oder ist auch als Mittel zu einem größeren Gut zu rechtfertigen (III § 241). Am schwierigsten ist daher das *malum morale* zu rechtfertigen. Auch das bloße Dulden eines sittlich verwerflichen Tuns ist allein dann zu rechtfertigen, wenn es hypothetisch notwendig oder die notwendige Bedingung eines größeren Gutes ist (I § 25), das herbeizuführen eine unerläßliche Pflicht gebietet (§ 24).

Es lohnt sich, genauer zu fragen, was Leibniz mit dieser Rechtfertigung des malum morale meint. Ganz abgesehen davon, daß sie eine moralphilosophisch sehr bedenkenswerte Position ist, eröffnet sie das Verständnis für Leibniz' Auffassung, nur das Erschaffen einer bestmöglichen Welt sei für Gott moralisch statthaft gewesen. – Daß etwas sittlich Verwerfliches (ob als eigenes Tun oder als billigendes Dulden) nicht als Mittel eingesetzt werden darf, um ein gutes Ziel zu erreichen, läßt sich durch zweierlei begründen: 1.) Ein Mittel ist ein kontingenter Weg zu einem Ziel, der durch andere Mittel ersetzt werden kann, um dasselbe Ziel herbeizuführen. Wenn ein Robin Hood Raubüberfälle begeht als Mittel zu dem guten Ziel, Almosen an Bedürftige verteilen zu können, so würde der Moralist ihn belehren, daß dieses gute Ziel, sich Gaben für Notleidende zu beschaffen, auch auf moralisch nicht so anstößigem Weg erreicht werden kann. Erlaubt ist ein für sich genommen Böses nur, wenn es die notwendige Bedingung (conditio sine qua non) ist, ohne die ein sittlich gebotenes Ziel nicht zu erreichen ist. – Dafür, daß allein notwendige Zusammenhänge Gott von der sittlichen Verantwortung für das Schlechte entbinden können, hat Leibniz einen sehr tiefen metaphysischen Grund. Wenn man wie Platon im *Timaios* die Ursache des

Schlechten in einer chaotischen Materie suchen könnte, die Gott bereits vorfindet und die seiner ordnenden und gestaltenden Tätigkeit Hindernisse entgegensetzt, dann wäre Gott unschwer zu entlasten. Diese Lösung ist einer christlichen Theodizee aber verschlossen, für die der Schöpfergott die Welt aus dem Nichts hervorgebracht hat und daher eine uneingeschränkte Gewalt über alle Dinge der Welt hat. So sucht Leibniz in *Theod.* I § 20 nach etwas, was nicht unabhängig von Gott ist, ihm aber doch irgendwie vorgegeben ist. Dies sind die ewigen oder notwendigen Wahrheiten. Solche notwendigen Wesenszusammenhänge hat Gott gemäß Leibniz' essentialistischer Sicht nicht per Willensentschluß eingesetzt. Nur für das Gewollte aber ist er sittlich rechenschaftspflichtig. Da sie aber für Leibniz' zugleich auch konzeptualistischen Ansatz ursprünglich – also bevor Gott ihnen gemäß eine Welt erschaffen hat – allein in Gottes Intellekt als der Region der ewigen Wahrheiten oder idealen Möglichkeiten vorkommen, sind sie nicht unabhängig von Gott. Sie sind ihm als der Inhalt seines Intellekts vorgegeben, den er so und nicht anders zu denken hat. Diese Notwendigkeit bedeutet aber keinen äußeren Zwang, der Gottes Allmacht einschränkte.

2.) Ein Mittel ist etwas seinem Ziel Äußerliches. Als etwas Eigenständiges aber sind die Handlung, die als Mittel zu einem Zweck eingesetzt wird, und das durch sie erzielte Resultat getrennt zu bewerten. Der Unwert einer verwerflichen Handlung müßte sich demnach, soll sie gerechtfertigt werden, gegen den höheren Wert ihres Zieles aufwiegen lassen. Verkennt ein derartiges Aufrechnen nicht gerade den Charakter eines sittlichen Wertes, etwas um seiner selbst willen zu Erstrebendes zu sein? Das bedeutet im Gegenzug, daß ein unsittliches Handeln etwas in sich selbst Verwerfliches ist, also nicht durch Umstände und gute Absichten gerechtfertigt werden kann. Hinzu kommt, daß der Wert des Zieles oft nicht rein sittlich, sondern auch materieller Natur ist. Lassen sich nun aber sittliche und außersittliche Werte überhaupt gegeneinander abwägen, oder sind sie nicht vielmehr völlig inkommensurabel, so daß ein auch außersittliches Gut als Ziel unmöglich sittlich verwerfliche Mittel legitimieren kann? – Beim malum physicum ist die Situation deshalb anders, weil hier ein ein Vorgang, der zu einem bestimmten Ergebnis führt, etwa das physikalische Geschehen, das ein Erdbeben herbeiführt, in sich selbst weder gut noch schlecht ist, sondern Wert oder Unwert sich erst aus den Folgen für den Menschen ergeben. Bei diesem Indifferenten ist es daher angemessen, die unmittelbaren und die ferneren Konsequenzen gegeneinander abzuwägen und ein Leiden als Mittel einzusetzen, Schlimmeres zu verhindern oder ein größeres Gut zu erreichen, damit die Differenz: Güter weniger Leiden, das beste Gesamtresultat ergibt. – Da etwas, das für sich betrachtet sittlich schlecht ist, hingegen nicht durch seine von ihm verschiedenen Folgen gerechtfertigt werden kann, liegt die einzige Möglichkeit seiner Legitimation in dem Aufweis, daß es ein integrierender Bestandteil eines größeren Ganzen ist, das sittlich erlaubt oder sogar geboten ist. Anders als bei der Mittel-Ziel-Beziehung, wo beide getrennt zu bewerten sind, kommt einem unlösbaren Teil keine eigene Bewertung zu, sondern allein dem Gesamtresultat. – Verdeutlichen wir uns dies an einem Beispiel. Das Betrübtsein ist ein (zunächst eher naturaler) Unwert. Aber diese Bewertung ist eigentlich bloß abstrakt-allgemein. In der Wirklichkeit gibt es kein Betrübtsein per se, sondern immer nur ein Betrübtsein aus diesem oder jenem Anlaß, etwa ein Betrübtsein, daß ein anderer mehr Erfolg hat als ich selbst, oder umgekehrt, daß einen anderen ein unverdientes Unglück trifft. Im ersten Falle liegt Eifersucht vor, die ein sittlicher wie psychologischer, also naturaler Unwert ist, im zweiten die sittlich wertvolle Haltung des Mitgefühls. Hier bewerten wir nur die resultierende Gesamthaltung, Eifersucht oder Mitgefühl. Keiner würde sagen: Das (naturale) Übel einer getrübten Stimmung ist ein Mittel (unter anderen), um den sittlichen Wert des Mitgefühls zu realisieren. Vielmehr, Mitgefühl kann nicht anders als in Form eines solchen Betrübtseins vorkommen; daher ist diese Gefühlslage ein unlösbarer Bestandteil des Mitleids, das nur insgesamt zu beurteilen ist. Der sittliche Wert des Mitgefühls liegt gerade darin, um des anderen willen seelische Schmerzen zu haben.

Von hier aus wird verständlich, welche Bedeutung die Rede von möglichen Welten im Rahmen von Leibniz' Theodizee hat. Gemäß seinem metaphysischen Grundsatz, daß alles mit allem zusammenhängt, darf man strenggenommen eine Tat nicht für sich beurteilen, indem man sie als eine Handlung einer bestimmten sittlich anzuerkennenden oder zu verwerfenden Art einstuft. Eine solche Beurteilung wäre abstrakt-allgemein und könnte daher immer nur vorläufig sein. Die definitive Beurteilung müßte die individuelle Handlung aus dem gesamten Kontext all der Beziehungen heraus bewerten, in den sie gestellt ist. Da schlechthin alles mit allem zusammenhängt, setzt die wirklich relevante Beurteilung der Handlung folglich voraus, daß wir die gesamte (mögliche) Welt beurteilen, in deren Kontext allein diese Einzelhandlung vollzogen werden kann (Weltgebundenheit des Individuellen). Dies ist freilich nur aus der Perspektive eines allwissenden Gottes heraus möglich. Für den endlichen menschlichen Geist bleibt die maßgebliche Beurteilung zu fragen, ob die Handlung (für sich betrachtet) in eine sittlich anzuerkennende, indifferente oder zu verwerfende Handlungsart einzuordnen ist (und zur positiven Beurteilung noch einige weitere allgemeine Parameter wie die angemessenen Umstände heranzuziehen). Während das Urteil des Menschen so ergeben mag, daß diese Handlung von einer sittlich unerlaubten Art ist, fragt Gott danach, ob ein solches Handeln sich als integrierender Bestandteil in die insgesamt bestmögliche Abfolge fügt, die zu verwirklichen er sittlich verpflichtet ist, d.h., ob sie dazu erforderlich ist, den insgesamt größten Wert zu verwirklichen. Aus der göttlichen Perspektive sind alle isoliert betrachteten Sachverhalte der Welt unvollständig bestimmt und damit bloß generell; nur der allumfassende Sachverhalt, d.h. die jeweilige mögliche Welt, ist vollständig bestimmt oder individuell und kann daher (im eigentlichen Sinn) wirklich werden. Allein der Vergleich möglicher Welten ist daher die Gott angemessene Methode der Entscheidung.

Die bestmögliche Welt enthält demnach für die maßgebliche göttliche Perspektive gar kein sittlich Schlechtes, das in einer insgesamt positiven Gesamtbilanz aber weit aufgewogen wäre. Vielmehr muß das für den menschlichen Täter Verwerfliche aus dieser Sicht als die unerläßliche Voraussetzung der insgesamt größten Vollkommenheit beurteilt werden und ist damit von vornherein kein Schlechtes mehr, das es nachträglich zu kompensieren gilt. Das heißt freilich nicht, daß der Übeltäter sich dadurch rechtfertigen kann, er ermögliche durch sein Tun ja nur die höchste Vollkommenheit. Der Mensch ist nur zu dem Urteil berechtigt, das er bei seinem Wissen und der ihm möglichen Perspektive begründen kann. Aus dieser aber vermag er ein sittlich böses Handeln niemals zu legitimieren, da er sittlich unerlaubte Mittel nicht durch einen guten Zweck rechtfertigen darf, er aber nicht jene Zusammenhänge aufzeigen kann, die sein Tun über ein bloßes Mittel hinaus als ein nicht herauszulösendes Element des insgesamt Besten erweisen. Analoges läßt sich wohl auch über das Leid sagen, wenngleich Leid als Mittel in der bestmöglichen Welt vorkommen darf und nicht wie das sittlich Verwerfliche bei der definitiven Sicht eliminiert sein muß. Aber auch vom Leid gilt wohl, daß es meist nur vom göttlichen Gesichtspunkt als sinnvoll erkannt wird, während dem Menschen die sinnstiftenden Zusammenhänge verborgen bleiben und es ihm daher sinnlos erscheint. Damit bleibt Leibniz' Theodizee wohl doch hinter dem christlichen Gottesbild zurück, für das Gott kein unpersönlicher Konstrukteur einer perfekten Weltmaschine ist, sondern ein liebender Vater jedes einzelnen Menschen, den es nicht kalt lassen kann, wenn unschuldig Leidenden ihr schweres Los sinnlos erscheint. Dies soll uns (in IX 2 b) noch beschäftigen.

2. Theodizee und Harmonie des Kosmos

Das bisher Dargestellte bewegt sich auf dem Niveau einer rein rationalen Argumentation. Soll Leibniz' Theodizee nicht völlig unplausibel sein, muß er versuchen, die Konzeption von der Wirklichkeit als der bestmöglichen Welt (die er a priori deduziert hat und die sich im Rahmen von Vernunftargumenten durchaus als erklärungskräftig erweist, um die besonderen Schwierigkeiten des sittlich Bösen zu lösen) nun auch an der erfahrbaren Wirklichkeit zu bewähren oder zumindest zu zeigen: Die These von einem Optimum wird nicht durch evidente Sinnesphänomene von vornherein widerlegt. Dazu ist der Begriff der Harmonie besonders angetan (Loemker (XIV) 1972, 177–202; zu den kosmologisch-naturphilosophischen und den ethischen Aspekten in Leibniz' Harmoniebegriff s. Moll (XIV) 1996, 213–255). Denn er hat eine sinnliche Komponente: Ich kann einen Wohlklang hören. Oder beim Betrachten eines Bildes mag die Harmonie seiner Komposition mich beeindrucken. Dieser sinnlichen Erscheinung liegen aber rationale Verhältnisse zugrunde: die zahlenmäßigen Proportionen, die die musikalische Harmonielehre erforscht, bzw. geometrische Proportionen wie der Goldene Schnitt (vgl. PNG § 17).

So ist die Definition der Harmonie als Einheit (unitas) oder Einfachheit (simplicitas) in der Vielheit (z.B. GP I 232; Grua 267 / A VI 3, 588) auch bei sinnlichen Phänomenen exemplifiziert. Eine hörbare musikalische Harmonie setzt etwa eine Vielheit von Tönen voraus, die aber zusammenklingen und insofern eine Einheit bilden.

a) Angesichts der Bedeutung lohnt es sich, diesen Begriff der Harmonie – zunächst ohne engere Bezüge zur Theodizeefrage – näher zu explizieren. Vielheit (multitudo) meint keine bloß zahlenmäßige Vervielfältigung des gleichen inhaltlichen Musters – was bereits das Indiszernibilitätsprinzip verböte –, sondern eine inhaltliche Vielfalt. In diesem Sinne liegt nach *De arcanis sublimium* (1676) die Harmonie der Welt darin, daß ein höchstmögliches Maß an begrifflichem Inhalt (essentia) existiert. Daß die Welt tatsächlich in diesem Sinne harmonisch ist, begründet Leibniz hier ähnlich wie später in ROR. Aus der a posteriori feststehenden Tatsache, daß überhaupt etwas existiert, schließt er auf einen überwiegenden Grund für das Existieren gegenüber der Nichtexistenz. Da nicht alles Mögliche zusammen existieren kann, existiert zumindest das Höchstmaß an Sachgehalt (plurimum essentiae) oder Inhaltsvielfalt, das die Kompossibilität zuläßt (vgl. A VI 3, 472). Harmonie verlangt auf der einen Seite folglich ein Höchstmaß an inhaltlicher Komplexität. Wie steht dazu die andere Komponente, die Einfachheit der Gesetze? Man könnte an zwei gegenläufige Momente denken, so daß das Optimum der ideale Ausgleich wäre, bei dem das Produkt aus Einfachheit der Gesetze und inhaltlicher Vielfalt der durch sie geregelten Phänomene den maximalen Wert erreicht (Rescher (II) 1981, 8–12). Nun gibt es aber gerade Stellen, wo diese beiden Faktoren nicht als in entgegengesetzte Richtungen strebend betrachtet werden, sondern als einander fördernd und bedingend: „… Gott schafft das Meiste an Dingen, das er vermag. Dies aber verpflichtet ihn, nach einfachen Gesetzen zu suchen, damit er Platz findet, möglichst viele Dinge zusammen zu placieren. Wenn er sich anderer Gesetze bediente, so wäre dies, als wollte man bei einem Gebäude runde Steine verwenden, die uns mehr Raum kosten, als sie einnehmen.“ (an Malebranche 1679, GP I 331) Die einfachsten Gesetze sind hiernach nicht zwingend die inhaltlich elementarsten und ärmsten, die folglich am leichtesten zu begreifen und knappsten zu formulieren sind. Das ausnahmslos geltende Grundgesetz der Welt, mit dem die jeweilige Abfolge der Dinge und Ereignisse steht und fällt, ist sogar so komplex, daß es das menschliche Begreifen übersteigt (C 19f. / A VI 4, 1518) (IV 5). Die einfachsten sind diese Gesetze vielmehr insoweit, als sie die effektivsten und rationellsten sind, indem sie auf alles überflüssige Beiwerk verzichten, so daß keine unnötigen Reibungsverluste entstehen oder kein Platz unnötig verschenkt wird. Versteht man Einfachheit in diesem Sinne, daß alles Überflüssige ausgemerzt ist und so die auch Gott vorgegebenen Kapazitäten optimal genutzt sind, dann ist sie dem nicht entgegengesetzt, sondern gerade die Voraussetzung davon, eine möglichst große Vielfalt in den Resultaten zu erzielen.

Worin genau besteht diese als größtmögliche Effektivität aufgefaßte Einfachheit? „Die Wege Gottes sind die einfachsten und einheitlichsten (uniformes); d. h., er wählt Regeln, die einander am wenigsten beschränken. Sie sind so auch die fruchtbarsten im Hinblick auf die Einfachheit der Wege.“ (*Theod.* II § 208, GP VI 241) Einfachheit heißt vor allem Uniformität oder ausnahmslose Geltung von Gesetzen. Ausnahmen bedeuteten jene Reibungsverluste oder jenes unnötige Verschenken von Kapazitäten, das es zu vermeiden gilt. Denn Ausnahmen im Sinne eines blanken Zufalls kann es für Leibniz nicht geben; somit müssen auch die Ausnahmen gesetzlich geregelt sein. Gesetze müssen einander also wechselseitig modifizieren und einschränken, wie es im Zitat heißt, indem Gesetze einer höheren Ordnung etwa jene göttlichen Absichten nennen, unter denen die Naturgesetze in einem Wunder außer Kraft gesetzt werden dürfen. Weil die höheren Gesetze ganz genau die Bedingungen zu spezifizieren haben, die eine Ausnahme von den Gesetzen niederer Ordnung legitimieren, ergäben sich unnötigerweise ganz erhebliche Komplikationen des Gesetzessystems. Sie zu vermeiden macht gerade die Fruchtbarkeit oder Effektivität der wahrhaft universellen Gesetze aus. Daher kann Leibniz (in einem Brief an Wolff von 1715) die Vollkommenheit oder gleichbedeutend die Harmonie, die er wie üblich als Übereinstimmung oder Identität in einer Vielfalt versteht, dadurch gewährleistet sehen, daß sich allgemeingültige Zusammenhänge beobachten lassen (observabilitas universalium; GW 172). In der Vollkommenheit ist Einheitlichkeit oder Allgemeingültigkeit insofern mit der Vielfalt versöhnt, als die Vollkommenheit verlangt, daß sich möglichst viele ausnahmslos gültige Regelmäßigkeiten beobachten lassen diese aber gerade eine inhaltliche Vielfalt der Phänomene fördern (GW 163). Eine größere Einheitlichkeit, die in möglichst vielen ausnahmslos geltenden Gesetzen besteht, entfaltet sich in einer umso größeren Vielfalt von Phänomenen, die diese Gesetze exemplifizieren. Inhaltlich vielfältige Einzelerscheinungen verlangen umgekehrt ein System zahlreicher Gesetze, das sie regelt.

Mit diesen vielfältigen Gesetzen sind wohl nicht die Grundprinzipien gemeint. Damit steht diese Auffassung nicht unbedingt in Widerspruch zu der Forderung, Vollkommenheit sei in einer möglichst geringen Zahl voneinander unabhängiger Grundprinzipien zu suchen (DM § 5) (IV 7). Freilich bleibt das genaue Verhältnis der beiden Thesen zueinander offen. Auch hier haben wir wieder ein Beispiel eines nicht restlos in Einklang gebrachten Nebeneinanders von Auffassungen. Für die Theodizeefrage ist indes wichtig zu sehen: Um das rationale Postulat von der wirklichen Welt als der bestmöglichen oder harmonischsten durch gegenteilige Erfahrungen unwiderlegbar zu machen, betont Leibniz, wie komplex und vielfältig nicht nur die Phänomene, sondern auch das Gesetzessystem ist, das die Harmonie der Welt begründet. Damit übersteigt es unsere geistigen Kapazitäten zu verstehen, inwiefern die Welt harmonisch ist, und so kann der Schein entstehen als sei die uns erfahrbare Wirklichkeit disharmonisch. Die Situation des Menschen, der vom Universum nur einen winzigen, mehr oder minder willkürlichen Ausschnitt deutlich und bewußt auffaßt und von da aus das Ganze als disharmonisch, ungeordnet usw. beurteilt, ist mit jemandem zu vergleichen, der von einem großen Gemälde nur ein kleines Detail zu sehen bekommt, das ihm, für sich betrachtet, grell und abstoßend erscheinen muß, oder der von einem Musikstück nur einen einzigen dissonanten Akkord hört. Bei dieser unzulänglichen empirischen Basis ist es ihm unmöglich, das sehr komplexe Kompositionsgesetz des Ganzen zu erfassen, das seine Harmonie begründet und auch dem für sich genommen störend wirkenden Element eine Rolle im Gesamtaufbau zuweist, durch die es zu einem insgesamt harmonischen, wohlgeordneten und daher schönen Ganzen beiträgt. Entsprechend vermag der Mensch aus den ihm erfahrbaren Tatsachen nicht Gottes Bauplan zu eruieren, der die Vollkommenheit der Welt verstehbar macht.

b) Diese Komposition eines harmonischen Ganzen ist auch bei der Frage zu berücksichtigen, ob es Gott nach Leibniz nur um die Konstruktion eines perfekten Weltgebäudes geht oder ob ihm in besonderer Weise an Wohl und Wehe der vernünftigen Geschöpfe gelegen ist. Letzteres wird in DM §§ 35f. sehr nahegelegt. Hier sagt Leibniz explizit, daß die Geistwesen (Esprits), die allein von Gottes Art (race) sind und nach seinem Bilde geschaffen sind, weil sie ein fortdauerndes Selbstbewußtsein haben und daher als Personen Gott erkennen und lieben können, „ihn unendlich (infiniment) mehr als die übrigen Dinge berühren müssen, die lediglich als Instrumente der Geistwesen zu gelten haben." (GP IV 461 / A VI 4, 1585) Ähnlich sagt Leibniz in einer etwas früher entstandenen metaphysischen Studie: „Das Universum ist um der Seelen willen und das Ziel der Welt ist die höchste Verherrlichung Gottes; die Wirkung hieraus ist das größtmögliche Glück der Seelen." (A VI 4, 1402) Daraus, daß es letztlich um die Verherrlichung Gottes geht, erklärt sich die Sonderstellung der Geistwesen, weil allein diese Gott bewußt erkennen und daher lieben und verherrlichen können. Daher geschehe alles um der Lust (voluptas) der Seelen willen (1402). Daß dies jedoch nur eine rhetorische Zuspitzung ist, zeigen andere Stellen, auch in DM § 19, wo er die Nützlichkeit der Finalursachen zur Naturerklärung behandelt, aber auch vor deren Mißbrauch warnt. Ein solcher Mißbrauch ist zu glauben, Gott habe die Welt ausschließlich um unseretwillen geschaffen. Diese anthropozentrische Beschränkung auf eine einzige Art widerspricht Leibniz' metaphysischem Grundsatz, alles hänge mit allem zusammen. Da Gott in seiner Allwissenheit dieses durchgängige Verknüpftsein zu beachten vermag, kümmert er sich niemals bloß um eine Art, ohne nicht auch gleichzeitig alles übrige im Auge zu behalten. Damit stößt Leibniz seine These aus DM § 35 nicht etwa um, die übrigen Dinge seien Instrumente der Geistwesen; denn auch § 19 bekräftigt er, Gott habe alles für uns gemacht und passe alles der Rücksicht für uns an; nur die ausschließliche Anthropozentrik lehnt Leibniz ab. Als Geistwesen sind wir höherwertig und haben eher Zielcharakter, während alles übrige uns gegenüber eher Mittel ist. Das heißt aber nicht, daß die übrigen Dinge in sich keinerlei

Eigenwert haben und daher beliebig um eines einzigen Menschen willen aufgeopfert werden könnten. Ein solches einseitiges Herausheben eines einzigen schüfe Disproportionen, die dem universalen Zusammenhang widersprächen. Dieser ist nicht bloß als ein durchgängiges Verknüpftsein, sondern auch als eine wechselseitige Abhängigkeit und Anpassung zu verstehen: A ist niemals einzig um Bs willen da, so daß Gott nur A im Hinblick auf B eingerichtet hat; er hat auch umgekehrt bei der Gestaltung von B auf A geachtet.

Die Geistwesen haben demnach eine Sonderstellung. Während Gott für die übrige Welt nur unpersönlich oberstes Prinzip ist und die größtmögliche metaphysische Vollkommenheit (oder einen maximalen positiven Sachgehalt) zu verwirklichen sucht, ist er den Geistwesen gegenüber personal wie ein guter Fürst, dem das Glück seiner Schutzbefohlenen ein Herzensanliegen ist (DM § 36). Aber *Theod.* II § 118 spricht klar aus: Das Reich der Natur muß zwar dem Reich der Gnade dienen und das Glück der diesem angehörenden vernünftigen Geschöpfe ist Gottes Hauptziel. Weil aber in Gottes Absichten alles verknüpft ist, sind beide Reiche einander wechselseitig angepaßt; auch das moralische Reich der intelligenten Kreaturen richtet sich nach dem Naturreich, nicht bloß umgekehrt. Die Geistwesen haben daher keinen völlig herausgehobenen, unvergleichlichen Wert. Um des Glücks eines Menschen willen nimmt Gott nicht den Umsturz des physischen Universums in Kauf. Vielmehr ist es Gott um eine harmonische Gesamtordnung zu tun, in der das Glück der geistbegabten Wesen und die metaphysische Vollkommenheit der übrigen Natur in einem ausgeglichenen Verhältnis stehen und so insgesamt ein Optimum schaffen. Normalerweise sieht Leibniz – gemäß seiner Tendenz zum Harmonisieren – in dem größtmöglichen Inhaltsreichtum als der metaphysischen Vollkommenheit des Alls und dem Glück der vernünftigen Kreaturen nicht so sehr miteinander konkurrierende, als vielmehr einander unterstützende Faktoren, weil die Lust der geistbegabten Kreaturen im Gewahrwerden der Vollkommenheit der Welt besteht (vgl. GP VII 291, Punkt (23)). Aber wie vor allem *Theod.* II § 118 zeigt, schließt er ein zuweilen antagonistisches Verhältnis nicht aus. Weil alle Geschöpfe, auch die vernünftigen, nur einen relativen Wert haben, kann in einem solchen Fall ihr moralisches Versagen oder ihr Leid und Unglück als Voraussetzung einer größeren Vollkommenheit der Naturordnung insgesamt hingenommen werden.

c) Meist, so auch in PNG § 18, betont Leibniz jedoch nicht das Gegensatzverhältnis, sondern die Entsprechung des allgemeinen Gutes, das in der vollkommenen Ordnung des Universums liegt, und des besonderen Gutes der vernünftigen Kreaturen, die die vollkommene Lenkung Gottes aufzufassen, darüber zufrieden und glücklich zu sein und Gott dafür zu lieben vermögen. Dies ergänzt er hier durch einen wichtigen Aspekt: Das höchste Glück, das er mit einer scholastischen Tradition in einer beseligenden Gottesschau (visio beatifica) oder Gotteserkenntnis ansetzt, die dem Menschen in seiner jenseitigen Vollendung zuteil wird, könne niemals vollständig sein, da die Erkenntnis in Gott einen unendlichen und daher nie zu erschöpfenden Gegenstand habe. „Daher wird und darf unser Glück niemals in einem vollständigen Genuß bestehen, wo es nichts mehr zu wünschen gäbe und der unseren Geist abstumpfte, sondern in einem dauernden Fortschreiten (progrès) zu neuen Vergnügungen und Vollkommenheiten." (GP VI 606)

In diesem Fortschrittsgedanken erweist Leibniz sich bei all seinem Bemühen, antikes und mittelalterliches Denken zu rehabilitieren, als ein typisch neuzeitlicher Denker, der dem faustischen Vorwärtsdrängen der Renaissance ebenso verpflichtet ist, wie er den aufklärerischen Glauben an die Möglichkeit steten Erkenntnisfortschritts bereits ankündigt. Für Aristoteles besteht der höchste Zustand (bei Gott wie bei den ihn nachahmenden Menschen) in einem Denken, das nicht vorwärtsstrebt, sondern betrachtend in sich ruht, indem es das Ziel seiner Betrachtung, die Wahrheit oder sich selbst, immer schon erreicht hat – ein Zustand, den Leibniz hier als stupid bewertet. Bei Gott nimmt Leibniz zwar – etwa im Gottesbegriff des ontologischen Arguments – eine nicht zu überbietende und daher definitiv erreichte Vollkommenheit an. Für den Menschen bedeutet die Unendlichkeit seines Erkenntnisgegenstandes: Gott oder (bereits im Diesseits) die Welt in ihrer aktuell unendlichen Inhaltsfülle, daß seine Erkenntnisbemühungen eine nie abzuschließende Annäherung an ihren Gegenstand darstellen (ähnlich wie der begriffsanalytische Erweis des Kontingenten zu nie endenden Reihen führt). Da das Erkennen für Leibniz' Intellektualismus die Grundlage jeder

Abb. 5: Leibniz-Büste von Johann Gottfried Schmidt

Vorwärtsentwicklung ist, bedeutet die Möglichkeit zu kontinuierlichem Fortschreiten im Erkennen zugleich die Offenheit zu einem unbegrenzten Fortschritt im allgemeinen. Auch dieser Fortschrittsgedanke ist sicher angetan, die gegenwärtig noch so mangelhaft erfahrene Wirklichkeit mit dem rationalen Postulat einer bestmöglichen Welt auszusöhnen.

X. Nachwirkungen

Was von Leibniz' eigenen Schriften gilt, läßt sich analog von seinen Nachwirkungen sagen. Leibniz hat ungeheuer viel geschrieben, darunter aber kein einziges Hauptwerk, in dem er einigermaßen vollständig vom Standpunkt seiner eigenen Philosophie (und nicht in bezug auf die Sprach- und Gedankenwelt seines Dialogpartners) seine Auffassungen systematisch entwickelt. Dieser verstreuten Form, in der Leibniz' Philosophie auftritt, entsprechen ihre diffusen Nachwirkungen. Bis heute begegnet man allerorts in philosophischen Theorien und wissenschaftlichen Lehrmeinungen leibnizianischen Gedanken. Und doch hat es niemals eine Leibnizschule gegeben in dem Sinne etwa, wie es Kantianer oder Hegelianer gab. Dies ist natürlich auch dadurch bedingt, daß Leibniz niemals zusammenhängend ein Corpus philosophischer Werke präsentiert hat, auf das eine Schule sich dann beziehen könnte. Daher stellen sich dem Versuch, eine Geschichte der Leibniznachwirkungen zu schreiben, nahezu unüberwindliche Hindernisse entgegen.

Wenn wir bei einem einzelnen Denker oder einer ganzen Strömung Parallelen zu Leibniz finden, nach welchen Kriterien sollen wir entscheiden, ob sie berechtigt als Nachwirkung zu gelten haben? Nehmen wir beispielsweise die heutige Modallogik, die, formal durch Kripkes Semantik fundiert, die Modalbegriffe durch die Konzeption möglicher Welten bestimmt: die Möglichkeit als Geltung in zumindest einer, die Notwendigkeit als Geltung in allen möglichen Welten. In der Diskussion möglicher Welten treten noch weitere frappierende Parallelen zu Leibniz auf. Nach David Lewis' counterpart-theory z.B. kann nicht dasselbe Individuum zwei verschiedenen möglichen Welten angehören (im strengen Sinne von Identität oder Selbigkeit). Wir können nur fragen, welches Individuum einer anderen möglichen Welt auf Grund der meisten und bedeutsamsten Ähnlichkeiten mit einem gegebenen Individuum als dessen Gegenstück in seiner Welt zu gelten hat. Bereits bei Leibniz ist ein Individuum im metaphysisch strengen Sinne, wie es durch den vollständigen Individualbegriff gegeben ist, an je eine Welt gebunden. Lediglich einander ähnliche Individuen oder ein bestimmter Typus von Individuum mit bestimmten für ein Einzelnes charakteristischen Merkmalen, das individuum vagum, kann in alternativen Weltverläufen auftreten (IV 5).

Dürfen derartige Parallelen, zu denen sich aus der Erörterung des Determinismus, der Individuation und ähnlicher Themen zumal innerhalb der heutigen analytischen Ontologie noch zahlreiche weitere anführen ließen, als Nachwirkungen von Leibniz gelten? Philosophiehistorisch wäre hiergegen einzuwenden: Sehr viele dieser Autoren kennen Leibniz' Gedanken gar nicht aus einem Studium (zumindest keinem hinlänglich gründlichen) seiner Texte, vielmehr ist ihnen Leibniz' Gedankengut indirekt vermittelt worden, indem es in der heutigen Diskussion vielerorts mehr oder weniger explizit präsent ist. Inhaltlich ist entgegenzuhalten: Wenn man überhaupt von Rezeption reden darf, so haben diese Denker nur einzelne Gedanken von Leibniz aufgegriffen und in einen ganz anderen gedanklichen Kontext gestellt. Aber gerade bei ihm dürfte es keine aus dem Systemganzen isolierten Teile geben, wo er doch von einem philosophischen System forderte, es solle ein strukturidentisches Abbild eines Universums sein, in dem alles mit allem zusammenhängt.

Wenn wir indes nur das als Leibniznachwirkung gelten lassen, was erstens aus einer profunden Kenntnis seiner wichtigsten Schriften hervorgegangen ist und zweitens Leibniz' Gedankenwelt hinreichend breit übernimmt, müßten wir hier einen Schlußstrich ziehen. Dann nämlich gäbe es überhaupt keine Leibniznachwirkungen. Bereits die unmittelbaren Nachfolger haben Leibniz' Philosophie meist nur sehr verkürzt und selektiv aufgenommen. Die geläufig gewordene Etikettierung als Leibniz-Wolffsche-Philosophie ist, ob zutreffend oder nicht, jedenfalls ein untrügliches Indiz dafür, daß Leibniz von seiner unmittelbaren Nachwelt nur in jener Brechung wahrgenommen wurde, die Christian Wolff (1679–1754) und dessen Schule seinen Gedanken gegeben haben. Das gilt selbst von Kant. Wenn es wesentlich zum Selbstverständnis von Kants Transzendentalphilosophie gehört, die Defizite von Leibniz' rein intellektuellem System der Welt überwunden zu haben, das die Bedingungen (zumal von Raum und Zeit) übersieht, unter denen allein uns Erfahrungsgegenstände gegeben werden können (KrV 316–349), so war ihm Leibniz vorwiegend in jener systematisierten und schematisierten Gestalt bekannt, in der die deutsche aufklärerische Schulmetaphysik seine

Gedanken darbot. Authentisch ist diese Präsentation von Leibniz' Philosophie nicht. Denn Wolff war kein bloßer Epigone, der Leibniz' Gedanken sachlich unangetastet ließ, sie lediglich systematisierte und terminologisch vereinheitlichte. Auch wenn die Urteile über den Rang von Wolffs Leibnizadaption auseinandergehen, muß man ihm wohl zugestehen, daß er ein eigenständiger Denker war, der sich von Leibniz' Philosophie anregen ließ, aber auch, ob zum Besseren oder Schlechteren, bedeutsam von ihr abwich, so wie Leibniz selbst bereits Anregungen von den verschiedensten Seiten aufgegriffen, seinem Denken schöpferisch anverwandelt und weitergeführt hat. – Von anderen jüngeren Zeitgenossen wurde Leibniz weit oberflächlicher rezipiert. Wie vordergründig der Optimismus war, der unter dem Einfluß von Leibniz' sehr populärer *Theodizee* eine Zeitlang das Denken beherrschte, läßt sich treffsicher daran ablesen, daß er unter dem Eindruck einer außerordentlichen Naturkatastrophe (des Lissaboner Erdbebens) schlagartig wieder verschwand. Ein Optimismus, der sich auf so intrikate metaphysische Spekulationen wie der Leibnizsche gründet (IX 1), kann durch bloße Erfahrungstatsachen nicht so schnell erschüttert werden. Dies kann nur ein naiver Optimismus (wie er etwa aus den Gedichten von B. H. Brockes spricht), daß Gott alles weise zum Wohle der Menschen eingerichtet hat, oder eine zeitgeistige Modeströmung, die so schnell, wie sie aufgekommen ist, einem anderen Weltempfinden Platz machen kann.

Der in Leibniz' Philosophie zentrale Gedanke der Gradualität (II 1) ist auch bei den Nachwirkungen feststellbar. Es läßt sich nicht scharf scheiden zwischen Denkern, die berechtigt als Nachfolger von Leibniz gelten können, und solchen, die es trotz gewisser Anklänge nicht sind. Man kann immer nur den Grad der Affinität zu Leibniz zu klären versuchen, zum einen in wie vielen und wie bedeutsamen Auffassungen ein Denker inhaltlich mit Leibniz übereinstimmt, zum anderen wie stark und wie mittelbar oder unmittelbar er beim Herausbilden dieser Gedanken von ihm beeinflußt war. Auch die Trennlinie zwischen einer historischen (philologischen oder hermeneutischen) und einer systematischen Leibnizrezeption ist nicht immer klar zu ziehen. Dies zeigen etwa die drei bedeutenden Leibnizauslegungen zu Jahrhundertbeginn (Russell (III) 1900, Couturat (IX) 1901 und Cassirer (III) 1902), die nicht bloß selbst systematisch Bedenkenwertes enthalten, sondern auch das systematische Philosophieren ihrer Verfassser beeinflußt haben. An Russell wollen wir dies etwas näher verfolgen. Auch bei ihm kann man in beiderlei Hinsicht nur von einer partiellen Rezeption sprechen, wenngleich er in hohem Grade Texte von Leibniz studierte und dessen Gedanken in seine eigene Philosophie aufnahm. Freilich kannte er, als er sein Buch abfaßte, für sein Anliegen wichtige Leibniztexte noch nicht, die Couturat erst kurz darauf publizierte. Systematisch ließ er sich in seiner Philosophie des logischen Atomismus von Leibniz' Auffassung inspirieren, das gesamte Begriffssystem könne aus wenigen Begriffsatomen aufgebaut werden. Andererseits wandte er sich scharf gegen Leibniz' Substanzontologie und die ihr zugrundeliegende Subjekt-Prädikat-Logik, nach der sich alle Relationen auf Eigenschaften der einzelnen Subjekte zurückführen lassen (III 1 c). Indes teilten Russell und allgemein die Philosophie der idealen Sprache (Frege, der sich hierfür ausdrücklich auf Leibniz beruft, und der frühe Wittgenstein) die Leibnizsche Grundüberzeugung, daß die vollkommene philosophische (rationale) Sprache kein bloßer logischer Kalkül, d.h. kein bloßes regelgeleitetes Spiel mit Zeichen sei, sondern in ihren Strukturen die Strukturen der Wirklichkeit widerspiegele. In dieser Auffassung ist die sehr grundlegende ontologische Voraussetzung impliziert, daß die Welt logisch aufgebaut ist. Leibniz hat sie in der noch viel stärkeren Form vertreten, daß die (wirkliche) Welt nichts anderes sei als die inhaltsidentische Verwirklichung eines logischen Modells einer Welt, in dem der gesamte Inhalt der Wirklichkeit bereits durch die Begriffe der Individuen, die diese Welt ausmachen, vorgegeben sei. Hier weicht Russell von Leibniz ab: Weil er die Relationen für ursprünglich hält, gehören für ihn neben den (Einzel-) Dingen auch Tatsachen zum Inventar der Welt. Von diesem Unterschied abgesehen glaubt er jedoch wie Leibniz, daß sich der objektiv vorgegebene komplexe Aufbau der Welt in einer entsprechenden Komplexität der Aussagesätze widerspiegele, indem Elemente der Wirklichkeit und der Aussage einander im Verhältnis eins zu eins zugeordnet werden können. Ganz im Geist von Leibniz' kombinatorischer Theorie der Begriffe, deren Strukturen von der characteristica universalis wiedergegeben werden, nimmt auch Russell an, die logisch vollkommene Sprache müsse jedem einfachen Objekt genau ein Wort zuordnen, jedes Nicht-Einfache sei durch die Kombination der Wörter für seine Konstituentien auszudrücken ((2) 1956, 197f.).

Angesichts der bloß indirekten und selektiven Leibnizrezeption, die indes unvermindert, wenngleich in den vielfältigsten Variationen von seinem Tod bis heute fortdauert, können wir hier nichts anderes leisten, als die Art der Leibniznachwirkung generell zu charakterisieren, aus der Eigenart seines Philosophierens heraus zu verstehen versuchen und an einigen mehr oder minder willkürlichen Beispielen zu erläutern. Die Geschichte der Leibnizrezeption nachzeichnen oder auch nur skizzieren zu wollen, ist in diesem Rahmen nicht sinnvoll möglich. Dazu reicht es nicht, wenn wir aus der großen Zahl der von Leibniz inspirierten Denker einige Namen herausgreifen und mit einer kurzen doxographischen Notiz versehen chronologisch aneinanderreihen. Da es keine allgemeinen Kriterien gibt (wie Zugehörigkeit zu einer Schule), durch die wir verläßlich entscheiden können, was als Leibniznachwirkung gelten kann, müßten wir, wenn wir nicht nach Belieben Anklänge an Leibniz zu Nachwirkungen erklären wollen, bei jeder einzelnen Theorie detailliert untersuchen, in welchem Grad sie inhaltlich mit Leibniz übereinstimmt und in welcher Form Leibnizsche Gedanken (geschichtlich gesehen) ihr Zustandekommen beeinflußt haben.

Stattdessen wollen wir kurz die Gründe betrachten, weshalb Leibniz oft nur mittelbar und sehr lückenhaft bekannt war. Bei seinen unmittelbaren Nachfolgern ist dies weitgehend durch die äußere Tatsache bedingt, daß er zentrale Gedanken lediglich in Notizen festhielt, die von vornherein nur privaten Gedächtniszwecken dienten, oder daß er andere Werke, die so weit ausgearbeitet waren, daß sie hätten veröffentlicht werden können, dann doch zurückhielt. Das umfangreichste philosophische Werk, die *Nouveaux essais*, wurde erst 1765 von Raspe veröffentlicht, der *Discours de métaphysique* gar erst 1846. Es gibt zwar nicht wenige größere Leibnizausgaben, alle aber sind sie unvollständig, so die von Dutens (1768) und die von Klopp (1864–84). Auch die Editionen nur der philosophischen Schriften weisen inhaltlich bedeutende Lücken auf, wie die von Raspe (1765), Erdmann (1839/40) und Gerhardt (1875–90). Wenngleich letztere heute noch weitgehend benutzt wird, muß sie, um eine einigermaßen

Abb. 6: Leibniz' Unterschrift unter einem Brief an Herzog Moritz von Sachsen-Zeitz, 1711

verantwortbare Auswahl der philosophisch bedeutsamsten Schriften und Aufzeichnungen zu ergeben, durch die Edition wichtiger logischer Fragmente (z.B. GI) durch Couturat (1903) und die Edition von Fragmenten u.a. aus Metaphysik, Theologie und praktischer Philosophie durch Grua (1948) ergänzt werden. Seit 1923 wird von der Preußischen (Deutschen) Akademie der Wissenschaften eine kritische Gesamtausgabe erarbeitet, aber bei den steigenden Maßstäben an die Präzision solcher Editionen werden wir noch Jahrzehnte warten müssen, bis Leibniz' Nachlaß vollständig veröffentlicht ist.

Wenn wir die verstreut publizierten Texte zusammen nehmen, so dürfte die Basis im Sinne einer repräsentativen Vollständigkeit (da Leibniz den gleichen Gedanken in zahlreichen Anläufen mit winzigen Nuancierungen immer wieder niedergeschrieben oder brieflich mitgeteilt hat) für eine philosophische Rezeption im wesentlichen jetzt schon breit genug sein. Einer umfassenden inhaltlichen Rezeption stehen aber innere Gründe entgegen, die z.T. im enzyklopädischen Charakter des Leibnizschen Denkens gründen. Allein schon in seiner Philosophie hat Leibniz so verschiedenartige Tendenzen in sich vereinigt, daß kaum einer seiner Ausleger allen gerecht zu werden vermag. Interpreten, die formallogisch und mathematisch hinlänglich geschult sind, daß sie Leibniz' Bemühen um einen formal stringenten und äußerst systematischen Aufbau der Philosophie zu würdigen wissen, das in all ihrer verstreuten Darbietung doch immer wieder durchscheint, stehen z.B.

seiner Affinität zu einer platonischen Metaphysik mit mystisch-kabbalistischen Einschlägen fremd gegenüber, wie er sie aus der Renaissancephilosophie aufgegriffen hat. Wer umgekehrt seine hochspekulative Metaphysik nachzuvollziehen vermag, verkennt meist die formalen (logisch-mathematischen) und naturwissenschaftlichen Wurzeln seiner Philosophie. Wenn schon die Interpreten, die Leibniz selbst gerecht zu werden bemüht sind, ihn oft verkürzen, so nimmt es nicht wunder, daß Systematiker nur die Teilaspekte aufgreifen, mit denen sie glauben, sachlich etwas anfangen zu können. Dies hat seinen Grund auch darin, daß Leibniz zwar zahllose tragfähige und gewinnbringend weiter zu verfolgende Ansätze entwickelt hat, daß aber sein Gesamtkonzept wohl kaum in dieser Weise haltbar ist. Leibniz ist philosophisch ungeheuer fruchtbar, aber gerade nicht bei denen, die sein Gedankengebäude pietätvoll wahren wollen, sondern bei denen, die den Mut haben, es zu zerschlagen, um in den Trümmern einen schier unerschöpflichen Fundus philosophischer Anregungen zu finden.

Anhang

1. Zeittafel

1. Juli 1646	Geburt in Leipzig
1661–1666	Studium in Leipzig (u.a. Jakob Thomasius) und Jena (Erhard Weigel)
1666	*Dissertatio de arte combinatoria*
1667	Promotion zum Doktor beider Rechte in Altdorf
Herbst 1667– März 1672	Frankfurt und Mainz, wo er durch Vermittlung des Barons von Boineburg in den Dienst des Erzbischofs Johann Philipp von Schönborn tritt
1672–1676	Paris, Kontakte u.a. zu Chr. Huygens und A. Arnauld
1673	Aufenthalt in London, Mitglied der Royal Society
Herbst 1676	Reise von Paris über London und Holland (Treffen mit Spinoza) nach Hannover
Dez. 1676–79	in Hannover im Dienst von Herzog Johann Friedrich
1680–1698	im Dienst von Herzog (Kurfürst) Ernst August
1684	erste Veröffentlichung zur Infinitesimalrechnung
ab 1685	Auftrag, eine Geschichte des Welfenhauses zu verfassen
1686	*Discours de métaphysique; Generales inquisitiones de analysi notionum et veritatum*
1686–1690	Korrespondenz mit Arnauld über Fragen des *Discours*
Nov. 1687 – Juni 1690	Reise nach Süddeutschland, Österreich, Italien
1695	*Specimen dynamicum*
1698–1716	im Dienst von Kurfürst Georg Ludwig zu Hannover
1698–1706	Korrespondenz mit de Volder
1700	Gründung der Sozietät der Wissenschaften zu Berlin auf Anregung von Leibniz, der ihr erster Präsident wird
1703–1705	Arbeit an den *Nouveaux essais sur l'entendement humain*
1705	Tod von Leibniz' Förderin und Schülerin, Königin Sophie Charlotte
1706–1716	Korrespondenz mit des Bosses
1710	*Theodizee*
1711/12	Treffen mit Zar Peter I.
1712–1714	Aufenthalt am Kaiserhof zu Wien, häufige Kontakte mit Prinz Eugen
1714	*Monadologie / Principes de la nature et de la grâce fondés en raison*
1715/16	Korrespondenz mit S. Clarke
14. Nov. 1716	Tod in Hannover

2. Literaturverzeichnis

1. Quellen der Leibniztexte

1a. Ausgaben:

A G. W. Leibniz: Sämtliche Schriften und Briefe, hrsg. v. d. Berlin-Brandenburgischen Akad. d. Wiss. zu Berlin u. d. Akad. d. Wiss. in Göttingen.
II. Zweite Reihe: Philosophischer Briefwechsel: II 1: Erster Band: 1663–85, Darmstadt 1926.
VI: Sechste Reihe: Philosophische Schriften, hrsg. v. d. Leibnizforschungsstelle der Universität Münster.
VI 1: Erster Band: 1663–72, Darmstadt 1930;
VI 2: 1663–72, Berlin 1966;
VI 3: 1672–76, Berlin 1980;
VI 4: 1677–Juni 90, Berlin 1999;
VI 6: Nouveaux essais, Berlin 1962.

Bodemann Eduard Bodemann: Die Leibniz-Handschriften der Kgl. öffentlichen Bibliothek zu Hannover, Hannover 1889, Nachdruck: Hildesheim 1966.

C Opuscules et fragments inédits de Leibniz, extraits des manuscrits de la Bibliothèque royale de Hanovre par Louis Couturat, Paris 1903, Nachdruck: Hildesheim 1988.

GM Leibnizens mathematische Schriften, hrsg. v. C. I. Gerhardt, Bd. I–VII,
Berlin/Halle 1849–63, Nachdruck: Hildesheim 1962.

GP Die philosophischen Schriften von G. W. Leibniz,
hrsg. v. C. I. Gerhardt, Bd. I–VII, Berlin 1875–90, Nachdruck: Hildesheim 1978.

Grua G. W. Leibniz: Textes inédits d'après les manuscrits de la Bibliothèque provinçale de Hanovre publiés et annotés par Gaston Grua, Paris (Pres. Univ.) 1948.

Guhrauer G. W. Leibniz, Deutsche Schriften, hrsg. v. G. E. Guhrauer, Bd. I u. II, Berlin 1838/40, Nachdruck: Hildesheim 1966.

GW Briefwechsel zwischen Leibniz und Christian Wolff, hrsg. v. C. I. Gerhardt, Halle 1860, Nachdruck: Hildesheim 1963.

Mollat Mitteilungen aus Leibnizens ungedruckten Schriften, hrsg. v. G. Mollat, Neue Bearbeitung, Leipzig 1893.

1b. Schriften:

Animadver. Animadversiones in partem generalem Principiorum Cartesianorum (GP IV 350–392).

DM Discours de métaphysique (GP IV 427–463 / A VI 4, 1529–1588).

GI Generales inquisitiones de analysi notionum et veritatum (C 356–399 / A VI 4, 739–788).

Mon. Monadologie (GP VI 607–623).

NE Nouveaux essais (GP V u. A VI 6).

PNG Principes de la nature et de la grâce, fondés en raison (GP VI 598–606).

ROR De rerum originatione radicali (GP VII 302–308).

SD Specimen dynamicum pro admirandis naturae legibus circa corporum vires et mutuas actiones detegendis et ad suas causas revocandis (Pars I: GM VI 234–246, Pars II: 246–254) (Die Paragraphenzählung findet sich in der Ausgabe von Dosch/Most/Rudolph, s. 1 d.).

SN Système nouveau de la nature et de la communication des substances, aussi bien que de l'union qu'il y a entre l'âme et le corps (GP IV 477–487).

Theod. Essais de Théodicée (GP VI).

1c. Deutsche Auswahlausgaben der wichtigsten philosophischen Schriften:

G. W. Leibniz: Philosophische Werke in vier Bänden, Bd. 1: Hauptschriften zur Grundlegung der Philosophie (Teil I), übers. v. A. Buchenau 1904, Neuausgabe Hamburg 1996.

Bd. 2: Hauptschriften zur Grundlegung der Philosophie (Teil II), übers. v. A. Buchenau 1904, Neuausgabe Hamburg 1996.

Bd. 3: Neue Abhandlungen über den menschlichen Verstand, übers. v. E. Cassirer 1915, Neuausgabe Hamburg 1996.

Bd. 4: Versuche in der Theodicée über die Güte Gottes, die Freiheit des Menschen und den Ursprung des Übels, übers. v. A. Buchenau 1925, Neuausgabe Hamburg 1996.

G. W. Leibniz: Philosophische Schriften, Bd. 1: Kleine Schriften zur Metaphysik, übers. v. H. H. Holz, Darmstadt 1985,

Bd. 2: Die Theodizee. Von der Güte Gottes, der Freiheit des Menschen und dem Ursprung des Übels, übers. v. H. Herring, Darmstadt 1985 (zwei Teilbände).

Bd. 3: Neue Abhandlungen über den menschlichen Verstand, übers. v. W. v. Engelhardt u. H. H. Holz, Darmstadt 1985 (zwei Teilbände).

Bd. 4: Schriften zur Logik und zur philosophischen Grundlegung von Mathematik und Naturwissenschaft, übers. v. H. Herring, Darmstadt 1992.

Bd. 5: Briefe von besonderem philosophischen Interesse. Briefe der zweiten Schaffensperiode, übers. v. W. Wiater, Darmstadt 1989.

1d. Kommentierte zweisprachige Einzelausgaben:

G. W. Leibniz: Confessio philosophi/Das Glaubensbekenntnis des Philosophen, übers. u. komm. v. O. Saame, Frankfurt a. M. 1967, [2]1994.

G. W. Leibniz: Specimen Dynamicum, übers. v. H. G. Dosch, G. W. Most u. E. Rudolph, Hamburg 1982.
G. W. Leibniz: Generales Inquisitiones de Analysi Notionum et Veritatum/ Allgemeine Untersuchungen über die Analyse der Begriffe und Wahrheiten, übers. u. komm. v. F. Schupp, Hamburg 1982, [2]1993.

2. Weitere Quellentexte

Platon: Platonis opera, recognovit Ioannes Burnet, t. I–V, Oxonii (Clarendon) 1900–1907.
Aristoteles: Aristoteles Graece ex recensione J. Bekkeri, ed. Academia regia Borussica, Berolini 1831.
–: Aristotelis Metaphysica (Met.), rec. W. Jaeger, Oxonii 1957.
Hugo Grotius: Briefwisseling IX, hrsg. v. B. L. Meulenbroek, Den Haag 1973.
René Descartes: Œuvres de Descartes, publiés par Ch. Adam et P. Tannery (AT), t. VI u. VIII 1, Paris 1904, Nachdruck 1996.
Benedikt von Spinoza: Ethica (Eth.), Opera, i. Auftr. d. Heidelberger Akad. d. Wiss. hrsg. v. C. Gebhardt, Bd. II, Heidelberg 1924.
John Locke: An Essay concerning Human Understanding, ed. by P. Nidditch, The Clarendon Edition of the Works of John Locke, Oxford 1975.
Immanuel Kant: Kritik der reinen Vernunft (KrV), hrsg. v. B. Erdmann, Kants gesammelte Schriften, hrsg. v. d. Kgl. Preußischen Akad. d. Wiss., Bd. III, Berlin 1904, 1911.
Gottlob Frege: Grundlagen der Arithmetik, Breslau 1884, Centenarausgabe: Hamburg 1986.
Bertrand Russell: Logic and Knowledge, Essays 1901–1950, ed. by R. Ch. Marsh, London 1956, Paperback: London 1988.
Saul A. Kripke: Naming and Necessity, Oxford 1980.
David Lewis: Counterfactuals, Oxford 1973.

3. Sekundärliteratur

Die Bibliographie enthält vornehmlich Monographien. Aufsätze sind nur soweit aufgeführt, als sie im Text zitiert sind. Für Sammlungen repräsentativer Aufsätze sei auf die Sammelbände von Frankfurt (1972), Woolhouse (1994) Bd. 1–4 und (in deutscher Sprache) Heinekamp/Schupp (1988) verwiesen. Die aktuelle Leibniz-Diskussion spiegelt sich ferner in den Akten der bisher sechs internationalen Leibniz-Kongresse und in den seit 1969 erscheinenden Studia Leibnitiana, die außerdem eine kumulative Bibliographie der Leibniz-Literatur enthalten.

I. Hilfsmittel

Finster, Reinhard (u. a.): Leibniz Lexicon, Hildesheim 1988.
Heinekamp, Albert/Müller, Kurt (Hrsgg.): Leibniz-Bibliographie. Die Literatur bis 1980, Frankfurt a. M. 1984.
Ravier, Émile: Bibliographie des œuvres de Leibniz, Paris 1937, Nachdruck: Hildesheim 1966.

II. Sammelbände

Belaval, Yvon: Études leibniziennes. De Leibniz à Hegel, Paris 1976, Nachdruck: ibid.1993.

Burbage, Frank/Chouchan, Nathalie (Hrsgg.): Leibniz et l'infini, Paris 1993.

Dascal, Marcelo/Yakira, Elhanan (Hrsgg.): Leibniz and Adam, Tel Aviv 1993.

Frankfurt, Harry G. (Hrsg.): Leibniz. A Collection of Critical Essays, New York 1972 (enthält u.a.: B. Russell, Recent Work on the Philosophy of Leibniz, 1903).

Heinekamp, Albert/Schupp, Franz (Hrsgg.): Leibniz' Logik und Metaphysik, Darmstadt 1988.

ders./Lenzen, Wolfgang/Schneider, Martin (Hrsgg.): Mathesis rationis. Festschrift für Heinrich Schepers, Münster 1990.

Hooker, Michael (Hrsg.): Leibniz. Critical and Interpretive Essays, Minneapolis 1982.

Kulstad, Mark (Hrsg.): Essays on the Philosophy of Leibniz, Houston 1977.

Rescher, Nicholas: Leibniz's Metaphysics of Nature. A Group of Essays, Dordrecht 1981.

Weizsäcker, Carl Friedrich/Rudolph, Enno (Hrsgg.): Zeit und Logik bei Leibniz. Studien zu Problemen der Naturphilosophie, Mathematik, Logik und Metaphysik, Stuttgart 1989.

Woolhouse, Roger S. (Hrsg.): Leibniz. Metaphysics and Philosophy of Science, Oxford 1981.

ders.: G. W. Leibniz. Critical Assessments, Vol. 1–4, London 1994.

III. Gesamtdarstellungen, themenübergreifende Abhandlungen

Adams, Robert M.: Leibniz. Determinist, Theist, Idealist, New York, Oxford 1994.

Belaval, Yvon: Leibniz. Initation à sa philosophie, Paris ³1969, ⁷1993.

Brown, Stuart: Leibniz, Brighton-Sussex 1984.

Cassirer, Ernst: Leibniz' System in seinen wissenschaftlichen Grundlagen, Marburg 1902, Nachdruck: Darmstadt 1962.

Gurwitsch, Aron: Leibniz. Philosophie des Panlogismus, Berlin, New York 1974.

Holz, Hans Heinz: Gottfried Wilhelm Leibniz, Frankfurt a.M., New York 1992.

Jolley, Nicholas (Hrsg.): The Cambridge Companion to Leibniz, Cambridge 1995.

Kaehler, Klaus Erich: Leibniz' Position der Rationalität. Die Logik im metaphysischen Wissen der „natürlichen Vernunft", Freiburg i.Br., München 1989.

Martin, Gottfried: Leibniz. Logik und Metaphysik, Berlin ²1967.

Mates, Benson: The Philosophy of Leibniz. Metaphysics and Language, New York 1986.

Moreau, Joseph: L'Univers Leibnizien, Paris, Lyon 1956.

Parkinson, George Henry R.: Logic and Reality in Leibniz's Metaphysics, New York (u.a.) ²1985.

Piro, Francesco: Varietas identitate compensata. Studio sulla formazione della metafisica di Leibniz, Napoli 1990.

Rescher, Nicholas: Leibniz. An Introduction to his Philosophy, Oxford 1979.

Robinet, André: Architectonique disjonctive, automates systémiques et idéalité transcendentale dans l'œuvre de G. W. Leibniz, Paris 1986.

Ross, George MacDonald: Gottfried Wilhelm Leibniz. Leben und Denken, übers. v. Birgit Leisenz u. Rüdiger Majora, Bad Münder 1990.

Russell, Bertrand: A Critical Exposition of the Philosophy of Leibniz, London 1900, 1992.

ders.: A History of Western Philosophy, London 1946, [2]1961.

Rutherford, Donald: Leibniz and the Rational Order of Nature, Cambridge 1995.

Wilson, Catherine: Leibniz's Metaphysics. A historical and comparative study, Manchester 1989.

Zingari, Guido: Invito al pensiero di Gottfried W. Leibniz, Milano 1994.

IV. Biographien

Aiton, Eric J.: Gottfried Wilhelm Leibniz. Eine Biographie, übers. v. Christiana Goldmann und Christa Krüger, Frankfurt a. M. 1991.

Eberhard, Johann A.: Gottfried Wilhelm Freyherr von Leibnitz, Chemnitz 1795, Nachdruck: Hildesheim 1982.

Eckhart, Johann G.: Lebenslauf des Herrn von Leibnitz, o. O. 1779, Nachdruck: Hildesheim 1982.

Finster, Reinhard/van den Heuvel, Gerd: Gottfried Wilhelm Leibniz, Reinbek b. Hamburg 1990.

Guhrauer, Gottschalk E.: Gottfried Wilhelm Freiherr von Leibniz, Breslau 1842, [2]1846.

Huber, Kurt: Leibniz, München, 1951.

Müller, Kurt/Krönert, Gisela: Leben und Werk von G. W. Leibniz. Eine Chronik, Frankfurt a. M. 1969.

Totok, Wilhelm/Haase, Carl (Hrsgg.): Leibniz. Sein Leben – sein Wirken – seine Welt, Hannover 1966.

V. Begriffsanalytische Wahrheitstheorie und Prinzipienlehre

Lenders, Winfried: Die analytische Begriffs- und Urteilstheorie bei G. W. Leibniz und Chr. Wolff, Hildesheim, New York 1971.

Matsuda, Tsuyoshi: Der Satz vom Grund und die Reflexion. Identität und Differenz bei Leibniz, Frankfurt a. M. 1990.

Nicolas Marin, Juan Antonio: G. W. Leibniz. Razón verdad y libertad. Análisis historico-critico del principio de razón suficiente, Granada 1989.

Saame, Otto: Der Satz vom Grund bei Leibniz, Mainz 1961.

Sleigh, Robert C.: Leibniz on the Two Great Principles of all our Reasonings, nachgedruckt in: Woolhouse (II) 1994, Bd. 1, 31–57.

VI. Metaphysik der Substanz

La Métaphysique de Leibniz, in: Revue de métaph. et de morale 100, 1 (1995), 3–120.

Boehm, Alfred: Le „Vinculum Substantiale" chez Leibniz, Paris 1962.
Burgelin, Pierre: Commentaire du Discours de métaphysique de Leibniz, Paris 1959.
Busche, Hubertus: Leibniz' Weg ins perspektivische Universum. Eine Harmonie im Zeitalter der Berechnung, Hamburg 1997.
Clatterbaugh, Kenneth C.: Leibniz's Doctrine of Individual Accidents, Stuttgart 1973 (StudLeibnit Sonderh. 4).
Couturat, Louis: Sur la métaphysique de Leibniz, in: Revue de métaph. et de morale 10 (1902) (enthalten in: Woolhouse (II) 1994, Vol. 1, 1–19, und Heinekamp/Schupp (II) 1988, 57–80).
Edel, Susanne: Matière et esprit dans la „Théorie des Monades". Une étude sur la philosophie de la nature de Gottfried Wilhelm Leibniz, Strasbourg 1987.
Estermann, Josef: Individualität und Kontingenz. Studie zur Individualitätsproblematik bei G. W. Leibniz, Bern, Frankfurt a. Main 1990.
Furth, Montgomery: Monadologie, nachgedruckt in: Woolhouse (II) 1994, Bd. 4, 2–27.
Gaudemar, Martine de: Leibniz. De la puissance au sujet, Paris 1994.
Jalabert, Jacques: La théorie leibnizienne de la substance, Paris 1947, Nachdruck: New York 1985.
Jolley Nicholas: Leibniz and Phenomenalism, in: StudLeibnit 18 (1986), 38–51.
Leclerc, Marc: L'union substantielle, Namur 1991.
Liske, Michael-Thomas: Einzelsubstanz versus Holismus, erscheint in: U. Meixner/P. Simons (Hrsgg.), Metaphysik im postmetaphysischen Zeitalter, Akten des 22. Intern. Wittgenstein-Symposiums, Wien 2000.
Marschlich, Annette: Die Substanz als Hypothese. Leibniz' Metaphysik des Wissens, Berlin 1997.
McCullough, Laurence B.: Leibniz on Individuals and Individuation. The persistence of premodern ideas in modern philosophy, Dordrecht 1996.
Sleigh, Robert C.: Leibniz and Arnauld. A commentary on their correspondence, New Haven, London 1990.
Soto Bruna, Maria Jesus: Individuo y unidad. La substancia individual segun Leibniz, Pamplona 1988.
Woolhouse, Roger S.: Descartes, Spinoza, Leibniz. The concept of substance in seventeenth-century metaphysics, London, New York 1993.
ders.: Leibniz and Occasionalism, in: Woolhouse (II) 1994, Bd. 4, 267–283.

VII.1 Metaphysik der möglichen Welten, Modalbegriffe

Allen, Diogenes: Mechanical Explanations and the Ultimate Origin of the Universe According to Leibniz, Stuttgart 1983 (StudLeibnit Sonderh. 11).
Blumenfeld, David: Leibniz's Theory of the Striving Possibles, in: StudLeibnit 5 (1973), 163–177.
ders.: Superessentialism, Counterpart and Freedom, in: Hooker (II) 1982, 103–123.
Heinekamp, Albert/Robinet, André (Hrsgg.): Leibniz. Le meilleur des mondes, Stuttgart 1992 (StudLeibnit Sonderh. 21).
Mondadori, Fabrizio: Reference, Essentialism, and Modality in Leibniz's Metaphysics, in: StudLeibnit 5 (1973), 74–101.

ders.: Leibniz and the Doctrine of Inter-World Identity, in: StudLeibnit 7 (1975) 21–57.

Pape, Ingetrud: Tradition und Transformation der Modalität. Bd. 1: Möglichkeit-Unmöglichkeit, Hamburg 1966.

Poser, Hans: Zur Theorie der Modalbegriffe bei G. W. Leibniz, Stuttgart 1969 (StudLeibnit Suppl. 6).

Schepers, Heinrich: Zum Problem der Kontingenz bei Leibniz, nachgedruckt in: Heinekamp/Schupp (II) 1988, 193–222.

Seifen, Johannes: Der Zufall – eine Chimäre? Untersuchungen zum Zufallsbegriff in der Tradition und bei G. W. Leibniz, Sankt Augustin 1992.

Wilson, Margaret D.: Leibniz's Doctrine of Necessary Truth, New York, London 1990.

VII.2 Freiheit und Determination

Axelos, Christos: Die ontologischen Grundlagen der Freiheitslehre von Leibniz, Berlin, New York 1973.

Gabaude, Jean-Marc: Liberté et Raison. La liberté cartésienne et sa réfraction chez Spinoza et chez Leibniz. t. 3: Philosophie justifatrice de la liberté, Toulouse o. J. (um 1974).

Kaphagawani, Didier N.: Leibniz on Freedom and Determinism in Relation to his Predecessors, Leeds 1987.

Liske, Michael-Thomas: Leibniz' Freiheitslehre. Die logisch-metaphysischen Voraussetzungen von Leibniz' Freiheitstheorie, Hamburg 1993.

Parkinson, George Henry R.: Leibniz on Human Freedom, Stuttgart 1970 (StudLeibnit Sonderh. 2).

Yakira, Elhanan: Contrainte, nécessité, choix. La métaphysique de la liberté chez Spinoza et chez Leibniz, Zürich 1989.

VIII. Erkenntnistheorie

Jolley, Nicholas: Leibniz and Locke. A Study of the New Essays on Human Understanding, Oxford 1984.

Kulstad, Mark: Leibniz on Apperception, Consciousness and Reflection, München 1991.

McRae, Robert: Leibniz. Perception, Apperception and Thought, Toronto 1976.

Parkinson, George H. R.: Leibniz's Philosophical Aims: Foundation-Laying or Problem-Solving?, in: Heinekamp/Lenzen/Schneider (II) 1990, 67–78.

Schüßler, Werner: Leibniz' Auffassung des menschlichen Verstandes (intellectus). Eine Untersuchung zum Standpunktwechsel zwischen „Système commun" und „Système nouveau" und dem Versuch ihrer Vermittlung, Berlin, New York 1992.

IX. Logik und Sprachphilosophie

Artosi, Alberto: Leibniz e la logica induttiva, Ferrara 1988.

Burkhardt, Hans: Logik und Semiotik in der Philosophie von Leibniz, München 1980.

Couturat, Louis: La logique de Leibniz, Paris 1901, Nachdruck: Hildesheim 1961.
Dascal, Marcelo: La Sémiologie de Leibniz, Paris 1978.
ders.: Leibniz. Language, Signs and Thought. A Collection of Essays, Amsterdam, Philadelphia 1987.
Grosholz, Emily/Yakira, Elhanan: Leibniz's Science of the Rational, Stuttgart 1998 (StudLeibnit Sonderh. 26).
Heinekamp, Albert/Schupp, Franz (Hrsgg.): Die intensionale Logik bei Leibniz und in der Gegenwart, Wiesbaden 1979 (StudLeibnit Sonderh. 8).
Heinekamp, Albert (Hrsg.): Leibniz. Questions de logique, Stuttgart 1988 (StudLeibnit Sonderh. 15).
Ishiguro, Hidé: Leibniz's Philosophy of Logic and Language, Ithaca 1972, Cambridge [2]1990.
Kauppi, Raili: Über die Leibnizsche Logik. Mit besonderer Berücksichtigung des Problems der Intension und der Extension, Helsinki 1960.
Krämer, Sybille: Berechenbare Vernunft. Kalkül und Rationalismus im 17. Jahrhundert, Berlin, New York 1991.
Krüger, Lorenz: Rationalismus und Entwurf einer universalen Logik bei Leibniz, Frankfurt a. M. 1969.
Lenzen, Wolfgang: Zur extensionalen und „intensionalen" Interpretation der Leibnizschen Logik, in: StudLeibnit 15 (1983), 129–148.
ders.: Das System der Leibnizschen Logik, Berlin, New York 1990.
Liske, Michael-Thomas: Ist eine reine Inhaltslogik möglich? Zu Leibniz' Begriffstheorie, in: StudLeibnit 26 (1994), 31–55.
Mugnai, Massimo: Astrazione e realtà. Saggio su Leibniz, Milano 1976.
ders.: Leibniz' Theory of Relations, Stuttgart 1992 (StudLeibnit Suppl. 28).
Peckhaus, Volker: Logik, Mathesis universalis und allgemeine Wissenschaft. Leibniz und die Wiederentdeckung der formalen Logik im 19. Jahrhundert, Berlin 1997.
Pombo, O.: Leibniz and the Problem of a Universal Language, Münster 1987.
Schulenburg, Sigrid von der: Leibniz als Sprachforscher, Frankfurt a. M. 1973.

X. Praktische Philosophie

Campanale, Domenico: Il diritto naturale tra metafisica e storia. Leibniz e Vico, Torino 1988.
Heinekamp, Albert: Das Problem des Guten bei Leibniz, Bonn 1969.
Hostler, John: Leibniz's Moral Philosophy, London 1975.
Schiedermair, Hartmut: Das Phänomen der Macht und die Idee des Rechts bei G. W. Leibniz, Stuttgart 1970 (StudLeibnit Suppl. 7).
Schneider, Hans-Peter: Justitia Universalis. Quellenstudien zur Geschichte des christlichen Naturrechts bei Gottfried Wilhelm Leibniz, Frankfurt a. M. 1967.
Sève, René: Leibniz et l'école moderne du droit naturel, Paris 1989.

XI. Theologie, Theodizee

Holze, Erhard: Gott als Grund der Welt im Denken des Gottfried Wilhelm Leibniz, Stuttgart 1991 (StudLeibnit Sonderh. 20).

Jalabert, Jacques: Le Dieu de Leibniz, Paris 1960.
Poma, Andrea: Impossibilità e necessità della teodicea. Gli „Essais" di Leibniz, Milano 1995.
Wiehart-Howaldt, Alexander: Essenz, Perfektion, Existenz. Zur Rationalität und dem systematischen Ort der Leibnizschen Theologia Naturalis, Stuttgart 1996 (StudLeibnit Sonderh. 25).

XII. Mathematik und Philosophie

Hecht, Hartmut: Gottfried Wilhelm Leibniz. Mathematik und Naturwissenschaften im Paradigma der Metaphysik, Stuttgart, Leipzig 1992.
Knobloch, Eberhard: Die mathematischen Studien von G. W. Leibniz zur Kombinatorik. Auf Grund fast ausschließlich handschriftlicher Aufzeichnungen dargelegt und kommentiert, Stuttgart 1973 (StudLeibnit Suppl. 11).
Lamarra, Antonio (Hrsg.): L'Infinito in Leibniz. Problemi e terminologia, Rom 1990.
Mahnke, Dietrich: Leibnizens Synthese von Universalmathematik und Individualmetaphysik. Jahrbuch für Phil. und phänom. Forschung 7 (1925), 305–611, Nachdruck: Stuttgart 1964.
Pasini, Enrico: Il reale e l'immaginario. La fondazione del calcolo infinitesimale nel pensiero di Leibniz, Torino 1993.
Serres, Michel: Le Système de Leibniz et ses modèles mathématiques, t. 1–2, Paris 1968.

XIII. Physik und Metaphysik, Dynamik

Beeley, Philip: Kontinuität und Mechanismus. Zur Philosophie des jungen Leibniz in ihrem ideengeschichtlichen Kontext, Stuttgart 1996 (StudLeibnit 30).
Bouquiaux, Laurence: L'Harmonie et le Chaos. Le rationalisme leibnizien et la ‚nouvelle science', Louvain, Paris 1994.
Costabel, Pierre: Leibniz and Dynamics, Ithaca, New York 1973.
Drexler, Alois: Die Aktion und der Kalkül des Unendlichen. Zur Propädeutik der Wissenschaftstheorie bei Leibniz und Blondel, Frankfurt a. M. 1995.
Duchesneau, François: Leibniz et la méthode de la science, Paris 1993.
ders.: La Dynamique de Leibniz, Paris 1994.
Gueroult, Martial: Dynamique et Métaphysique leibniziennes, Paris 1934, ²1967.
Okruhlik, Kathleen/Brown, James R. (Hrsgg.): The Natural Philosophy of Leibniz, Dordrecht 1985 (enthält u. a. D. Garber, Leibniz and the Foundations of Physics: The Middle Years, 27–130).
Papineau, David: The Vis Viva Controversy, in: Woolhouse (II) 1981, 139–156.

XIV. Entwicklung, Einflüsse und Nachwirkungen

Belaval, Yvon: Leibniz critique de Descartes, Paris 1960.
Brown, Clifford: Leibniz and Strawson. A New Essay in Descriptive Metaphysics, München 1990.

Deleuze, Gilles: Le Pli. Leibniz et le Baroque, Paris 1988.

Jolley, Nicholas: The Light of the Soul. Theories of ideas in Leibniz, Malebranche and Descartes, Oxford 1990.

Kabitz, Wilhelm: Die Philosophie des jungen Leibniz. Untersuchungen zur Entwicklungsgeschichte seines Systems, Heidelberg 1909.

Leinsle, Ulrich G.: Reformversuche protestantischer Metaphysik im Zeitalter des Rationalismus, Augsburg 1988.

Loemker, Leroy E.: Struggle for Synthesis. The 17th Century Background of Leibniz's Synthesis of Order and Freedom, Cambridge (Mass.) 1972.

Lorenz, Stefan: De Mundo Optimo. Studien zu Leibniz' Theodizee und ihrer Rezeption in Deutschland (1710–1791), Stuttgart 1997 (StudLeibnit Suppl. 31).

Moll, Konrad: Der junge Leibniz, Bd. I-III, Bad Cannstadt 1978, 1982, 1996.

Peterson, Peter: Geschichte der Aristotelischen Philosophie im protestantischen Deutschland, Leipzig 1921, Stuttgart 1964.

Ramelow, Tilman: Gott, Freiheit, Weltenwahl. Der Ursprung des Begriffes der besten aller möglichen Welten in der Metaphysik der Willensfreiheit zwischen Antonio Perez S.J. und G. W. Leibniz, Leiden, New York, Köln 1997.

Spinoza und Leibniz, in: Studia Spinoziana (6), Würzburg 1990.

3. Personenregister

4. Sachregister

Zentrale Stellen, an denen der betreffende Terminus definiert oder thematisch erörtert wird, sind kursiv gesetzt.

4. Abbildungsnachweis

Archiv für Kunst und Geschichte, Berlin, S. 21, 32, 40, 221.
Niedersächsiche Landesbibliothek, Hannover, S. 79, 215.